神话历史丛书

图说中华文明发生史

An Illustrated History of the Origin of Chinese Civilization

叶舒宪 著

南方日报出版社
NANFANG DAILY PRESS
中国·广州

图书在版编目（CIP）数据

图说中华文明发生史 / 叶舒宪著. — 广州 : 南方日报出版社，2016.1
ISBN 978-7-5491-1059-9

Ⅰ. ①图… Ⅱ. ①叶… Ⅲ. ①文化史－中国－图解Ⅳ. ①K203-64

中国版本图书馆 CIP 数据核字(2014)第 098816 号

TUSHUO ZHONGHUA WENMING FASHENG SHI
图说中华文明发生史

著　　者：叶舒宪
出版发行：南方日报出版社
地　　址：广州市广州大道中 289 号
电　　话：(020) 87373998-8502
责任编辑：周洪威　周山丹　郑　颖
装帧设计：邓晓童　肖晓文
责任技编：王　兰
责任校对：阮昌汉
经　　销：全国新华书店
印　　刷：广州市岭美彩印有限公司
开　　本：889mm×1194mm　1/16
印　　张：20.5
字　　数：200 千字
版　　次：2015 年 3 月第 1 版
印　　次：2016 年 1 月第 2 次印刷
定　　价：78.00 元

投稿热线：(020) 87373998-8503　读者热线：(020) 87373998-8502
网址：http://www.nanfangdaily.com.cn/press　http://www.southcn.com/ebook

《神话历史丛书》编委会名单

序一

◎李学勤

上海交通大学人文学院叶舒宪先生给我看他的新著《图说中华文明发生史》，告知这部书即将出版，要我为之赶写几句话。我自揣固陋，只能在这里赘言读后的一些感想，作为向叶舒宪先生的请教。

若干年来，我一直主张文明起源的研究是学术界最重要的课题之一，而在上古世界中，由于中华民族所据有的历史地位，中华文明的起源问题成为整个人类文明起源课题不可缺少的一部分。中华文明是在何时何地，以怎样的机制和途径萌生和发展的，又具有怎样的性质与特色，这方面的探讨，叶舒宪先生称之为“文明发生史”的研究。

对于中华文明的“发生史”，学者间讨论已久，虽有许多进展，然而仍少定论。需要指出的是，近些年不少学者有一点共识，即是中华文明的起源有着一个相当久长的过程，一定要简单地规定哪一年代是由原始跨入文明的界限，是不合理也不大可能的。从这个角度来看，用“发生史”一词来指说中华文明产生和成熟的过程，是非常妥当的见解。

长期以来，学者们常把中国古史区分为“传说时代”与“历史时代”，这种区分固然饶有依据，然而正如王国维先生90年前在讲授《古史新证》时所说：“上古之事传说与史实混而不分，史实之中固不免有所缘饰，与传说无异，而传说之中亦往往有史实为之素地，二者不易区别。”从方法论的层面来看，“传说时代”与“历史时代”还是有着难于截然划开的深层关系。叶舒宪先生可能正是有鉴于此，在《图说中华文明发生史》这部书里提出了中华文明的“大传统”与“小传统”的理论概念。他“将文字出现和广泛使用之前的古老文化传统称为‘大传统’，而将依赖汉字书本记载的文明史传统视为‘小传统’”。他认为“小传统”实际是自“大传统”衍生而来，例如孔子“不语怪力乱神”，“儒家的仁义道德固然是一种流传的知识，但孔子不喜欢谈论的‘怪力乱神’中，却恰恰保留着许多更为古老的文化。由此可见，必须要突破书本‘不语怪力乱神’的记载局限，在书本之外去寻找更为广泛的材料，最后再印证书本，才能最终洞悉到‘大传统’的真相”。

《图说中华文明发生史》便是这样一部力图“突破文字‘小传统’的成见束缚”的书。叶舒宪先生博采大量考古文物素材，结合丰富的人类学、神话学知识，对他所形容的“大传统”神秘之门进行了勇敢的叩问。全书图文并茂，新义纷呈，是我应该在此向读者推荐的。

2014年12月20日

作者系清华大学教授，“夏商周断代工程”首席专家

序二

◎王仁湘

每一个民族都拥有原创神话，神话是一些遥远的故事，是民族历史古老的记忆。神话从诞生的时刻起，就似乎只是存在于那古老的话语版本里，人们一代代只是在口传或文字里接受神话的洗礼。当考古学诞生以后，我们有幸看到了历史遗留下来的许多图像神话版本，神话的形色细节开始透过眼睛进入我们的大脑。当然这个转变来得并不是十分顺畅，以前易于听懂的故事，现在未必一眼就能从图像中观看得明明白白。有时还得依仗智者的引领，我们才有可能通过古老的图像透悟出神话的真相，发掘出神话中隐含的历史信息。

叶舒宪的新作《图说中华文明发生史》即将出版，他嘱我写个序文，我迟迟不敢动笔，那是因为觉得跟不上他思维的节奏，而且我们问学的始点和角度并不相同。但看了他的书稿却也产生了共鸣，或者说还感受到了一种震撼。他的书告诉我们，神话不仅变得可以看见可以触摸，神话居然放射着信史的光芒。我还发现自己和叶舒宪有共同的一些研究节点，对那些熟识的古物，我们的认知所见略同，如商代玄鸟与猫头鹰的表里关联。而且他的这本书从头至尾读来，很像是一部考古学著作，使用了大量考古资料，又较之一般考古学著作更显缤纷之色。一方面，图文并茂使阅读变得更加轻松；另一方面，让图像叙事引领文字叙述或理论阐述，凸显出一种知识考古的趣味。想来这篇序文，倒是可以写作为一个考古家的我的一些读后感，说一说我想到的考古学与神话学的瓜葛。

看了叶著，感觉是跟随智者探访着神话后面的真实历史图景。他由神话文本解释考古图像，借此探讨文明发生的过程，重新解读神话中的真实历史。叶著借用人类学的术语“大传统”和“小传统”，给予颠覆性的重新定义，即始于无文字时代的传统为大的，文字记录的传统为小的。他由此将古代中国文化区分出大传统和小传统，认为玉石是中国大传统的象征符号，神话观念是这大传统的文化基因。将玉石与神话的意义提升到前所不见的认知高度，这也成为叶著突出特色之所在。叶著认为《山海经》在小说形式中蕴含着某种信史的信息，这就在神话与历史之间架起一个沟通的桥梁。他探索的中心是“从宗教和神话看中华文明发生”，具体由玉的神话解读出中华文化的“原型密码”，并把驱动玉文化发生发展及跨地域传播的动力要素归结为前中国时代就形成的一整套神话信仰观念，简称为“玉教”。他还从熊龙图像与文献考述祖先神话，由玉钺考察王权神话进而探讨尧舜传说，由神熊崇拜追溯夏王朝的信仰传统，由玄鸟崇拜考察商族来历，又由凤鸟传说研究了西周王权神授的信仰本源。三代相关神话都有考古图像印证，两个体系合一，这是对中华文明发生过程的一个简洁而完整的新描述。

叶舒宪的这些讨论都依从了他自己首倡的“四重证据法”，有文，有史，有图，有真相。2009年，叶舒宪组织启动中国社会科学院重大项目“中华文明探源的神话学研究”，由语言文学同考古学、历史学等互动，意识到前文字时代“物的叙事”对于文学、人类学研究的重要意义，提出以“四重证据法”作为中国文学人类学的方法论基础。所谓四重证据法是：传世文献，出土文献和文字，人类学的口传与非物质文化遗产，考古图像和实物。正是由这个基础出发，叶舒宪提出由人类学、神话学视角进入中华文明探源工程的整合研究思路，以大量考古学实物为基础材料，充分调动人文解释学的阐释力，“让无言的出土器物发出声音，甚至说出话来，从中探索无文字记载的远古时代的社会和文化信息，从而重构出失落的历史线索”。叶舒宪强调要充分借鉴国际上比较神话学研究的跨学科经验，他认为：“中华文明探源工程缺失了神话学视角，阻碍着考古学素材和人文学科阐释之间的沟通。物的叙事这一视角恰好能够弥补这一缺失。如今的比较神话学研究，已将神话叙事的概念应用到图像和文物之上。从整合性视野看，神话是作为文化基因而存在的，它必然对特定文化的宇宙观、价值观和行为礼仪等发挥基本的建构和编码作用。”

我们知道，这个文明探源工程是由考古学家主导的，它更多的是重实证，但对于实证的解释，又非常谨慎，不敢越雷池一步。特别是回避了传说与神话的研究途径，这反而削弱了实证的作用。在这个时候，走出考古学的学科壁垒，向其他学科求援是一条必由之路。叶舒宪带来了一路援军，我们应当张开双臂欢迎。

叶舒宪通过实践这四重证据法，他的神话研究已经走出书斋，走向了田野，走向了博物馆和考古现场。我觉得他大体完成了考古与神话的对接，是系统的对接。他尝试的这种研究方向，类似于一种重建失落的历史脉络的知识考古，可以链接的考古学分支学科是认知考古学。

神话与真实之间，可以这样对接吗？叶舒宪的回答是肯定的。当然这种对接其实并不容易，因为这是无缝对接，作者完成的是在神话与考古之间的对接，或者可以称为虚与实的对接。我觉得这个对接获得了很大成功。这个成功，既解释了神话，更解释了考古，两全其美了。这样的解释，让考古人重新认识了神话的价值所在，也使得考古在神话里体现出了自己的价值。

考古与神话，作为学问而言，似乎本无什么联系。它们一个很古老，神话老到数千岁以上；一个很年轻，考古年轻得只有百多岁。在神话学那里，两者早先也互不相知；在考古学这里，两者相识但互不搭界。

但它们有两个共同点，一是内涵都很古老，二是魅力都很强大。这样想来，它们又注定是很搭界的。

考古学家虽然在很长时期都排斥神话研究，却不知考古获得的信证很多都与神话有关。我们所研究的那时代的人，都生活在历史建构的信仰中，而信仰的表现形式主要便是神话。可以这样说，没有神话，那一段历史便无所凭依。没有文字的时代，神话是以考古图像的方式保存着，神话中有很真实的历史。神话一直被归属文学范畴，神话叙述不论是口传或是文本形式，都是描述式的，都是通过受者各自的想象进行二度创作后保存并传播的，所以改变也是不可避免的。但古老的图像却保存着神话相对原始的面貌，是更可信赖的史实。以考古图像求证神话的本源，以图像神话求证历史的真相，顺理而成章。考古为寻找本原神话，为重建神话体系，是可以做出贡献的。

当然，在神话、考古与历史之间，并不能简单画上等号。要研究各自的表达体系，找到它们的吻合点。这个过程不是个别事象的比对，而是整体系统的观察。叶舒宪的新作尝试进行了这个整理工作，我觉得他找出了许多的吻合点，所以他画出了一些比较确定的等号。

当然早期文明史并不都在神话里，但神话却可以勾勒出这样一个大致的历史轮廓，这已经令我们大喜过望了。

神话是思想的历史，考古研究擅长研究物的历史。考古人似乎还没有准备好，或者说还没有足够的素养来从事这个研究，所以不屑或排斥神话的研究，也是可以理解的，但并不能认为这是正常的。

神话的真相，就存在于考古之物证上，只是过去对这些物象缺乏中肯的解释。叶舒宪对这些物象非常关注，他说“物的叙事带来的信息足以解释文献叙事的所以然，从而帮助今人重新进入历史”。他认为在考古发现的图像叙事和实物叙事中，可以解读出神话思维，辨识出神话叙事，可以发现神话意象。他认为“以往的神话研究大都属于纯文学研究，所看到的只是文学文本。未来的神话研究将拓展到文字以外的新材料，称为物质文化或物的叙事”，这便是他所说的“第四重证据”（叶舒宪《玉的叙事与夏代神话历史》）。这样就可以“重估从炎黄始祖到尧舜禹汤文武的圣王叙事谱系，构建出一幅以新知识视角为观察点的中华文明发生历程之全景图”。

本书是部普及性著作，我觉得一般读者是可以读懂这“全景图”的轮廓的。这个研究是开创性的，我们不会要求它一开始便那么尽善尽美；这个研究还会深入下去，我相信今后一定会看到更完备的结论。

2014年10月10日

作者系中国社会科学院考古研究所研究员

目录

第一章 中国文化的大传统与小传统

◆牛河梁出土红山文化神鸮展翼形玉牌，2012年摄于红山文化精品展

人类关于自身的认识经历了漫长而曲折的历程。人类文明是如何起源的问题，就属于迄今为止尚未完全解决的重大学术难题。而在世界五大洲的各个文明古国中，大部分文明都先后走向衰落和毁灭，没有能够将其古老传统遗留到后世。唯有一个东亚文明数千年未曾中断地发展至今天，那就是中华文明。为什么中华文明能够在全球的文明古国中出类拔萃地延续其生命呢？这个文明又是怎样起源的？有哪些发生学的特质能够赋予这个文明与生俱来的可持续优势呢？这就是本书所要考察的主题——中华文明发生史所能透露出的文化奥秘。

为了借助于新的视野和知识来有效解读华夏文明的根源，本书特别提出一对区分性的概念，即“大传统”与“小传统”。大传统指汉字产生之前就早已存在的文化传统，小传统指有汉字书写记录以来的文明传统。

◆北京山顶洞人复原像，2009年摄于山顶洞博物馆

◆甲骨文的发现，摄于安阳殷墟博物院

文化大传统

古书中曾记载了一次远古时代的宏大战争。夏禹当上了国王之后，有一个叫“三苗”的部落发生了一系列可怕的灾异：漆黑的夜色中，忽然升起了血红色的太阳，在天空中发出刺眼的血光。接着，便连下了三天的暴雨，雨水降落到神庙，在神庙中飞出了一条龙，如同恐怖的使者，将人们的恐惧与绝望带到天上。随着龙的腾空，炎热的夏日却忽然像冰天雪地。大地也被生生地撕裂开，深深的裂痕直达阴暗的地下黄泉。

大禹接收到了三苗部落灾异的信号，做出他那时所能得出的判断：这是因为三苗不虔敬地祭祀鬼神而导致的惩罚性灾难。以敬天拜神为首要职责的社会领袖，有责任对冒犯神威的不敬者实施讨伐，以图恢复宇宙的神圣秩序。大禹发起远征三苗部落的一场大战。大禹的军队秩序井然，三军用命，所向披靡。而三苗的军队略有招架，

◆黄河

就偃旗息鼓，望风而走。为了永远防范这些对中原文明构成威胁的敌对者，大禹用武力将三苗部落驱赶到荒蛮的南方，一直到长江和洞庭一带。根据古书的记载，中原之外的地区不适合人类居住。南方潮湿多水，大地上弥漫着瘴疠之气，到处游荡着恐怖的蛇蝎猛兽，还有各种魑魅魍魉。三苗部落被迫迁徙到遥远的南方，永远离开北方的黄河流域地区，离开肥沃的中原大地，逐渐散居在山脉纵横、丘陵绵亘的云贵高原地区。

在汉字写下的古史文献中，从一开始就形成一种根深蒂固的文化观念：黄河流域的中原地区，是华夏民族的心脏，也是中国文化的起源地或摇篮，是这个国家的子民们永恒的文化之根与精神之乡。没有黄河，也就没有5000年的文明史。一个“河”字，在古书中不用加任何修饰语，就知道专指黄河。后来扩大的词义，才兼指一切河流。为什么一条河流的专名能够成为天下所有河流的通名？其缘故就在于发明汉字的人群居住在以黄河为中心的地域里，他们对天下河流的认知，遵循着由近及远的发展脉络。最早的华夏史书《尚书》中，有一篇以大禹命名的《禹贡》，记载禹时的山川地理和物产、交通等情况。其中说到禹当年治水的发端地，叫做“导河积石”。积石即当今甘肃、青海交界处的积石山，为黄河上游的大山。禹从这里开始治水，说明水患是黄河流域农耕文化的巨大威胁。

◆莫角山古城墙遗址，2009年摄于余杭

在位于黄河中游的上古中原王朝的视野中，南方的长江流域是野蛮和荒芜的化外之地。历来的中原统治者，都将敢于冒犯政权的非华夏之异族人以及各级官府中犯下罪过或有重大过失者驱逐到这类烟瘴丛生的不毛之地，以此作为一种惩罚。唐代的著名诗人元稹、白居易等都先后被流放到长江流域，宋代的苏东坡则被流放得更远，一直到了边缘的海南岛。南方，就这样成为中原人心目中可怕的流放地。久而久之，形成的成见，积重难返。

2006年，浙江余杭良渚镇正准备安排农居点，就先请考古队来勘探。随着勘探工作的展开，考古人员发现了一段古代的河沟。接着，他们又发现了河沟旁的土石堆积物。这就说明，这里有古代人为工程的痕迹。可是，谁也没有料到，随着挖掘的进展，在这里居然挖出了5000年前规模宏大的城市。整个城墙有6公里多长，总面积达290多万平方米，大约有400个足球场那么大。人们常说，华夏民族有5000年的悠久历史。可是，5000年前面积最大的城市之一不是在中原，却是在遥远的太湖以南的杭州湾。这究竟是怎么回事？难道说，古书的记载，并不可信，或者说不能完全相信？

距今5000年前的良渚文化，不但已经出现了当时中国南方最大的城市，而且还出现了大型的神庙与高高的祭台，其修筑的位置是精心挑选的风水宝地：

◆ 新石器时代晚期玉雕巫觋头像，2009年摄于上海博物馆

远处山川怀抱，形成一个天然的环形屏障；在山间平原的中心腹地累土筑台，修造祭坛，通达上天。城市布局则围绕着祭坛而展开，规模宏大，令人叹服。良渚古城的发现，由于其建筑格局之浩大超出同时期中原地区的规模，备受瞩目。此外，良渚文化中发掘出土了大量的玉器，雕刻精美细致，器形丰富。而同时期的中原，限于玉石原材料的稀缺，却没有出现数量如此之多和工艺如此之高的宗教艺术财富。以5000年前的中国为考察时段，那时高度崇奉玉礼器的人群已经不少，其分布也不仅仅是太湖地区的良渚文化，还有长江以北的若干史前文化，如安徽含山县的凌家滩文化，稍后有位于长江中游地区的湖北天门石家河文化，也都出土了数量可观的史前玉器群，后者还伴随有规模巨大的城市。在中原古书的传说中，南方是蛇蝎虫蚁、洪水猛兽、精灵鬼魅四处横行的荒蛮区域，只有遭受诅咒和惩罚的三苗部落才被流放于此地。可是，大量的考古发现让今人大开眼界，那是只依据书本知识的古人所无法想象到的东西。众多的证据显示，在公元前3000年以后，中国的南北方都逐渐涌现出一批地方性的古国和古城。有些古国古城拥有雄伟的城墙，高耸入云的神庙（坛），也有些古国开始制作雕刻精美的玉器。以2007年安徽考古人员新发掘的凌家滩遗址23号墓为例，其时代距今大约5300年，农业高度发达。人们看到，有近300件精雕细琢的玉礼器和装饰品为一位墓主人陪葬。这位首领级人物生前究竟过着怎样养尊处优的生活呢？从采矿、下料切割到雕刻琢磨、钻孔和抛光，这300件玉礼器在没有任何机械和金属工具的条件下，需要耗费的人力和工时是惊人的。

可是，像安徽凌家滩这样一些伟大而悠久的史前部落文化却神秘地消失了。后代以文字为标志的小传统古书中，根本就没有对这些古老文化的记载，哪怕是只言片语都没有留下。如果没有考古发现，后人将永远不知道这些古老发达文化的存在。如果没有这些发现，我们也将永远沉浸在对“中原”“黄河”这些符号的迷信之中。大家都曾相信，几千年前的中原才是富足和繁华的

“正统”，而南方地区是野蛮的“化外之地”，是流放罪人的烟瘴之所。

不仅仅是南方区域，在同时代的北方——内蒙古赤峰，也发现了以祭坛和女神庙为特色的史前文化——红山文化，还有成批的出土玉器，其造型丰富多样，蕴含神秘，有些为中原所未曾见到过。既然中原之外南北各地都发现了较为发达的史前文化遗址，由古代书本知识所建构起来的中原中心主义的华夏历史观，就需要面对考古新知识的严峻挑战。难怪著名考古学家苏秉琦先生在谈到中华文明起源时会说，“中原独立起源”的陈旧观点已经被破除。中华文明，是东南西北各地远古人群共同互动产生的结果。他将这种遍地开花的文明起源现象称为“满天星斗”。

“满天星斗”的史前文化分布，打破了古书记载里中原地区“唯我独尊”的自大姿态。这一现象说明，中华文化中有许多被书写文献所蒙蔽的真相。只有通过大量书本之外的新发现和新材料，通过比较分析，再印证书本，才有可能得到比较接近真相的认识。这种新认识不断积累和深化，就会形成一种打破成见和遮蔽，以探索和发现的方式重新进入中国历史的契机。

◆ 中华第一玉龙（头部），2009年摄于首都博物馆“早期中国展”

除了“满天星斗”的例子之外，神熊崇拜的例子也很典型。炎黄子孙都知道黄帝号有熊，但在我们今天的习惯用语中，“熊瞎子”“狗熊掰棒子”的故事中，熊是一种愚蠢笨拙和可笑的动物。我们习惯用“英雄”和“狗熊”来进行对比，并用“熊样”来描述一个人的落魄无能。在现实中，熊被用来抽胆汁卖药，熊掌可以吃，当然，熊还被放到马戏团充当小丑，供人们取乐。可是，熊的形象一直都是这样笨拙可笑吗？

在古老的《周礼》中记载，有一种叫“方相”的大巫师在作法时要蒙上熊皮，即装扮成熊。在日本北海道的阿伊努人，保存着狩猎的古老文化。在阿伊努人的文化中，熊是一种非常神圣和值得崇拜的动物。

同样，中国北方狩猎民族如鄂伦春、鄂温克、赫哲族等，不仅流传着神熊祖先的图腾叙事，还有祭熊的礼仪活动。人类学家在欧亚大陆上发现的尼安德特人洞穴，距今约10万年，其中有用石头垒成的圆形祭坛，中央供奉着熊的头骨。北京大学赛克勒考古和艺术博物馆藏有辽宁金牛山旧石器文化遗址出土的熊头骨，距今约28万年。这些远古狩猎部落中，人们与猛兽的关系比植物更为密切，因此才会产生出对猛兽熊的崇拜。究其崇拜的理由，主要是观察到熊有周期性的生活习性——在冬季进入洞穴中去冬眠。这在初民的神话思维中就被想象为一种“死而复生”的神奇能力。于是，猛兽熊能够在人的意识中升格为一种神兽，由此催生熊崇拜和熊图腾神话。

随着人类逐渐进入农业社会，对猛兽的崇拜便开始逐渐淡化。但这个淡化的过程相当漫长，因此在后来的历史中仍不难寻找到熊崇拜的孑遗和影子。20世纪80年代，考古发掘出的辽宁建平牛河梁女神庙为红山文化遗址，距今约5000多年。庙中和女神塑像同在的不仅有真熊头骨，还有泥塑熊偶像。这个时代大致上对应着传说中的“黄帝战炎帝”时期。关于黄帝炎帝的传说时代历史，原是孔子、孟子等儒家圣人所不讲的。至于为什么不讲，无非有两种可能：或是故意回避和隐瞒，或是根本就不知道。那么春秋战国时的孔孟所不知道的东西，西汉时人又怎么会知道，并且写入史书呢？司马迁贵为汉朝皇家史官，吃的就是文字写作的饭，却能够超出官方书本记录的小天地，到民间口传的大天地中采集更加古老的素材。从篇后太史公的自我表白不难看出，司马迁交代自己曾经西至崆峒，北过涿鹿，东渐于海，南浮江淮，所到之处，常常听到当地老人口述的黄帝和尧舜事迹，所以他确信这不是个人性的想象和虚构。比如说炎黄大战的传说：“黄帝教熊罴貔貅貙虎，以与炎帝战于阪泉之野。”黄帝大军居然由六种猛兽构成，其中的前四种都是熊类（“罴”为棕熊，“貔”“貅”都是白熊，雄的是“貔”，雌的是“貅”）。此外，黄帝还号称“有熊氏”。从这些例子都可以看出，在进入了农业社会之后，黄帝部落仍然保留着熊崇拜，黄帝部落的战士还化装成各种熊与炎帝作战。司马迁不迷信儒家的文字记载，亲自四处调查，采集民间传说，才留给后人黄帝部落崇拜熊的记载。这样的记载，完全符合考古的发现。

从“满天星斗”和熊崇拜的例子中也可以发现，我们不能仅仅停留在对古书记载的迷信中。从司马迁的写史经验可以看出，对于以“读万卷书”为荣的中国知识人来说，“行万里路”的民间调研功夫是摆脱书本主义的限制，多少能够洞悉真实历史的关键。于是，本书将文字出现和广泛使用之前的古老文化传统称为“大传统”，而将依赖汉字书本记载的文明史传统视为“小传统”。例如，古书中自周朝以来频繁提到的凤凰崇拜，就是一种“小传统”。通过考古发现和中外文化比较可知，比虚构想象的神鸟凤凰更早受到崇拜的鸟，是猫头鹰，即鸱鸮

（又称枭、夜猫子、鬼车等）。对猫头鹰的崇拜和相关神话才是一种“大传统”。同样，孔子孟子的书中都没有提及黄帝部落有熊崇拜，因为孔孟和后世儒家的书籍就是以书写“小传统”的信息为主的。但战国到西汉的民间传说和现代的考古发现均可证明，相当于黄帝时代的史前期确实存在过崇拜熊神偶像的社会现象。熊崇拜现象年代久远，而且分布范围很广，在时间和空间上远远超出了“小传统”的范围，这显然和农耕文化之前的狩猎社会“大传统”有深切关系。

◆ 仰韶文化彩陶，2009年摄于首都博物馆“早期中国展”

华夏文明的知识形态以文献经典为最终依据，钻研学问者被书中文字牵着走，只知道从文献中去寻找知识和传统，所谓“皓首穷经”。久而久之形成了唯文本马首是瞻的习惯以及书本崇拜的倾向，无法在书本知识的铁牢之外洞见更加广阔的天地。所谓“书中自有黄金屋，书中自有颜如玉”，道尽了“小传统”培育出的读书人的一股书呆子气。不过，古代知识人中也早有少数先知先觉的智者，将打破文字迷信的情况提炼为“书不尽言，言不尽意”的道理，甚至干脆说出悖论性的认识——曾被流放海南岛的苏轼就说过“人生识字忧患始”，鲁迅先生也说“人生识字糊涂始”。这些话都表现出对迷信书本的大胆怀疑和反叛。

孔夫子“不语怪力乱神”，留给后世的是一部《论语》。作为一种“小传统”，儒家的仁义道德固然是一种流传的知识。但孔子不喜欢谈论的“怪力乱神”中，却恰恰保留着许多更为古老的文化。由此可见，必须要突破书本“不语怪力乱神”的记载局限，在书本之外，去寻找更为广泛的材料，最后再印证书本，才能最终洞悉到“大传统”的真相。简言之，不突破文字“小传统”的成见束缚，就难以看到“大传统”的真实存在。

如何认识大传统

《论语》中有一个故事。有一天，大师兄子路介绍小师弟子羔去当费这座小镇的“镇长”。孔子听说后有所不满，对子路说，你这是害人家孩子啊，子羔的学业还没有完成，书还没读好，怎么能去当官从政呢？子路却回答说，为啥一定要读书才叫学习？

在这个故事中，不迷信书本知识的子路遭到孔子的批评。但孔子批评他的理由不是因为子路拒绝书本，而是因为和老师顶嘴。实际上，尽管孔子“不语怪力乱神”，已经拒绝了很多古老的“大传统”知识，但他身上仍然保留着很多“大传统”时代的习惯——例如，依靠口头讲述方式传播知识，并不迷信书本。《论语》这部书，其实并不是孔子写的，而是他的再传弟子依靠口耳相传，对孔子说的话做出追忆性的笔录。孔子声称自己是“述而不作”，即只是口头讲述，却不依赖文字写作。此外，他还特别喜爱古代口传的诗歌、音乐，认为不学好诗歌，连说话都很难。古希腊的先哲苏格拉底，也同样是只和学生讲谈，并不著书立说。这两位先哲，尽管开启了后世“小传统”的传承之门，但他们本人却和古老的“大传统”之间还保存着千丝万缕的联系。如孔子对诗歌和音乐的高度推崇，苏格拉底对诗人迷狂现象的同情和理解，都表现出对口传文化传统价值观的坚守和延续。

从孔子到司马迁，对文献“小传统”之外的“大传统”文化信息的关注和收集采纳，使得《史记》开篇就讲述以怪力乱神为主的“五帝本纪”。《五帝本纪》中大量远古帝王、巫师的神话与传说，背后都有相关的历史或宗教背景。也就是说，司马迁对这些“怪力乱神”的记载，正是在“小传统”中保存下了一些“大传统”的内容。现代学人将书本之外的民间口头传说称为“第三重证据”。在历史上，除了司马迁到民间

◆ 滦平出土红山文化女神石像

四处调查之外，明代的冯梦龙和徐霞客也有到民间采集传说与故事的行为。这就说明，尽管后来迂腐的书生们越来越迷信书本，在自己狭隘的小天地里怡然自得，但仍然有一些见识卓绝的人能够跳出“小传统”，去寻找更为广阔的视野。因此，“小传统”与“大传统”有时也表现为“你中有我，我中有你”。

简单来说，大传统对于小传统来说，是孕育、催生与被孕育、被催生的关系。大传统是文化的渊泉和根本，也是小传统发生的母胎，对小传统必然形成巨大和深远的影响。反过来讲，小传统之于大传统，除了有继承和拓展的关系，同时也兼有取代、遮蔽与被取代、被遮蔽的关系。换句话讲，后起的小传统倚重文字和书本，这就必然对无文字的大传统要素造成某种筛选、断裂、遮蔽和遗忘。就像是一个读书有成的儿子，在面对自己文盲的父母亲时，总是刻意地要遮掩父母亲的“无知”“愚昧”，要在朋友面前尽可能地把自己的家长塑造成“知书达理”的好父母的形象。但无论他如何掩饰，父母亲的乡野经历才是生活的真实。因此，只有跳出这位学者儿子用文字书写的“回忆录”，亲自去采访其父母亲，才能获得他家长的大传统真相，而不至于被小传统书写的“回忆录”所蒙蔽。同样的道理，20世纪的神话学与考古学协力探索，透过父权制文明的书写铁幕，找回一个在此之前的“女神文明”时代。这一文明在失落之后虽然不见于小传统之书本记录，却留下众多的母性偶像一类的实物，等待着大传统的探索者重新发掘和披露。

具体来讲，有必要从大传统的延续与断裂这两个不同视角，考察二者的微妙关联。就历史的断裂一方面说，主要是数以万年计的口头传承文化，在新兴的书本中心主义中被取代，好像书本比活生生的口耳相传更为重要。就延续的一方面看，则有大传统的神圣物崇拜及其神话观，为汉字发生奠定了重要的原型编码基础。

就拿上面分析的熊崇拜这一大传统来说。在小传统的书本记载中，也偶尔保存着一些关于神熊的名号和故事片段。如《周礼》中记载大巫师举行傩礼要披上熊皮；华佗五禽戏中有“熊戏”，教导人们按照仿生学道理去学习熊的活动姿势，做模仿熊的体操演练，即所谓“熊经鸟伸”；到黄帝号称“有熊氏”，再到楚国近30位国王争相以熊为号的奇特命名现象。这些在书本小传统中不容易理解的现象，只有放到欧亚大陆史前广泛存在的数万年熊崇拜大传统中，才能够得到很好的理解。

因此可以说：不深入大传统，也难真正懂得小传统。

玉石：中国大传统的原型符号

1976年的初夏，考古队员正在挖掘殷商一位王后的墓葬。这位名为妇好的王后墓中，不但出土了一对猫头鹰形状的青铜尊，还出土了755件雕琢精良的玉器。随着考古人员对玉器进行鉴定的结果被公布，人们的眼睛瞪得老大，惊诧不已——这些商王室的玉器，玉料居然有一部分来自万里之外的新疆，是昆仑山下特产的新疆和田玉！

可是，疑问也随之而来。根据小传统的常识，中原与新疆的交往，是从张骞通西域打开丝绸之路开始的。在以往书本形成的印象中，在此之前，中原人和新疆地区是没有联系的。除了殷商墓葬中的新疆和田玉之外，比商朝更古老的齐家文化玉器中也有少量玉材取自新疆和田玉。这些迹象说明，在很古老的史前时代，中原就已经和遥远的新疆地区之间有一定的联系了。

这样一种将世间最高等级的玉石材料，从不远万里的地方寻找出来，再历经艰难险阻，长途跋涉地输送给中原王朝的现象，居然数千年不绝如缕，一直延续到嗜玉如命的大清乾隆皇帝。西部的神秘召唤，为什么能够让西周最高统治者周穆王执意西行，一直抵达昆仑山巅？上古中原人的神话想象，为什么要创造出一个位于遥远的西极、独自掌握永生不死秘密的女神形象——瑶池西王母？为什么《山海经》讲述的140座山，都注明出产玉石的情况？诸如此类的千古谜题，在玉文化大传统的再发现面前，已经不再纷乱难解。瑶池作为地名，瑶母作为西王母的别名，早已暗示出解答线索：“瑶”或许指代和田美玉的专有名词！

◆殷墟妇好墓出土的有领玉戚

玉器在中国文化中具有极其重要的含义。早在青铜器出现之前，华夏先民就已经开始雕琢各种玉器，并将玉视为财富的象征与神圣的器物。在内蒙古东部一带的兴隆洼文化中就出土有距今约8000年的玉器。可以说，玉的使用和分布远远

◆红山文化玉雕熊龙，2009年摄于首都博物馆“早期中国展”

超出了小传统向我们描述的时代与范围。在距今约5000年到4000年的时代，北至辽河流域的红山文化，南至太湖地区的良渚文化，西北到甘肃、青海的齐家文化，都广泛地分布着各种远古玉器，人们将玉雕琢成各种形状，供部落的通神者——巫师和首领使用。这些丰富的考古成果说明，约公元前6000年到公元前2000年，可以被称为华夏史前的“玉器时代”。显然，华夏先民的玉崇拜和玉文化具有古老的历史，华夏先民正是凭靠精细琢磨的玉和玉礼器来实现沟通神灵的神话梦想。它先于汉字和书本而存在，从出土玉器的取材、造型和传播线索，即可以考察文字出现之前的古老信息。可以把这一方式的非文字信息称为“第四重证据”，主要包括实物和图像。这些出土文物，虽然一言不发，却已经在述说着一段书本中从未提及的遥远故事。

在古老的“玉器时代”，像甲骨文这样的早期汉字体系还没有出现，更不用说书本了。正因为其古老，所以后来的人们几乎已经遗忘了这段辉煌的“玉器时代”。这些远古玉器本身所能传达的大传统信息，由于其年代异常久远，更加显得珍贵无比。与最早使用的汉字体系——甲骨文所承载的3000多年历史相比，大传统的年代悠久程度足足是小传统的两倍以上。拙著《河西走廊——西部神话与华夏源流》就尝试探讨甘肃、青海一带以齐家文化为代表的西北史前玉文化与华夏文明发生的特殊关系，因为齐家文化在时间和空间上和夏商周三代更为接近一些。

在《说文解字》这部华夏第一字典中，收入了以玉为偏旁的字共127个，以玉为偏旁的字是《说文》中排在前列的六个重要偏旁中字数最多的一类。难道这纯属偶然吗？我们现代人，在翻阅《说文》中这些形状奇怪的古字时，总是会生出一种奇怪的感受——怎么这么多生僻字啊！造字的先民难道真是有很多闲工夫去摆弄这些无大用场的生僻汉字吗？

◆ 二里头文化出土镶嵌绿松石铜牌，2009年摄于首都博物馆“早期中国展”

众所周知，古人的语言和词汇来自生活。就像今天生活中的词汇，会充满各种电子产品和汽车品牌的名称一样，远古人们在生活中总是和各种玉打交道，因此他们的生活中也就充满了各种玉的词汇。这样多的玉器名称，说明“玉器时代”是真真切切存在过的一个大传统，这个大传统覆盖的范围很广泛，甚至到达了新疆。但由于小传统渐渐替代了大传统，因此我们便渐渐遗忘了遥远的玉器时代，也遗忘了河西走廊、新疆玉石和中原的密切联系。如果没有考古等各种新的发现，今人也就很难理解《说文》中“玉”为何占有如此重要的分量，也难以理解为何张骞通西域之前，就已经广泛流行着西王母传说。因此，可以说，不理解中国史前的玉文化，也就很难理解书本中频繁出现的各种对玉石制作的符号展示和说明，当然，就更难理解中国文化大传统的重要性。

神话观念：中国大传统的基因

成都，一座茶馆遍布的城市，人们悠然自得，过着缓慢而休闲的生活。

然而，在1986年7月那个炎热的夏天，三星堆考古工地上却紧张而忙碌。经过了许多天的发掘，一点黄色的物体从黑色灰渣暗淡的颜色中“跳出”，再用竹签和毛刷清理下去，一条金色的鱼纹清晰显露了出来……

很快，一条雕刻着纹饰、弯弯曲曲的黄金制品露面了，这是一件精细雕刻了鱼和人像等图案的黄金权杖。除了在埃及、西亚之外，中国本土的考古中，还从来没有发现过这样的黄金权杖。接下来的发掘中，这个距今3000多年的祭祀坑中出土了数量巨大的青铜器，其中包括高达数米的青铜神树、巫师铜像、太阳轮、象牙等精美的古代艺术品。其工艺之精美，器形之巨大，甚至超过了同时期中原的殷墟青铜器，显示了三星堆文明的高度发达。

可是，疑惑也接踵而来：这究竟是一个怎样的古老文明？这里为何又出土了古埃及和西亚文化中常见的黄金权杖？为何在考古发掘之前，我们对这个灿烂辉煌的古文明一无所知？

人们围绕着这些疑问，反复争论着。到了2001年，在成都又发现了一座规模更为巨大的金沙遗址，距今也是3000年。在这里，考古队发现了黄金面具、金箔太阳神鸟等精美的文物。遗址的发掘在继续进行，但众多疑问却如同迷雾一般，令人摸不到头绪。

如果没有考古发现，三星堆、金沙遗址的辉煌文明成就，永远也不可能进入国人的视野。依据

◆ 黄金权杖，摄于三星堆博物馆

小传统所留下的书本记载，找不出关于这些遗址的任何记述，哪怕连一个名字也没有！在这些遗址中，除出土了中原文化中常见的青铜器之外，还有一些不见于中原的珍稀文物，如类似埃及、西亚风格的黄金制品。原来，远古中华大地上，不仅仅有中原辉煌的商周文明，还有受到外来文化强烈影响的古蜀文明。

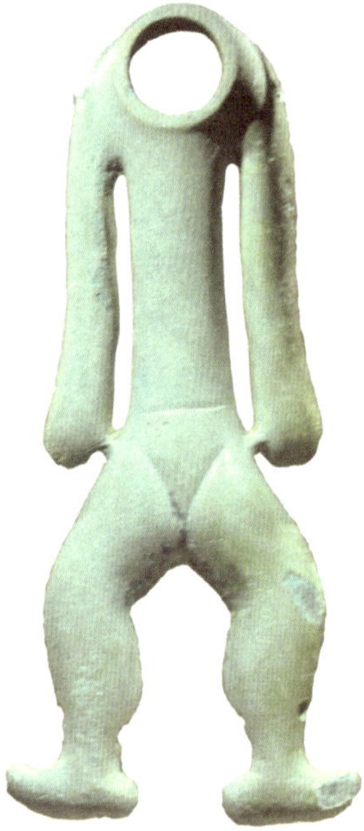
◆金沙遗址出土的无头铜人像

中华文化内部的多样性与丰富性，原来就这样被中原中心和汉字书本的小传统所遮蔽。这些新知识所带来的对大传统的再发现，给我们提供反思中国文化整体性的一种可能，足以引领当代学人重新进入中国历史，看到孔子和司马迁想看而无法看到的重要实物。在这样的基础上，根据史前各种实物证据，可以重新梳理出被小传统的“常识”所遮蔽的真相。例如，想象的动物龙如何压倒并最终取代了远古的熊崇拜，周代的凤凰如何取代了殷商的神鸟猫头鹰。实际上，小传统以一种“不语怪力乱神”的筛选方式，将很多远古的神话信息过滤掉了。但作为大传统的重要内容，神话与历史其实是密不可分的。

三星堆、金沙遗址所反映古蜀文明的辉煌面貌，恰恰能够与书本中零星的神话传说相印证。在传说中，有蜀王鱼凫的故事，有蜀王杜宇化身为杜鹃鸟的美丽神话，也有蜀王鳖灵死而复生的传奇。这些偶尔并零星保存在小传统中的怪力乱神故事，可以说并非空穴来风。因此，必须跳出书本的限制，拓宽视野，放弃对理性叙述历史的迷信，才能真正理解远古的大传统——神话。

◆商代史尊，2009年摄于北京保利艺术博物馆

其实，“历史”和“神话”并不是截然对立的事物。不论是《圣经·旧约》讲述的希伯来历史，还是希罗多德《历史》讲述的古希腊历史，其中的离奇传说或神话故事，总是和历史的影子交织在一起。19世纪，德国考古学家谢里曼认为《荷马史诗》的传奇中有历史的背景，当时他的想法遭到了学者们的嘲笑。可是他按照《荷马史诗》中的记载选择了发掘地点，居然真的找到了失落了3000多年的特洛伊城和迈锡尼

◆鹰狮合体神话怪兽格里芬，古希腊彩绘陶，2010年摄于苏黎世大学考古博物馆

◆西周神面卣，2009年摄于北京保利艺术博物馆

文明，震撼了全世界。

就我国的史书而言，不仅《尚书》没离开神话，就是《春秋》和《史记》也都被神话思维和神话观念支配，距离现代人所设想的“客观”历史或“历史科学”，十分遥远。因此，如何有效利用出土、口传的新发现，再结合神话传说去解释历史，就成为一项重要的工作。在现在“夏商周断代工程”和“中华文明探源工程”两项著名的国家工程中，偏重于考古学的发掘以及天文学数据的测年方面，未能有效地包容文化人类学、民俗学、神话学等学科，对于上古史的神话性问题缺乏足够的认识，不能有效地打通文史哲、宗教、心理诸学科的界限，使得大批出土文物只有年代，却缺乏文化解读的深度，限制了对中国古代大传统的整体性理解，也未能自觉地关注到大小传统之间的演进和变化关系问题。这就给人文学者留下跨学科研究的巨大空间，这方面的重要拓展是可以期待的。

只有将考古文物、口头传说、古代神话等元素综合起来，才可能真正抹去那些布满在“神秘”上的厚厚灰尘。

从神话大传统看儒道思想产生

《论语》记载，孔子最喜欢去的地方就是宗教圣地神庙。在神庙中，孔子每见到一件事物，就会谦虚地询问。史书记载，孔子小时候最喜欢做的事就是用泥土做成各种祭祀神灵的祭器，然后一板一眼地演习祭祀活动。可是，他又并不是完全相信自己能够面对面与鬼神交流。所以他说，在祭祀时，只是心存虔敬地假想着鬼神的存在。

孔子一方面“不语怪力乱神”，另一方面则仰慕“圣”。要理解儒家，不能专注于“神”这个字上，而应该从“圣”字入手。研究儒家思想一般对“仁”情有独钟，著作汗牛充栋，而“圣”字相对被冷落。“圣”作为儒家、道家的共同至高理想，孔子认为自己达不到，但是孔子的弟子认为他们的老师就是人间的大圣，甚至称其为天降下来的大圣。孔子对“圣”的理想，在他的后学那里变成了对老师的圣化。这一来，中国的宗庙之中供奉的不是天上的神，不是宙斯、雅典娜一类，也没有耶和华，庙中供奉的大都是由人间上升出来的“圣人”。儒家所讲的圣王，像尧、舜、禹、汤、文、武，刚好从虞夏商周排下来，这六位圣王就是孔子时代最为推崇的儒家政治理想代表。孔子后来也被称为素王。他没有当王，官位也不大，周游列国，席不暇暖。生前如此困顿，结果死后被奉“素王”——没有坐上王位的王。由此看，儒家思想的核心可以概括为“内圣外王”。其基本教义是：只有先把自己的人格修成出类拔萃的圣者，天下才会臣服于你。

西方神话最讲人神之间不可逾越的界限，《荷马史诗》中常说，奥林匹斯山上的神灵是永生不死的，是永远享受快乐的。而人生则是悲惨和短暂的，就算是凡人和神结合生下的小孩，也是必死的，因此凡人和神灵之间永远不可逾越。可是，中国儒家神话就是要泯灭这一不可逾越的界限。孔子从一个连父亲是谁都不清楚的凡夫俗

◆徐州汉画像中的熊经鸟伸形象

子，升格成为万代圣庙里被祭拜的孔圣人，开启了将世间凡人升到庙堂上变成神圣的先例。在汉代的谶纬神话中，孔子已经被表现为一个头上有“王”字，双手如同老虎爪子，脊背如同乌龟壳，身上有鳞片，蹲着如同牛一样的神人形象。不得不说，与大禹治水和夸父逐日的故事相比，儒家的圣人崇拜才是中国最大和影响最深的神话。

老子《道德经》说圣人有一个标志就是穿着麻布衣，怀里有玉（“被褐怀玉”）。由此看来，2007年发掘的安徽凌家滩文化23号墓的主人肯定是当年的圣人。他的墓里随葬近300件玉器的壮观景象，简直应验了曹雪芹在《红楼梦》中所想象的“白玉为床”景象。红山文化墓葬中，头顶着玉雕马蹄形器的主人也是圣人。良渚文化墓葬也有给主人成百块玉礼器作陪葬的，墓主人当然也是南方部落所推崇的圣人。这些5000年前超越常人而享有特殊玉礼器葬具的显贵，无疑是当时最受推崇的人间超人。还有那些按照仿生学信仰修炼“熊经鸟伸”之术的人，也是圣人传统在后代活态传承的见证。

再看看老子的雕像，最大的特征是一双巨大的耳朵。老子叫李耳，用听觉器官为名。又名老聃，把“聃”字写出，还是大耳朵的意思。这样命名意味着耳朵是古代人的智慧标记，也就是圣者的标记。汉语有“聪明”一词，却不说“明聪”。耳聪先于目明，明白这个道理，需要理解口传文化的十万年“耳识”传统在先，读书识字的“眼识”传统在后。就古代的教育和文化信息传递而言，耳朵的重要性比眼睛的重要性大，因为教育是依靠口头传授。圣人的“圣”字还原成繁体字“聖”，突出表示的就是口和耳。不懂繁体字，了解大传统就很困难。“聖”在郭店楚简中和“声”字通假。由此可知，凡人修炼达到“圣”的境界离不开敏锐通灵的听觉。孔子在自我修行到五十岁时才能“知天命”，再修炼过十年，到六十岁才“耳顺”。这是一种依赖长年持久锤炼的听觉啊。

除了耳朵灵敏之外，“圣”的意思是通晓人间和天地之间一切的秘密，能够获得神灵的启示。《说文》中说“王”字就是能沟通天、地、人。“玉”和“王”具有同样的字源。老子《道德经》中的圣人就是怀里抱着玉。《说文》中也说，巫师拿着玉器侍奉神灵。最早的圣人就是拿着神圣玉器的巫师。上文已经说过，中国8000年前就开启了“玉器时代”，“圣人”也正是在这个大传统中的产物。

总结本章的宗旨，可归结到整合多学科知识的方法论——四重证据法。其研究功效，可概括为十个字——还原大传统，重解小传统。

>> 《山海经》与中国大传统

>> 《山海经》可信度：从小说到史料

>> 四重证据法：重新认识中华文明

>> 释“瑞”：圣王圣物神话的信仰之真

>> 西王母：女神文明的中国遗产

第二章 《山海经》与失落的文明

史前一万年，上下五千年……中华文明从肇始到现代，这一进程是被完整记录下来，抑或是在包罗万象的典籍中有所失落和遗忘？如果是后者，今天的人们又该怎样去探寻那历史断裂和失忆的部分，恢复和重建那失落已久的文化记忆呢？

《山海经》与中国大传统

《失落的世界》（*The Lost World*，亦被译为《遗失的世界》）小说和同名电影在20世纪末引起了读者和观众的注意。同是英国作品，《失落的世界》比起托尔金的《指环王》产生年代还要早，后者同样在当今获得了全球性的热烈追捧。受其启发，有的美国电影人构想出了“侏罗纪公园”等恐龙世界的故事；还有的根据欧洲人早期开始的地理探险记录及后来人类学田野考察报告，想象出“孤悬于海外”的“桃花源”、“蛮荒之地”。面对现代经济社会发展的负面效应，在很大程度上，现代人借助此类想象去观照无从了解的自身过去——那被忘却的、失落的自然与人类世界。对于炎黄子孙来说同样如此。中华文明从时间、空间角度看何止“上下五千年”？由文字书写的历史同人类诞生后走过的历程相比，恍若一瞬！回眸久远的过去，思想、政治、地理上的大一统又在主观上给今天的人们带来了多少错觉？那些失落的事物并非了无痕迹，今人凭借恐龙化石就找回了7000万年前地球统治者的部分世界。可见，人类找寻自身的过往绝非幻想。我们华夏文明当然没有理由彻底遗失自己的“大传统”。要找回失落的世界，首先需要转变观念，正所谓“跳出三界外”，从被忽略的记载，甚至文字之外开始。

清代乾隆年间发起大规模的图书整编工程，

其成果是有儒藏别称的“四库全书”，它卷帙浩繁却以儒家经典为主。“经”在2000年来逐渐形成了自身的神圣地位。仅以犹太教、基督教的典籍*Bible*——耶和华、上帝的神圣之书——传到中国被译为“圣经”，就可以逆推华夏文明中对“经”的推崇备至。但是中华的经典可不只一本，也不只存有宗教意义一面。自汉代独尊儒术，设五经博士开始，儒家经典渐渐成为主流，此后与道家和佛家经典共同参与了中华民族的性格塑造。儒典更是以其入世性获得了主流意识形态的正统地位。“十三经”——13种儒家文献到宋代最终被确立为经典。可是，某些经典的集中与树立，却必然使许多其他曾经包含丰富文化信息及事物来龙去脉的文献记载受到冷落、忽视和排挤。有些也被称为经的典籍徘徊在伦理化、政治化主流之外，或被曲解，或遭增删甚至亡佚。这就增加了后人理解过往的难度。

◆ 毛利人的图腾祖先木雕，2006年摄于新西兰奥塔古博物馆

《山海经》是中国文化典籍里一部众所周知的奇书。可以说，它是一部因其内容既幸运又不幸的“另类”经典——虽然顶着“经”的名号和光环，其内容却与先秦时代其他典籍迥然不同。用今天的话来说，“奇幻神怪”为其突出的叙述特色。成书之初，图文并茂，却很早就空余31000字符，原图尽失。这样的命运与遭际，使它获得“志怪之祖”的地位，具备对儒家正统观念构成相当挑战的潜质。一般认为，孔圣人对鬼怪之事并不感冒，他更关注现实与人生，所以奉其为至圣先师的后人自然跟随他“敬鬼神而远之”，甚而有人夸张到“打倒一切牛鬼蛇神”。《山海经》被冷落为地理书、末节小说类也就毫不意外了。如今从中华文明探源的视角看，《山海经》的参考价值似乎是无与伦比的，因为过去被认为是荒诞难解的一些叙事，借助于20世纪以来的新知识视野，逐渐显露出原本的历史真实性。换言

之，《山海经》中存在着许多古人今人在思维定式中都难以看懂的内容。不过，后辈也有其自身的优势，借助于符号解读技术，今人有可能看懂其中的一些奥秘，或者至少是能够看出一些眉目来。

现实中的《山海经》却在其他方面发生着影响，小说《镜花缘》得其神妙，就是一例。那被归类为小说的“小道”，却成为真正小说的素材来源。虽说此“小说”非彼小说，地位却颇为类似。在当下最有时代特色的电脑游戏中，《山海经》被开发者用来直接给怪兽命名。这是它的喜抑或是悲呢？现代人对其中的叙述已经如此疏离，以至于游戏制作方只看到字面描述的奇异，从而获得造型灵感，游戏玩家亦只有陌生化的新鲜感，全然不知其究竟了。当然，现代研究者更多关注的是《山海经》中的地理、物产、民族与生物记录，这是在科学考古的名义下进行的对古代地理分布与生物种类的考察。一般说来，20世纪以前，国人较多地把《山海经》视为地理著作。《辞海》“地理学”条目下云：“地理学一词始见于我国《易经•系辞》和古希腊埃拉托色尼《地理学》，我国最古的地理书籍有《禹贡》《山海经》。”而自1902年西方的“神话”概念假道日本传入中国以来，人们开始较为普遍地把它看成是上古的神话著述。如果说地理学是关注现实的学问，神话则多被看作文学的源头，是虚构。那么问题就出现了：既然神话是幻想的产物，具有非理性的特征，那它又是怎样和作为理性产物的地理学在《山海经》中相统一的呢？或者说，人们缘何能够在《山海经》中得到不同的认识呢？

有学者认为《山海经》实际就是禹分九州、铸成九鼎的地理分布图。下图是宋代所绘《尚书•禹贡》的地理分布图。《山海经》的原图早已消失不见，今天

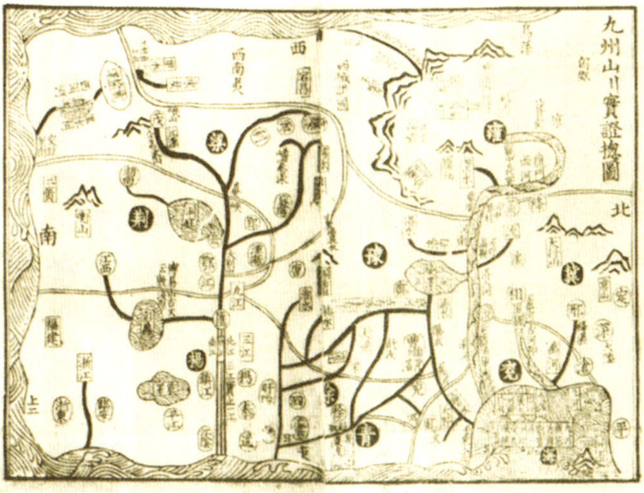

◆南宋《禹贡山川地理图》

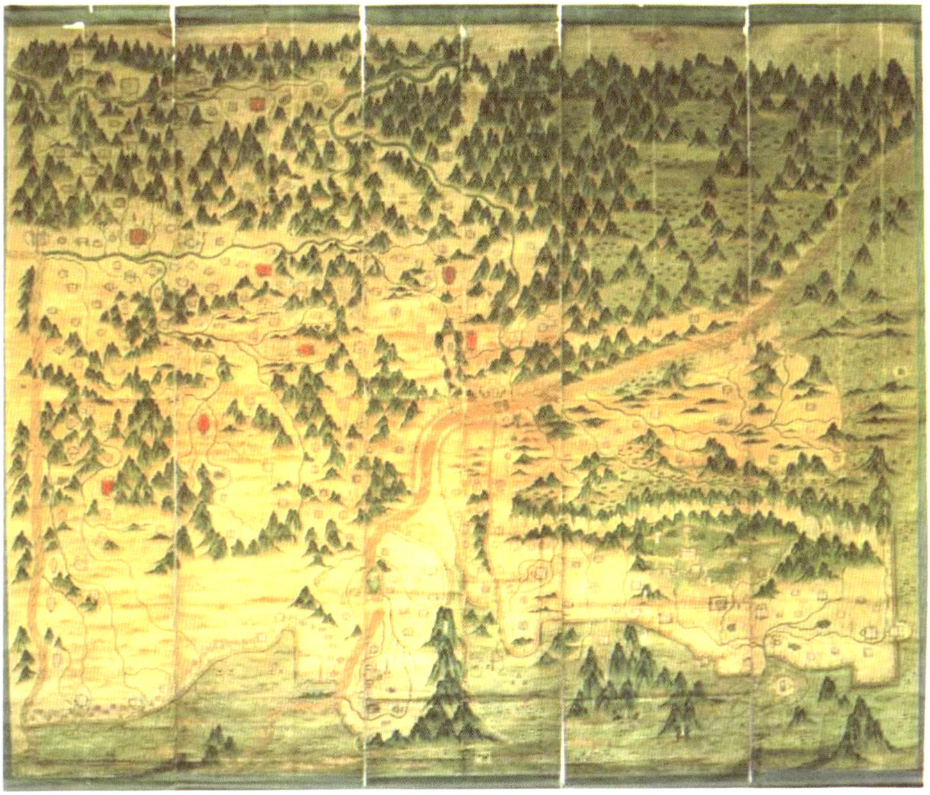

◆明代陕西舆图

所存人物神怪的形象，是后人根据文字所绘制的。而山川位置倒是可以参考宋版图。笔者曾在几年前的著述中对《山海经》的性质做出如下的判断：《山海经》的构成，带有明确的政治动机，它之所以出现，和上古文化走向大一统的政治权力集中的现实需要密切相关。因此可以说，它是一部神话政治地理书。更确切地讲，它以山川地理志的外观表现着现实世界与神话时空交织的内容，而这种虚实相间、半真半幻的空间图式之实质，则是服务于功利目的的宗教政治想象图景。只要从祭政合一（或政教合一）的远古社会的政治特色着眼，《山海经》的巫书性质和功能便容易理解了。那就是为走向一统的文化权力话语提供神权政治的空间证明，通过对各地山神祭祀权的局部认识和把握，达到对普天之下的远近山河实施一种法术性的全盘掌控（叶舒宪、萧兵、郑在书《山海经的文化寻踪》，湖北人民出版社，2004年）。从整个《山海经》地位的变化来看，它在出现之初表达了鲜明的政治目的，因而被称为“经”，那是当时的实际需要；而在后来的理性、伦理建构中，它又走下神坛，让位于儒家哲理化的经典，也算是在政治斗争中的牺牲品吧。就是说，随着人们对自身认知和理性抽象化程度的提高，政治工具也要变化，残酷的现实自然就把记载非人神怪的《山海经》置于末流与虚幻的地位，它已经不再适应新的需要。今天以置身事外的角度来看待这种变化，一切都显得颇为清楚。

如今看来，这些判断基本上不用改变，只是需要补充一些更深度的说明。第一，《山海经》透露出其他古籍中罕见的远古历史信息。从祭政合一的视角能够有效解读其中的若干奥秘，尤其重要的是它对远古文化的印证作用。第二，理解《山海经》中真实信息的方式是超越文字的局限，必须到前文字时代的其他媒介中去寻找信息源，这也就意味着考古学视角和知识的不可或缺性。第三，一旦找到前文字时代的其他信息载体，超越文字叙事小传统，窥见“物的叙事”，大传统的门径也就由此开启。通常，人们都会认为中华文明有着“可信的”2000年以上的书写文化传统，其实比起文字产生之前华夏大地上人类的生产繁衍，这个传统可以说是小了太多。考古之“物”的证明，将人类对自身发展的了解持续向更古老的时代推进，文化认知的时间跨度大大延长。华夏文化大传统的再发现，反过来说明《山海经》叙事观念的可信度，绝不输于任何一部上古之书。不过，大传统的信息不是单看字面意义就能有效把握到的，关键在于掌握怎样的解读工具与解读技术。

《山海经》可信度：从小说到史料

无论是具有“奇技淫巧”的地理性质，还是荒诞玄怪的文学属性，《山海经》都在华夏儒家文化小传统中沦为附庸。可是，它究竟如何能够从不可信的“小说”，摇身一变成为探究上古历史可资参考的“史料”呢？

《山海经》可信度的180度大转变是在20世纪完成的，这是现代学术史上值得反复回顾的佳话。两种传世文献以外的学术新证据的发现，为《山海经》文本内容的性质做出了空前的实物证明。一个是甲骨文中四方神名和风名的发现，另一个是华夏大地上诸多史前玉文化盛况的发现。这两方面都和《山海经》的记述得到很好的印证，表明这部书非常珍稀，是失落的大传统信息的存储宝库。

华夏文明对于空间和时间都有着自己独特的认识。文献中的空间观体现在东南西北四方或加一个中央成为五方的政治地理版图意识上。《史记•天官书》中有言：“五星分天之中，积于东方，中国利；积于西方，外国用兵者利。”天地星象和谐一体的观念与空间方位的联系可见一斑。时间观则鲜明表现在遵守历法、观察物候、依循节气与重视历史上。《山海经》中华夏大传统的空间观表现明显。神话的空间观念可谓深入人心，“中国”一语的来源就说明了强烈的空间位置意识。国人居中而望四方的信念古已有之，甚至成为中华文明最为基本的品格之一。统治者讲究方向与地位、身份的一致，民间堪舆风水更是注重朝向。在观念的不断建构中，产生了由方国到少数民族方位的东夷、西戎、南蛮、北狄之说；有青龙、白虎、玄武、朱雀四神兽对应四方之说，这在对城市街道的命名中最为直观；还有五行与五方相对应的理论；在通俗文学中，不是有东邪、西毒、南帝、北丐、中神通的虚构吗？金庸先生的这一说法影响可不小，但无疑体现了

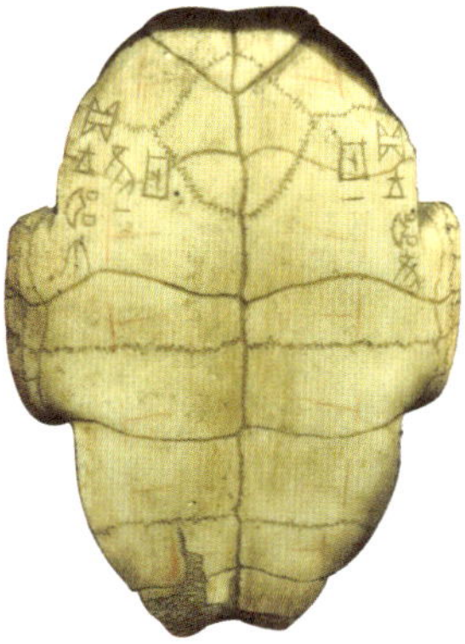

◆ 完整的龟甲骨，摄于安阳殷墟博物院

传统空间方向的集体无意识。说起《山海经》的“怪”，记录了大量神话与诸神系统是其特点之一。这在孔子之后重视人的国家主流意识形态中，渐渐变为“离经叛道”的“语怪”。《大荒经》诸篇中记有四方之神及四方风神的名号。比如《大荒东经》里写着：“大荒之中……（有神）名曰折丹——东方曰折，来风曰俊，处东极以出入风。” 这一段记述具体说明了三层意思：东方之神名称、东方方位名和东方来风的风名。根据神话学对先民的思维研究，名物相混成神，这个“俊”也可视为东方风神。其余各经的体例相似，分别记载着南、西、北三方神名、方位名和三方风名。

再看《大荒南经》：“有神名曰因因乎，南方曰因乎，来风曰乎民，处南极以出入风。”《大荒西经》：“有人名曰石夷，来风曰韦，处西北隅以司日月之长短。”

值得注意的是记录中人神未分的状态（忽而称神，忽而称人），这正是巫信仰时代的特征。也难怪人认识到了自我的理性后逐渐将《山海经》排斥出经典之列，概因时代不同了。以上所见《大荒经》记载的四位风神的名字和四方位名大体重复。学界有人把“风神”和“方神”混同看待。《山海经》除《大荒经》记载了“四风神”，《海外经》还记载有“四方神”体系，联系起来看，情况就更显得复杂一些。在20世纪之前，因为中国的学问集中于儒家经典，而且基本上走的是通过分析文字来研究文献的路子，在缺少其他证据参照的情况下，对于“风神”与“方神”关系的记述，没有人能够证明其准确性和可靠性。做出此类判断的唯一途径是和其他古书相对证。如果其他古书中没有类似的内容，问题就变得“死无对证”了。幸好儒家经典《尚书•尧典》中竟然有相关记载，即华夏先祖之一的尧派司政官到天下四方去颁发政令，写到东南西北四方之民听到政策制度后的反应，用了“析”“因”“夷”“𨺅”四个字。可惜《尚书》的原文和后来的注释都没有说清楚这四个字的含义。古代一般学者也不敢随便拿“小说”《山海经》来印证神圣的书经，以至于这成为了悬疑。流传下来的文献被历代学者皓首穷经地研究了个遍，经书毕竟有限，加之主客观因素的影响，以经解经的方法遇到了瓶颈，既然不可胡乱解释，就只好放在一边，来日方长了。终于等到来自地下的一种文字——甲骨文升出地面。说来也属机缘，这些刻有殷商文字的龟甲与兽骨居然一直被作为中药使用，这是不是可以说明华夏文化具有无限的发掘潜力呢？自1899年北京的中药铺里发现殷商契刻以后，甲骨学迅速成为20世纪新兴的一大显学。后来，由当时国民政府成立的中央研究院历史语言研究所，在第一任所长傅斯年带领下到河南安阳进行了十多次的正式发掘，出土的刻字甲骨多达十万片。在一片罕见的大龟甲上，研究者发现有类似《大荒经》的“四方风神”和“四方神”名之刻辞：

东方曰析，凤曰协。

南方曰夹，凤曰微。

西方曰夷，凤曰彝。

北方曰□，凤曰役。

将《山海经》与甲骨卜辞加以对照，两者记载的四方神名和四方风名存在惊人的一致性。胡厚宣先生据此写出论文《甲骨文四方风名考证》，认为“《山海经》之某方曰某，来风曰某，实与甲骨文之四方风名，完全相合”〔胡厚宣《甲骨文四方风名考证》，《甲骨学商史论丛初集（上）》，河北教育出版社，2002年，第268页〕。甲骨学家的这个认识不胫而走，对于文史学者逐渐改变传统看法、对《山海经》刮目相看，起到了非同小可的作用。先民对风向与方位的认识，是神话思维应用于巫祭仪式，虽然与今人的科学认识不同，却是后人此类观念的来源。这样，《尚书》中的不解之言也就有了可信的解答。

如果要解答先民为什么对东南西北四方位如此看重，并将其做出与科学认识完全不同的神话式的理解，这就需要对《山海经》四方加中央的五方空间观念及《大荒经》的四方风神系统观念加以细致解析，借以洞悉其中隐含的神话思维时间观与空间观的奥妙所在。

人类对空间上东南西北四个方位的区分，主要产生于初民观察天体运行的生活实践。其中，考虑到夜晚在很大程度上限制了人类早期的活动，显然白昼里的太阳有条件成为一个最基本的参照系。太阳从东边出现，带来了光明；从西边消失，黑暗笼罩大地。日出于东而落于西的反复印象，使得先民首先能够把握两个基准方位。随后又根据自身位置及其他天体拓展出四基准

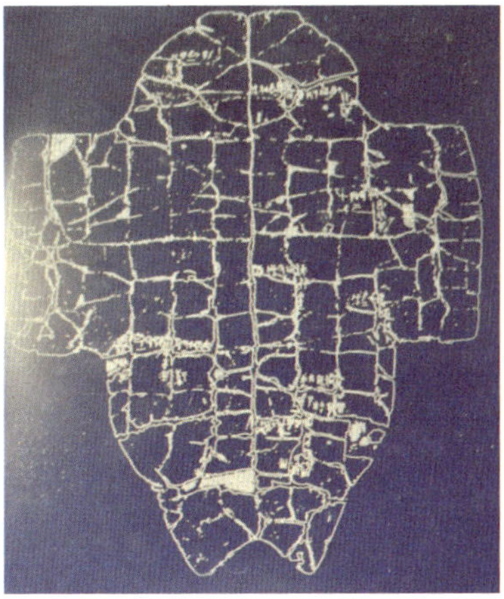

◆殷墟出土甲骨文字展示，摄于安阳殷墟博物院

方位，再加之仰观和俯察的行为，六维的立体空间意识产生了。值得注意的是，六维中的每一维在先民眼中并非客观存在，而是神人的居所，掌控着相应的自然现象。史前信仰时代的人们，将每一方位设想有一位神灵，即方神。大量的研究显示，世界各古老文明中的符号、文字在成体系之初多有神圣信仰的背景，主要应用于巫禳祭祀的仪式场合。尽管文字借以产生的条件和目的不同，后来西方字母和中国汉字也走了不同的表音、表意之路，但在其真正发挥作用并应用传播下来，进而发展出记录语言的基本功能上，是殊途同归的。目前世界学术界公认的最早文明，是位于两河流域南部，即今天伊拉克的苏美尔文明，刻有其楔形文字的泥板就被大量发现于神庙中。而中国河南省舞阳县贾湖遗址中也发现了刻在龟甲、器物上的契刻符号，这些距今约9000年的符号特征及其所在地，令人难免联系起比之晚数千年的安阳殷墟甲骨文。比较而言，殷商时代的文字要更成熟。

◆ 四方与四神——西汉白虎瓦当，摄于北京古陶博物馆

文字从产生到成熟是一个漫长的过程，体现着思维的变化。从甲骨文的材料看，殷商人对方神的祭祀相当隆重，规格也高，仪礼中要供奉大量的牺牲，就是所谓的“太牢”了。祭祀中除了牛、羊和犬，甚至还出现了人祭，如“羌”和“南”（人）。对于四位方神与四位风神的关联，日本汉学家白川静有个合理的解说，他认为：“方神居于地极而掌风之出入，所以风神是他的使者。风神决定地方的风气与风俗，因此殷人对风神举行的祭仪与方神相同。风一吹动，便卜其吉凶。”（白川静《甲骨文的世界》，温天河、蔡哲茂译，巨流图书公司，1977年，第46页） 进一步说，风神不只是方神的使者，卜辞中还有风为天帝使者的说法。总之，风给人类带来的不只是自然物理现象，也是神话现象。或者说

在神话思维中，风充当着神人沟通的一种信息中介。这样的关联，在先民具体化思维那里又生发出神鸟的意象。

回到太阳对人类空间观念的生成作用上来。世界各地普遍存在着以太阳为创世主的神话类型，这些都明确告诉人们是太阳给大地划出了四方方位。神话的可信性在于先民认知自身与世界的具体形象的思维方式——那自有其道理，而不在于其内容是否合于现代的科学理性与逻辑。因此，神话可以作为探究隐藏在“奇幻玄怪”内容深处的文化事实材料。现代人们习惯于接受哲学命题、抽象观念，并认为这是与生俱来的，往往忽略了其背后的神话来源。人类的认知来源于实践，也就是实践——认识——再实践——再认识，从具体到抽象不断升华的过程。从实践中最先得出神话解释，再进行理性抽象就是这样的过程。可惜神话解释的最初实践来源却容易被忘记，使早期文化进程出现断裂。国人熟知《周易•系辞》中“太极生两仪，两仪生四象”的命题，将其同《淮南子》等书的“黄帝生阴阳”和“黄帝四面”叙事相对照，便显现出这两套叙事的异形同构对应关系。“太极”“阴阳”等并非抽象的观念符号，而曾经是先民头脑中具体的自然现象。随着理性思维的加强，具体来源却慢慢地被忘记了。基于此，可以从中归纳出华夏式的太阳创造主黄帝的神话原型。

从商代的帝到周代的黄帝，太阳创造主的观念在中国上古史上是从未断绝的。黄帝的四张面孔象征着由他所钦定的神圣四方空间，因此，“黄帝四面”这四个字所构成的千古密码，实应破译如下：创造主太阳神的循环运行“钦定”了四方和四时。若再加上“黄帝生阴阳”一句密码的破译，我们便可以重构出因理性化的曲解而失去本义、淹没无闻了几千年的上古创世神话的原

◆ 三星堆出土的人面鸟身铜像

◆象牙鹰首，傅家山遗址出土，摄于余姚河姆渡博物馆

型结构：创造主太阳神从黑暗中出生（升），创造成光明与黑暗二分的世界，它的循环运行钦定出东西南北和春夏秋冬，确立了人类赖以生存的宇宙时空秩序。（参看拙著《中国神话哲学》，中国社会科学出版社，1992年，第226页）

既然太阳与华夏文明中的空间观念生成有着密切关系，确定四方向之后，《山海经》中还有上述关联着四方之风的神。与《大荒经》的“四方风神”系统相对应，《海外经》也记载着另外一套“四方神”系统：

《海外南经》：“南方祝融，兽身人面，乘两龙。”

《海外西经》：“西方蓐收，左耳有蛇，乘两龙。”

《海外北经》：“北方禺疆，人面鸟身，珥两青蛇，践两青蛇。”

《海外东经》：“东方句芒，鸟身人面，乘两龙。”

将《海外经》记载的四方神同《大荒经》的四方神相对照，可以看出二者来源于不同的系统，并且有年代的早晚之分。《大荒经》的系统因为和甲骨文及《尚书•尧典》相吻合，可以视为源自夏商时代的神话空间观，属于文字记录保留下来的信息；《海外经》的系统出现了“神人”的形象，以人兽合体为特色，而且以“乘龙”“践蛇”为同类的标志，与史前期的造型艺术表现相对应，如红山文化玉雕神像等，可视为有着更早时代的神话想象源头，这为后人通过文字想象神人形象提供了依据。借助于此，可以进入空间观念之外的传统精神信仰来源的范畴。北方禺疆不仅有“人面鸟身”的神话外观，还有“珥两青蛇”的装饰特征。北方新石器时代玉文

◆珥蛇神话的实物见证，商代玉龙玦，摄于安阳殷墟博物院

化发端于被称为“珥”的玉饰，那是一种青绿色环状的玉玦。文字记载与实物形成互相呼应的局面。具体而言，从文字产生之前的兴隆洼文化中出土了实物玉珥，这证明了一种珥玉习俗的存在，《山海经》中传世的文本记载竟然有出土的物证，如果不是纯粹巧合的话，那就有非常耐人寻味的地方了。

偏旁“王”就是“玉”，珥字从玉从耳，应该同以玉饰耳的远古习俗相关。《汉语大词典》解释“珥”字，第一义项就说：“珠玉做的耳饰。也叫瑱、珰。”文献中“珥”多有出现，《战国策·齐策三》：“薛公欲知王所欲立，乃献七珥。美其一。明日视美珥所在，劝王立为夫人。”《文选·枚乘〈七发〉》：“九寡之珥以为约。”李善注引《苍颉篇》：“珥，珠在耳也。”“珥”还作为动词使用，指佩戴的行为。考古学材料所展示出的中国乃至整个东亚地区玉文化的起源，就是以发现用于“珥”的佩饰玉玦为最初标志的。（刘国祥、邓聪《玉器起源探索》，香港中文大学，2007年）玉玦的形状制造从早期的开口圆环状，发展到红山文化以来的卷龙或卷蛇形状，给神话想象的“珥蛇”母题，提供了发生的实物原型。《山海经》各篇章中一共出现九处“珥蛇”记载，全都是用于描绘各方神异的。史前期以来大量龙蛇环状玉玦的考古发现，为揭示《山海经》文本背后潜隐的玉文化大背景，开启了一线希望。很可能《山海经》辗转甚或直接记录了这样的习俗。后人失去了理解的背景，难免不得要领以神怪视之了。

◆ 玉玦，内蒙古敖汉旗兴隆洼遗址出土，中国社科院考古所藏

在把《山海经》当作“小说”的时代，人们已经注意到书中不厌其烦地述说各地山川出产玉石的情况，却没有人会太在意。既然是无法查证的子虚乌有类叙事，谁又会当真呢？西学东渐以来，从现代科学视角看待《山海经》成为一时的

◆2012年10月甘肃庆阳采集的玉石器标本

学术新风气。将其当作地理分布与地方物产的记录看，重视程度已经是一大跃进。1918年，地质学家章鸿钊教授出版《石雅》一书，条分缕析地解说《山海经》中的诸种矿物资源，使该书的“科学性”蕴含，初步超越“小说”的界定。人们对这部奇书性质的认识，也随之发生巨大变化。在书中所记各类自然资源和物产中，玉石所占的比重之大显而易见。据统计，《山海经》讲到的产玉之山，多达142座。（郭郛《山海经注证》，中国社会科学出版社，2004年，第963页）在没有史前考古发现的中国南北方玉文化分布知识之前，《山海经》偏爱金玉矿藏的倾向一度使得后人无法理解。从地图说明的角度看令人本能地生出疑惑：该书作者难道是贩卖玉石矿产的商人吗？不然的话，在没有科学探矿专业知识的条件下，他为什么那么看重四方山海之内的每一座产玉之山，以至于逢玉必记呢？唯有古玩收藏界的爱玉人士心中明白，所谓千种玛瑙万种玉，古人对造化提供的玉石种类与属性的多样化认识，其精密和高明的程度，是远远超出后人想象的。那是根植于神圣信仰中的，所以他们才不遗余力地精研玉石“知识”，区分类别，这与科学技术手段分子式的判定不可同日而语。现代人热衷于收藏玉石，除了相当现实的财富与审美需求外，文化大传统形成的集体无意识也在背后起着潜移默化的作用。

◆ 良渚文化玉钺，摄于良渚博物院

◆ 陕西韩城出土芮国人面兽身玉握

20世纪后期，红山文化、兴隆洼文化、大汶口文化、河姆渡文化、凌家滩文化、良渚文化、石峡文化、齐家文化、石家河文化等一大批史前文化遗址中的玉器被相继发现，世人终于明白了《山海经》142座产玉之山记载背后的真相：在北起黑龙江，南至广东和越南，东起黄海和东海之滨，西至河西走廊的广大地域，都有着玉信仰的存在。玉不是普通的石头，那是天地的精华，通灵、通神的信物。华夏先民崇玉爱玉的心理情结，发生在约8000年前的新石器时代早期，成熟于中晚期，并伴随着玉器琢磨加工技术不断发展，始终如一地延续下来，一直带入夏商周三代文明社会。《山海经》对玉石矿产的格外关注，既非出于小说家的虚构，也不是完全客观的科学真实，而恰恰体现出史前至上古时期人们玉崇拜心理的主观真实，即玉信仰或玉宗教观念的真实。

于是，在甲骨文的发现印证了《大荒经》的四方风名之后，史前玉文化的发现再度印证了《山海经》玉分布四方内容的真实性和古老性。这也是一个重新认识神话与理性观念、中华文明“大传统”与“小传统”辩证关系的过程。一部难懂的奇书，就这样变成中华文化知识考古的绝门宝书。

四重证据法：重新认识中华文明

读书穷理，格物致知。人文学界在21世纪初明确提出的“四重证据法”，是本书尝试文明探源研究的方法论创新特色所在。这在本书各章节中都将得到贯彻。“四重证据法”就是把包括《山海经》在内的传世文献，统统看作探究古代真相的一重证据；把新出土的甲骨文、金文和竹简帛书等文字记录，称为二重证据；把民间口传类和民族学考察的活态文化材料作为三重证据；将考古发掘和传世的古代文物及图像视为四重证据。今天的学人有条件掌握古人所无法掌握的多种视角和知识便利，能够实现超越前人的新探索，获得关于失落文化的新认识，这是四重证据法出现的因缘。

根据文化人类学这门学问进入中国以来的发展历程，现在可以提出中国文化的再认识与表现问题，希望能够从跨学科研究视角，多侧面地贴近中国文化自身的主脉。四重证据法就是基于这样的认识初衷而提出的，它对于认识中国文化的可操作性，将在本书中得到实验性的展开。

无论是3000年文明史还是5000年文明史，2008年都是中国有史以来第一次全球意义上的向世界展示自身文化形象的年份。怎样从跨学科的人类学视野把中国文化展示或者书写下来，这个问题的意义十分重要。如果举出奥运会开幕式的例子给大家，即可透视中国文化表述方面存在的“失真”问题。因为现代国际文化之间的交流、碰撞是建基于电子网络通信技术之上的，其程度远远超过了过去的任何时代。一个国家若要展现自己的传统文化，就不得不在形式和观念上向他者文化妥协，否则就无法令别人明白。当然，这个时代也证明了人类学所关注的人类文化差异之外的基本共性。跨越和汇通、兼收并蓄的眼界和态度应该是一个核心的问题，这是无法回避的。整个人类的进步根本上不在于封闭自守，而在于交流与传播。作为学科的人类学仅有100多年的历史，实际上对人的认识应该从苏格拉底算起，从希腊人发出“认识你自己”的训条或神庙上那些神谕开始。虽然哲人的用意在于表示人不可僭越于神，但这毕竟是人作为理性的生物认识自我的开端。此一观念是西方知识积累2000多年的产物。人类学传播到中国后，基本上是按照凌纯声、费孝通先生的路在走。在我们的意识中，以凌纯声、费孝通先生为代表的“松花江下游赫哲族”与“江村经济”这样一种调研和写作路数，就是标准的马林诺夫斯基式的路数。如今看来，这样的路数也面临一些问题。就是说，中国文化虽然在国家意识形态层面贯彻着大一统的观念，但具体到不同地域、不同族群、不同历史时期却呈现出巨大的差异。在研究差异的同时，还需要一个已经形成的大一统的政治意识形态意义之外的另一种整合性的向心力。它来自一个比华夏文明或中华文化更为具体的史前信仰，其整合性的向心力给后来定型的中原帝国夏商周三代带来基本的物质认同。从史前到文明的玉文化线索足以担此重任——解释华夏认同所凭借的圣物演化谱系。除此之外，还有张光直先生的一条路数。这条路数，我国学习上古历史的人会涉猎一些，但是对其跨学科、超学科的方法精髓没有领会透，也基本没有什么响应者。主要原因是知识构成方面的学科本位主义局限，导致多数人的思路无法打开。

张光直侧重的是考古，是一个考古定位的人类学家。张先生2001年已经过世，他曾任哈佛大学人类学系主任，又是华裔，从中国台湾去的美国。他对中国文化的感受和把握有独特之处，与费孝通先生的感受不大一样。张光直提出，中国的社会科学不能完全依照西方的路去走，如果能够建立一种范式的话，那绝对是西方范式无法包含在内的，而且对世界是有重大启示作用的。其实，他这个话是回应汤因比的。以摒弃“西方中心论”著称的英国历史学家汤因比，在其12卷本大著《历史研究》中对

◆ 马家窑文化人头彩陶壶，2009年摄于青海柳湾博物馆

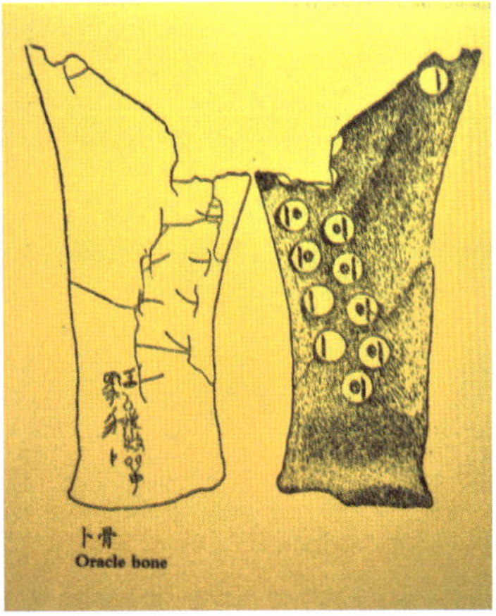

◆ 卜骨，摄于北京房山琉璃河西周燕都遗址博物馆

中国的理解难免有“东方主义想象”的印迹。汤因比和日本作家、国际创价学会会长池田大作对话时，说了这么一句话：“过去的五百年，西方人，也就是资本主义社会已经在物质上统一了这个世界。未来的五百年，由谁在精神上来统一世界？”这就是20世纪著名的历史哲学家汤因比提出的问题。这个问题张光直回答了，可惜他没有来得及去完全实施构想就去世了，留待中国人类学界进一步去反思。在我看来，如果把凌纯声—费孝通的路径，再加上张光直的路径——一个侧重于田野，一个侧重于考古，这两条路结合起来，就是具有多学科整合意义的创新途径，那样今日的学者就能够在文字局限之外，立体地和直观地进入到中国文化主脉中去。这就是一种新的文化观照与整合。

跨越与整合的直接应用就是四重证据法，它对于远古无文字时代的探索和证明，实效性如何呢？以张光直先生的老师、考古人类学家李济先生关于河南安阳殷墟出土人头骨的报告为例。人们习惯于认为中原是汉人的地方，但是安阳出土的一些头骨却呈现出体质上的多样性，有南亚类型的，有北亚爱斯基摩人类型的。这些信息在汉字记载的古书中一点线索也没有。文献记载盛唐长安咸人毕至的国际化场景，是高峰却非起点，这么广阔的土地上，人口和族群的迁徙、交流绝不是仅仅从有文字之后才开始的。如果只盯着书本知识去看殷商文明，那一定会被文字所欺瞒！二十四史早应该拿括号括起来了。现象学与福柯对知识考古的启示在什么地方？就是让人们学会怀疑这些叙事。真正的历史要重新进入，需要从新的角度整合。如何“重新”进入中国历史呢？中国学者研究中国文化，能够把这本大书读懂、读透，深入到文字之外，那就了不得。这部大书——大传统太丰富了。中央电视台《民歌中国》节目的朱志忠导演说中国民歌有一万种唱法；某次会议上，藏族学者展示的藏传佛教的一类仪式就有十多种变化。对这些文化现象，现在的关注太少，有关知识几乎是零，连小学生都不算。在这么一个深远而丰富的文化面前，需要思索的是怎么样将它的丰富性展现给世界，那样才是华夏文化同中有异、异中有同的辩证统一。

四重证据法所呈现的立体文化景观，对于大家习以为常的书本主义知识观，是一大挑战。书写成文字的东西，其内在的主观性是无可回避的，甚至应该提出文字的暴力问题。为什么少数民族歌曲民间展现的这么多唱法，在现今华夏的主体文化中几乎没有表现？因为大家的思维定式只信汉字书写下来的一切，不是吗？谁不以汗牛充栋、韦编三绝甚而名垂青史自豪呢？显然，无文字的少数民族更容易被忽略。谁也不能否认秦始皇统一六国对华夏文化的积极意义，但应该反思“书同文，车同轨”在统一过程中造成的文化割裂和遮蔽。其实西方学人早就提出“语言是牢房”，更不用说文字了。不用去找国外的后现代理论，中国本土就有，最早的智慧觉悟者庄子，早就用文字告诉人们古人的书是什么，乃“古人之糟粕也”，“矫枉”必须“过正”。不是彻底对文字记录持虚无态度，而是反思书写中的流失与忘却。这种对于证据的强调，是从傅斯年先生那里来的。他说，什么是史学？史学就是史料学。你有一分材料说一分话，有十分材料说十分话。这跟法庭上是一样的，不能只靠辩解，拿出证据才好定罪。

如果把“玉”称为华夏文化的一种特殊语言，这种语言更多可以意会，难以言传，少了文字书写的弊端。我们可以用学习一门外语的时间精力，去学习玉的语言。为什么呢？就是因为要了解中国文化统一性和多样性的问题。在秦始皇公元前221年统一中国以前2000年，华夏文化事实上已经被统一了。那是谁统一的？就是玉统一的。齐家文化的一

◆ 良渚文化神面纹玉琮，2009年摄于良渚博物院

◆ 全身佩玉的良渚国王王后模拟像，2009年摄于良渚博物院

种玉璧在一个墓中就有80多个，在良渚文化中也有100多个。看看地图，这两地隔得太远了，一个在河西走廊上，一个在长江口杭州湾那儿。玉璧和玉琮，齐家文化、龙山文化的陶寺遗址和良渚文化的一模一样。一个距今约4000至5000年，一个距今约4500年。这个东西如果没有人统一规划，两地的工匠加工时会做得一模一样吗？绝无可能。如果说有可能，看看世界文明版图，为什么其他文化就没有这个东西？这分明是都崇拜这个东西，做的东西才是一样的。不管怎样，彼此之间肯定有交往和认同。

◆辽宁喀左东山嘴出土红山文化绿松石鸮

《山海经》里处处都是玉，屈原《楚辞•涉江》一上来就讲："登昆仑兮食玉英，与天地兮同寿，与日月兮齐光。"这个吃玉的问题单从文学角度能解释得了吗？根本不知所云。它是信仰中的真实。而且，这个食玉信仰全世界只有东亚文明中才有。其他地方也有零星发现用玉的，但从来没有把玉神化到如此程度。这个早期的统一的文化信仰，一直存在于后世，道家的最高神明就叫玉皇大帝；儒家注重现实人生，把君子之德比于玉。没有信仰，本体喻体何来相似性？相比于这个传统，文献记载的一切都是小传统。因为它有8000年，孔子、老子距今才多少年？人类学最厉害的就是它有长时段的眼光。为什么要讲文化多样性？如果人类只走西方现代性一条路，就是最后这个现代文明病的形象。20世纪非正常死亡一两亿人，这是非常惊人的。人类学提示着从更长的时段去反观，这对每一个研究具体问题的人都有着非同寻常的指导意义。人类学提供的宏大视野，任何学科也做不到。人类学既有宏观视野，又到具体的一村一寨做微观考察，辨析文化的特异性。这样可以兼顾博和通，就是中国学问中博和约的结合。二者之间有一种张力，把这种张力把握好，教益就大了。通过四重证据了解了华夏初民的玉神话观，再看《山海经》讲的黄帝在昆仑山上吃玉膏，就可以理解那不是臆想，而是信仰中的真实！

《山海经》可以作为一个例子，来说明华夏玉信仰的普遍性、久远性和延续性，其中的四方空间神人与玉石记载显现出在中国失落的大传统信仰的真实。这是怎样的一种信仰呢？概括起来就是华夏自古相传的以圣王及圣物为中心的一套信仰和神话。

山川地理同人类及其社会之间的关系是如何建立起来的呢？宗教里惯常的解释是通过神灵作为中介者来建立这种关系，而抱有人本主义世界观的古代思想家则以圣人或圣王来充任此一中介。《大戴礼记解诂》注引曾子曰："圣人为天地主，为山川主，为鬼神主，为宗庙主。"天地山川既然都是为圣人治理天下而设定的，那么记录地理和物产方面的知识也当然是为圣人治天下所用。这就是具有古代中国特色的政治地理观。《山海经》一书对此种古老的联系提供了很好的例证。书中每述及一地一山，往往要交代当地的祭祀之细节情况，各种奇异的山神形象也是屡见不鲜，往往还要交代有祭仪用玉。

早期人类所拥有的宗教信仰往往都发端于对超自然的神圣事物的崇拜，比较宗教学家艾利亚德将此类神圣物称为文化中的显圣物。与华夏文明的玉石类似，西方文明起源时代的黄金崇拜也是很生动的实例。两相比照，可以有更清晰的认识。在柏拉图对话录《米诺斯》中，智者苏格拉底讲到克里特神王米诺斯时，援引《荷马史诗》关于召请亡灵的一段诗句说：

> 米诺斯"手握黄金权杖进行审判"。正是这些原因使我相信，荷马对米诺斯的赞颂，远甚于对其他所有人的赞颂。身为宙斯之子，并且是唯一受教于宙斯的人，这可是个无与伦比的赞扬。（柏拉图《米诺斯》，林志猛译，华夏出版社，2010年，第32页）

米诺斯在希腊神话里是主神宙斯与欧罗巴三子之一，他死后成为冥界的判官，在《奥德修纪》里就是受到无与伦比颂扬的圣王，以黄金权杖为至高无上的象征标记。他的母亲欧罗巴有化身为牛的经历，今天欧洲的名称来源也与其有关。相应地，米诺斯也离不开牛，他的妻子帕西法厄同海神波塞冬的神牛相交生出了牛头怪米诺陶洛斯。希腊文原义是“米诺斯的牛”，今天英语直接用来表示牛头怪。同被称为肯陶洛斯的马人比较起来，牛头人可就是一个彻底的妖怪了。为了掩盖丑事，米诺斯请当时著名建筑师代达罗斯在克里特岛上修建了著名的迷宫，每隔几年为米诺陶洛斯献祭七对童男女。后来雅典英雄忒修斯为民除害，在米诺斯之女阿里阿德涅的帮助下，用线团与利剑斩杀了牛头怪。“阿里阿德涅的线团”成为西方世界的一句俗语。看过电影《盗梦空间》的人一定会记得那个可爱的女生吧，她就叫阿里阿德涅，她制作了梦境——迷宫，最后也是她鼓励大家走出了梦境世界。这个角色是古代神话中的克里特岛公主的翻版。说这么多，想要表明的是，在西方，这种神话传统的影响从未中断。而米诺斯文明确实存在过，在其遗址中也发现了较普遍的金属铜的使用和黄金饰品。苏格拉底在谈到神圣的法时，又一次搬出黄金作为比喻。而在《普罗塔戈拉》中，苏格拉底谈到美德等人生价值，仍然习惯性地用黄金作比喻。（柏拉图《米诺斯》，林志猛译，华夏出版社，2010年，第45页）黄金除了代表最美好的事物，还代表一切美好的终极来源——神圣。

◆ 著名的阿伽门农王黄金面具（复制品），2010年4月摄于苏黎世人类博物馆

在圣人与圣物相对应的文化模式中，埃及、克里特和希腊等文明皆以黄金为至高圣物。能够集中体现神圣王权的象征物，通常就是黄金制作的权杖。苏美尔文明可能由于地处欧亚大陆中心地带，东西两边的交流都会在此汇集，其艺术体

◆ 汉代鎏金鹰形剑柄，西安出土，2010年摄于西安博物院

现了金石并用的特征。比如著名的牛头竖琴，就是由青金石与金箔共同组成的。唯独华夏文明在其发生孕育的初期阶段全无黄金器具的出现，中国境内出土的最早金器是玉门火烧沟文化墓葬出土的金耳环，却很孤立。而同一时期中原文明的出土文物中，既看不到金器，也不见权杖的踪影（只有在商末周初时期的四川三星堆文化遗址中，中国版图内才首次看到出土的黄金权杖）。就连青铜器的出现，虽然属于独立发明使用，中国也比西方要晚了很久。可是华夏先民自有一种足以替代黄金的至高无上价值物——美玉。尽管选择的圣物不同，各有所属，但内在的神圣信仰是相似的。在中国地域内，南北方史前的高等级墓葬中，不约而同地呈现出“唯玉为葬”的奇妙现象。到了西周和东周以后的时期，黄金制品才逐渐普及开来，成为和玉并重的宝物。

圣王在后代记载中又称圣人，后者具有更加广泛的指涉范围。中国人的圣物想象有其深远的文化根源，这种想象越古老就越纯粹，而且对后世产生了难以磨灭的深远影响。作为说明，下面引用一则满族幻想故事《细玉棍》：

> 一个老头有三个儿子。老大两口子贪心，老二两口子奸诈，老三两口子憨厚。因为老三愿意周济别人，老头总想将他撵出去过。一天，他把三个儿子叫来，每人给了三百两银子，让他们出去找事干，三年后将银子翻九番来见他，拿不回来的赶出家门。老大在外面开酒馆，在酒里兑水，得到高利息。老二开了个山货铺，低买高卖，钱挣无数。老三为照顾在路上遇见的一个病老头，整整伺候了三年，只得了一根玉棍留作纪念。当他们哥仨回家时，由于老三没挣到钱被赶出家门。正在他走投无路时，细玉棍显灵变出了水晶宫一样的房子和热腾腾的饭菜。当老头和另外两个儿子知道后，千方百计要得到这个宝物。最后，他们用全部财产换得了玉棍，住上了老三的漂亮房子。但是宝物在他们手里怎么都不管用，水晶宫样的四合院也缩到了地里，他们只好冻在田野里。这个故事流传于辽宁岫岩满族自治县。由于这个县以产“岫岩玉”闻名，故事更增添了几分地方色彩。（李永海、赵志忠《满族民间文学概论》，中央民族学院出版社，1991年，第66页）

这个满族故事把细玉棍作为老三行善事的报答物，体现出将玉神圣化的观念，玉棍成为神灵赏善罚恶的意志之象征。换句话说，玉即神灵。玉能够帮助善人心想事成，也能够惩罚恶人，让他们倾家荡产。其实源于东北的满族曾经盛行“萨满”活动，就是亚洲大陆北方的一种久远巫仪的延续，但被现代人以“跳大神”的名目视为迷信活动后就基本消失了。萨满活动的主要表现就是出神和神灵附体，那就需要有通神的工具与器物。能够在产玉之地产生这样的民间故事，也说明了古老信仰的延续与变形。

《红楼梦》是清代的小说，对证其中的“通灵宝玉”叙述，作家曹雪芹的文学想象与民间故事想象竟然具有惊人的一致性。今天靠近玉石产地岫岩县的辽阳市还有曹雪芹纪念馆呢，那里就是曹雪芹的祖籍地。“通灵宝玉”字面背后，就是将玉这种物质当作超自然的神意之象征思维的表现：美玉被天神降下人世间，成为体现神灵意志及各种美好价值的特殊神秘符号。具有这种灵性的玉石理所当然被先民作为各种圣物形象如鸟、龙等的制作原料，产生了各种形制的器具，或者干脆不加造型直接使用。

在古书中，作为天神诸种意志谕示符号的玉器，有一个专门的名词称谓，就叫作“瑞”。字典对此字的解释是“古代用作符信的玉”。“符信”并非人与人之间，而是神人之间的沟通凭据。早至夏商之前的虞舜时代，就流传下了相关记录。如《尚书•舜典》的记载：“〔舜〕辑五瑞，既月乃日，觐四岳群牧，班瑞于群后。”陆德明释文：“瑞，信也。”所谓“辑五瑞”，是说舜让诸侯将各自所持有的作为统治权象征的瑞信都拿出来，集合为一体。“觐四岳群牧”，指觐见九州各地方长官。“班瑞于群后”，指征验过各自的玉瑞信物之后，再将这些信物还给各地方长官。

玉器作为统治者掌控的神圣符号，为什么会如此重要呢？统治者们能够利用它维护统治，建构统治秩序，有一个基本的前提，那就是普遍存在着通过有灵性的玉媒介或者上天指定的玉能够联系上天的信仰。从最早期的共同掌握，到集中于少数人手中专门负责，玉渐渐地成为政治体系建构的工具。从古书中可以了解到，古代天子颁给诸侯作为凭信的圭玉又可称瑞信。《尚书•顾命》云：“上宗奉同瑁。”孔传：“瑁，所以冒诸侯圭，以齐瑞信。”（孔传《尚书》已佚，东晋梅赜所献今存《古文尚书》与《尚书孔氏传》已经为清代学人证伪。《尚书》研究史中今古文版本的变化、佚失较为复杂，今传《尚书》是今文与伪古文尚书，但其中所记“瑞信”内容不影响对古人用玉观念的考察）班固《白虎通•朝聘》：“诸侯来朝，天子亲与之合瑞信者何？正君臣，重法度也。”陈立疏证：“《御览》引《书大传》云：古圭冒者，天子所以与诸侯为瑞也。诸侯执所受圭以朝天子。瑞也者，属也。无过行者复其圭以归其国；有过行者留其圭，能改过者复其圭；三年圭不复，少绌以爵；六年圭不复，少绌以地；九年圭不复而地毕削。即天子与诸侯合瑞信之制也。”瑁是天子所执的玉器，在接见诸侯时用来覆盖诸侯的玉圭的，玉是仪式双方都必备的用具，一个上交，一个覆盖，仪式才算完成。

据以上注解家引用的《尚书大传》之解说，诸侯执所受玉圭朝觐天子，没有过错的，就让他们拿回玉圭回国；有过错者，其信物玉圭就被天子扣留。如能够改错，再归还其玉圭。规定每几年不归还玉圭的，要受到不同责罚，从取消爵位直到剥夺封地。由此可知，瑞作为一种玉器信物，其政治功能非同小可：那分明是中央级最高权力对地方统治者颁发权力与收回权力的一大网络结构体系！而位居中央塔尖的天子是代表天意行使权力的。整个政治体系架构也就是借助于玉来奉天承运的。

瑞玉就这样成为古代诸侯或藩国朝聘天子时必须携带的证明性信物。《仪礼•觐礼》规定："乘墨车，载龙旗弧韣，乃朝以瑞玉有缫。"郑玄注："瑞玉，谓公桓圭、侯信圭、伯躬圭、子谷璧、男蒲璧。"这是按照公侯伯子男五等爵位而规定的瑞玉种类。苏轼《坤成节功德疏文》："上帝储休，遗宝龟而降圣；群方仰德，执瑞玉以来宾。"看来这一王朝觐见礼俗的影响，自上古到宋代依然有其余波。除了朝觐之外，军事上的发兵，也要以瑞玉为可信的军令。《墨子•非攻下》："高阳乃命（禹于）玄宫，禹亲把天之瑞令，以征有苗。"毕沅校注："《说文》云：瑞，以玉为信也。"《左传•哀公十四年》："司马请瑞焉，以命其徒攻桓氏。"杜预注："瑞，符节，以发兵。"从夏代到东周，1000多年的瑞令礼俗相沿不变。古代天子赐给诸侯玉器作为权力的凭信物，一旦诸侯逝世，又该怎样处理呢？班固《白虎通•崩薨》透露出一些消息，就是需要把玉圭还给天子。"诸侯薨，使臣归瑞珪于天子何？诸侯以瑞珪为信，今死矣，嗣子谅暗三年之后，当乃更爵命，故归之。"

瑞和玉连用，叫瑞玉。这如同西方人崇拜的黄金一样，到后世已经用作比喻，泛指所有美好的价值。北周庾信，就是杜甫赞李白有"清新庾开府"之风的那位，在《周柱国大将军长孙俭神道碑》中有对句"直似贞筠，温如瑞玉"。倪璠

◆有人认为礼器圭来自武器戈，商代铜柄玉戈，摄于安阳殷墟博物院

◆商代平雕玉龙（青玉），2009年摄于安阳殷墟博物院

◆秦国玉杯，2010年摄于西安博物院

注引《诗经•秦风•小戎》："温其如玉。"这是将儒家的"君子温润如玉"理念，反过来投射到"瑞"观念之上。

由瑞的信物观念引申出"祥瑞"一词。古人认为自然界出现某些现象是吉祥之兆，今天人们也常用"祥瑞"一词表示吉利的征兆。王充《论衡•指瑞》："王者受富贵之命，故其动出见吉祥异物，见则谓之瑞。"《三国志•蜀志•先主传》："时时有景云祥风，从璇玑下来应之，此为异瑞。"璇玑可指天上的星体，也可指一种象征星象的环状带有尖角形的玉器。最早的玉璇玑在4000多年前龙山文化就出现了。地上的政权是否牢靠，要凭借天神显灵的玉瑞来证明。这就说明了为什么历代最高统治者都毫无例外地看中"瑞"和期待"瑞"。

在这样的天人感应神话观作用下，"瑞"字又作动词使用，特指（天神）使某某人获得神赐的吉祥。汉代王延寿《鲁灵光殿赋》："神之营之，瑞我汉室，永不朽兮。"这里的"瑞"是及物动词，主语为"神"。《新唐书•张荐传》："张鷟若壮，殆以文章瑞朝廷乎？"这里动词"瑞"的主语是人。"瑞"字和保佑的"佑"字结合，还有"瑞佑"一词，表示天神所佑助的祥瑞。王充《论衡•恢国》："一代之瑞，累仍不绝。此则汉德丰茂，故瑞佑多也。"王充是古代最有名的无神论者，对许多神话和信仰的问题提出大胆质疑，但独对瑞佑的神话信念深信不疑。从中似乎可以得到启示：玉信仰所带来的天命佑护传统已经超越了有神无神的表象，成为华夏文化客观存在的心理事实。

根据礼书的规定，天子所颁发的信物玉瑞以六数为一个体系，分别称为"六瑞"或"六节"。古代朝聘时，如果缺少了此类玉礼器信物，那是完全无法想象的——不仅是违规获罪的问题，仪式本身就无法得以进行。《周礼•地官•调人》："弗辟则与之瑞节，而以执之。"孙诒让正义："凡玉节，通谓之瑞节。"《左传•文公十二年》："〔寡君〕不腆先君之敝器，使下臣致诸执事，以为瑞节，要结好命。"《国语•周语上》："古者，先王既有天下……故为车服旗章以旌之，为贽币瑞节以镇之。"韦昭注："瑞，六瑞。王执镇圭，尺二寸；公执桓圭，九寸；侯执信圭，七寸；伯执躬圭，六寸；子执谷璧，男执蒲璧，皆五寸。节，六节。山国用虎节，土国用人节，泽国用龙节，皆以金为之；道路以旌节，门关用符节，都鄙用管节，皆以竹为之。"关于六瑞的更权威的说明见于《周礼•春官•大宗伯》："以玉作六瑞，以等邦国：王执镇圭，公执桓圭，侯执信圭，伯执躬圭，子执谷璧，男执蒲璧。"汉儒郑玄的注释对于理解六瑞之名的奥秘提供了具体的线索。郑玄注云："镇，安也，所以安四方；镇圭盖以四镇之山为瑑饰，圭长尺有二寸。公，二王之后，及王之上公。双植谓之桓；桓，宫室之象，所以安其上也；桓圭盖亦以桓为瑑饰，圭长九寸。信当为身，声之误也；身圭、躬圭盖皆象以人形为瑑饰，文有麤（粗）缛耳，欲其慎行以保身；圭皆长七寸。谷所以养人，蒲为席所以安人；二玉盖或以谷为瑑饰，或以蒲为瑑饰；璧皆径五寸。不执圭者，未成国也。”除此之外，唐苏鹗《苏氏演义》卷下则有“五瑞”之说，与以上六瑞系统有很大区别：“夫瑞节者，有五种：一曰镇圭，二曰牙璋，三曰谷圭，四曰琬圭，五曰剡圭。”

围绕着“瑞”的观念，历代统治者都在继承和发扬一种“瑞应”和“宝”的神话信念。人们确信，只要帝王修德公正，时世清平，天神就会显灵赐宝，降祥瑞以应之。这样的降瑞就叫“瑞应”。反过来，王者无道，就会有灾异降临。《西京杂记》卷三：“瑞者，宝也，信也。天以宝为信，应人之德，故曰瑞应。”瑞应的神话观派生出朝廷中的一类专职人员。《通典•职官三》：“符宝郎：周官有典瑞掌节二官，掌瑞节之事。”《后汉书•百官志二》：“太史令一人……凡国有瑞应、灾异，掌记之。”原来大汉王朝的官方史官中，就有专门记录瑞应的职位。难怪二十四史中，瑞应神话盛行数千载而不衰！

瑞应神话中突出体现的主题是天赐祥瑞。汉刘向《新序•杂事二》：“成王任周召而海内大治，越裳重译，祥瑞并降。”《后汉书•隗嚣传》：“〔王莽〕反戾饰文，以为祥瑞。”《旧唐书•卢群传》：“祥瑞不在凤凰、麒麟，太平须得边将、忠臣。”自秦始皇建立统一的秦帝国大业，制作开国玉玺以来，华夏圣王瑞应神话就增添出最流行的一类：天子玉玺。明陶宗仪《辍耕录•传国玺》：“又宝玺之出，正当皇元圣天子六合一统之时，宫车晚出之近朝，以见天心正为继体之君设也，此瑞应之兆二也。”

与“瑞”同样从玉旁的“宝”字，也是充分体现华夏瑞应神话观的关键词。宝本是玉石、玉器的总称。《国语•鲁语上》：“莒太子仆弑纪公，以其

◆秦公一号墓出土玉石鞋底，摄于陕西历史博物馆

◆大清雍正皇帝玉玺，2010年7月摄于河北易县清西陵

宝来奔。”韦昭注：“宝，玉也。”《春秋公羊传·庄公六年》：“冬，齐人来归卫宝。”何休注：“宝者，玉物之凡名。”后来天子诸侯以圭璧一类玉礼器为符信，也泛称为宝。秦代开始将帝后的印称为玺，唐改称宝。今天人们对于“宝”的认识，则更多停留在现实价值上。《尚书·顾命》：“越玉五重陈宝，赤刀大训弘璧琬琰在西序，大玉夷玉天球河图在东序。”孔传：“列玉五重又陈先王所宝之器物。”《礼记·礼运》：“天不爱其道，地不爱其宝，人不爱其情，故天降膏露，地出醴泉，山出器车，河出马图。”在这样的用例中，宝几乎成为“道”的同义词。就这样，宝从瑞应神话的具体象征物，发展为形而上的抽象观念。这也是中华文化诸多概念演变的模式。

不过，只要“宝”和“玉”或“器”等连称的场合，其形而下的玉瑞原型就再度呈现出来。《春秋·定公八年》：“盗窃宝玉大弓。”孔颖达疏：“此宝玉大弓，必是国之重宝，历世掌之。”《韩非子·和氏》：“悲夫宝玉而题之以石，贞士而名之以诳。”《周礼·春官·天府》：“凡国之玉镇大宝器藏焉。若有大祭大丧，则出而陈之。既事，藏之。”古人常说的宝物秘不示人的道理，就在于此。而不同政权之间的征伐和取代，也往往是冲着争夺瑞应神话的宝物而去的。到后来，传国玉玺就成为政权争夺的首要器物。

权力象征来源于宝玉瑞应的神话思维。《左传·庄公二十年》：“秋，王及郑伯入于邬，遂入成周，取其宝器而还。”《史记·晋世家》：“曲沃武公伐晋侯缗，灭之，尽以其宝器赂献于周釐王。”《后汉书·皇甫嵩传》：“混齐六合，南面称制，移宝器于将兴，推亡汉于已坠。”《七国春秋平话》卷上：“宝器转输于临淄，遗种逃魂于莒墨。”唐薛调《无双传》：“缯彩宝玉之赠，不可胜纪。”有了历史上如此之多的瑞应宝玉故事，再读《红楼梦》第一回的神话叙事：“士隐接了看时，原来是块鲜明美玉，上面字迹分明，镌着‘通灵宝玉’四字。” 这就会有一种心领神会般的洞察——以玉为载体的华夏神话思维在其他神话观念不断被哲理化、伦理化、抽象化的形而上过程中，顽强地延续了下来。

◆汉代随葬玉宝（猪），2010年摄于西安博物院

◆殷墟妇好墓以青铜器为主的随葬格局，中央红色朱砂下全为玉器，2009年摄于安阳

司马迁在《史记•龟策列传》中有一句简短的说明："今夫珠玉宝器，虽有所深藏，必见其光，必出其神明，其此之谓乎！"此正可以参照说明，若要理解古汉语所说的宝、宝玉和宝器一类事物，为什么离不开本土神话观念背景。

既然玉石类宝物神圣来源观念产生于新石器时代初期，这就使得它先于金属和黄金，第一个成为华夏文明价值观中至高无上的圣物。在商代以下，青铜礼器的大普及和金器的逐渐流行，才在标记重大价值的基础上给原有的玉教信仰增添出新的组合意义：金声玉振和金玉良缘、金童玉女等系列观念后来居上，广为人们所乐道。

西王母：女神文明的中国遗产

中国传统文学中，尤其是道教的信仰中，玉皇大帝与王母娘娘是一对至高神明，地位颇似古希腊的宙斯与赫拉。玉皇大帝前面提到了，而《西游记》里王母娘娘居住于瑶池胜境，种植有具长生不老功效之3000年开花、3000年结果的蟠桃，在蟠桃成熟后邀请众仙赴蟠桃会。毫无疑问，“瑶”也是美玉。《说文》解释为：“瑶，石之美者。”李商隐有古诗《瑶池》：“瑶池阿母倚窗开，黄竹歌声动地哀。八骏日行三万里，穆王何事不重来？”这说的是《穆天子传》中的内容。民间也多有王母娘娘的传说，宝莲灯、牛郎织女等传说都塑造了王母的负面形象。王母娘娘就是西王母，西王母是华夏神话中最重要的三大女神之一。关于她的文献记载，以《山海经•西山经》的一段文字最为古老和周详：

> 又西三百五十里，曰玉山，是西王母所居也。西王母其状如人，豹尾虎齿而善啸，蓬发戴胜，是司天之厉及五残。有兽焉，其状如犬而豹文，其角如牛，其名曰狡，其音如吠犬，见则其国大穰。有鸟焉，其状如翟而赤，名曰胜遇，是食鱼，其音如录，见则其国大水。（袁珂《山海经校注》，上海古籍出版社，1980年，第50页）

这最后一节以上述华夏玉崇拜为出发点，拟将西王母神话形象放置在整个欧亚大陆的史前“女神文明”背景中来审视，揭示出具有中国化的更为久远的史前女神信仰传统的存在及其同玉信仰的关联。

“女神文明”又是怎么一个概念呢？“女神文明”论的提出者是20世纪后期的美国考古学家金芭塔丝。当她在1999年因病逝世时，该理论已经成为西方学界争论的一大热点，但这还只是局

◆女神文明的印度遗产：生育女神等于她的孩子

限于学术界的影响。进入21世纪，一位名叫丹•布朗的美国小说家出版了全球畅销书《达•芬奇密码》，一下子将“女神文明”的观点，从学术界拓展到整个大众文化领域，再经过好莱坞哥伦比亚电影公司拍摄的同名影片为之推广，基督教传统中潜伏着的被遮蔽的女神崇拜传统，如今已是家喻户晓。在欧亚大陆上从西到东，女神信仰留有普遍的印迹。

◆ 山东宋山祠堂汉画像西王母身有双翼形象，摄于山东博物馆

女神神话最为丰富的还应属古希腊。高居奥林匹斯山上的十二大主神中，如果考虑德墨忒尔的说法，有6位是女神。20世纪研究希腊神话的学者，早已经摆脱了单单以荷马、赫希俄德等希腊人留下的经典文本叙事为研究核心的方法。现代考古学提供出失落已久的史前文化文本，成为重新梳理希腊神话知识谱系由来的重要参考。在这种前无古人的新参考面前，今人第一次意识到，希腊半岛之外的海岛——克里特，在催生希腊神话与宗教信仰方面的作用，在催生公元前2000年之前的地中海文明方面的奠基性作用，都要早于和大于希腊本土。克里特文明的再发现导致希腊神话起源研究的重心转移到其本土之外。

书写文献的传统如何同地下发掘出的实物相互对接，成为新一代学者的主要研究课题。前面讨论的米诺斯的黄金权杖就属于希腊克里特岛“米诺斯文明”的现实反映。这个文明因其使用的线形文字A至今尚未破译和“克诺索斯”宫殿与神话中迷宫的隐约相符而闻名。继谢里曼按照《荷马史诗》发现特洛伊与迈锡尼之后，英国考古学家埃文斯发现了克里特岛上的米诺斯文明。这就是与前面提到的那些神话相关的文明。但是，随着外族的入侵，它最终消亡，文明向希腊半岛发展，开始了新的迈锡尼文明，成为西方文明的直接源头。作为地中海地区古希腊文明的先行者，克里特岛上的人们保留有女神崇拜。德国政治史家沃格林写道：

> 母权制的米诺斯文明由一位女神来统治，她的功能近似于东方万神殿里的神祇。她显灵为大母神（后来希腊人的瑞亚或德墨忒尔），或显灵为处女布里玛托耳提斯（Britomartis），与神联姻。集母亲与女儿于一身，这与男神集儿子与情人于一身，是遥相呼应的。（埃里克•沃格林《城邦的世界：秩序与历史》卷二，陈周旺译，译林出版社，2009年，第124—125页）

克里特岛是一个重视黄金神话信仰的西方世界。从西王母所处的西极玉山放眼西望，将进入新疆以西的中亚地区。当地的考古学家们多年的发掘表明，中亚史前社会也曾经历过崇拜女神的文明阶段。（〔乌兹别克斯坦〕扎巴罗夫等，《中亚宗教概述》，高永久等译，兰州大学出版社，2004年修订版）

在中东两河流域的苏美尔-阿卡德、巴比伦文明中，女神的形象也是十分重要的。泥板上的楔形文字记载着女神伊南娜（巴比伦人的伊什塔尔）的多重职能，其中城邦守护者、文化掌握者与爱神的功能最为显著。出土器皿上的图像，也清晰显示了女神至高无上的地位。

目前学术界已经掌握中亚旧石器时代遗址中多例尼安德特人的遗骸情况，它们都是经过有意识的和明确的宗教仪式之后才被埋葬的。苏联考古学家奥克拉德尼科夫在乌兹别克斯坦南部的捷西克-塔什山洞中发现了尼安德特儿童的墓葬，墓葬中尸身周围摆了一圈山羊角。他和谢苗诺夫等将之解释为图腾崇拜的产生。在奥德萨州伊里因克村的山洞中，苏联考古学家A. B. 杜勃罗沃里斯基找到了800多具熊骨，这些熊骨藏在山洞的墙体中，并用石灰石将其围起。按照金芭塔丝的归纳，史前女神神话的主要化身就有熊女神，这一信仰贯穿在整个新石器时代的欧亚大陆北方。假如还没有足够的理由把数万年前的熊骨堆积视为女神崇拜的话，那么在进入新石器时代的中亚遗址中，女神崇拜的迹象就较为明确了。

既然欧洲、西亚和中亚都曾经历女神文明阶段，那么中华文明发生之初，是否也曾经历过一个崇拜女神的远古时代呢？

笔者所著《高唐神女与维纳斯——中西文化中的爱与美主题》一书，试图复原出中国本土的女神发生和变形改造历程，其中描述出从地母神向丰产生殖神及爱神演变的农耕文化观念背景：以知识考古角度发掘出中国远古文化中集母亲与女儿于一身的大母神——社与高媒神，以及她的男性配偶神——兼具儿子与情人双重身份的稷神、谷神。在“社稷”这一象征国家政权的神秘符号中，解析出类似维纳斯与阿都尼斯生死恋的神话观念来源，即作为男神的谷物种子播撒到地母神的土地子宫之中，生产出新的谷物。这种农耕文化的类比想象，既是西方爱与美女神及其情人神话发生的逻辑基础，也是中国“社稷”这对组合性观念由来的基础。（参看拙著《高唐神女与维纳斯》，中国社会科学出版社，1997年）此后，笔者又在《千面女神》一书中，参照西方学界重新发现史前女神文明的学术成就，通过众多新出土文物的实证功能，初步揭示了中国史前女神文明的时间跨度和空间分布。

◆ 古希腊斯芬克斯女神像，摄于荷兰莱顿人类学博物馆

现在从中华文明起源的大背景上，可将《山海经》中描述的昆仑山西王母形象，作为远古女神信仰保留到商周以降父权制文明统治下的稀有案例来看待，尝试从中洞悉大传统的更多奥秘。比起女神文明来，父权制文明要晚出得多。今人头脑中还没有更久远的女神存在的观念，习以为常地生活在眼前父权制文明的小传统中，满足于对已知的汉语神话中男神为主角，女神为配偶现状的认识。学者需要探究的是，如何超越后起的东王公与西王母相配对的一夫一妻模式，确认华夏女神独立不羁的初始面貌。俗话说，内行看门道，外行看热闹。本书希望让大多数外行的读者也能用内行的眼光来看待本土文化的特色。就拿炎黄子孙所信奉的始祖之姓氏来说，人们知道炎帝姜姓，黄帝姬姓，二者都从女字旁，就连汉字“姓”也是从女的！汉字里呈现出一个很值得探究的符号之根的问题，并强烈暗示出一种上古姓氏传播的女性中心文化的特色。可惜男权统治确立之后，女神信仰被彻底淹没。民间故事把汉字的起源同女性的地位做贬低性的解释，诸如奸、妖、佞、妒、嫉、妓……男权话语的姿态表露无疑。这种情况下，单从文字上还如何辨别曾经存在着的女神文明？回到《山海经》中多次讲到的女神西王母，可以发问：作为玉教信仰所滋生的女神，西王母是怎样被中国式的神话想象所建构出来的呢？

《山海经》的描述已经明确给出两个要点：

◆ 供奉西王母为天上圣母，2009年摄于中国台湾花莲胜安宫

一是作为女神的西王母身在一座玉山，二是她头戴玉胜作为神圣标记。这是两个非常清晰的信息提示，透露出华夏先民心目中神圣观念的两大原型——玉与女神。现代词语“玉女”是否还保留着些微远古玉同女神信仰的联系呢？这恰恰是在后代父权制文明中日渐失落的华夏史前文化大传统要素，亦是本书要竭力探寻的东西。从神话符号的象征意义上去辨析，可以说这位处于宇宙西极玉山的西王母女神，乃是新疆昆仑山脉出产的特等玉矿即和田玉的人格化和神话化的产物。实际上，“瑶”在造字之初就是用来指代和田玉的专有名词。瑶池西王母被省称为“瑶母”或“玉母”，在后代的道教神谱传承中再度变化出“瑶池金母”的名号。从古书《山海经》中提示的线索——空间方向、玉信仰及女神，寻觅早已失落的华夏文明发生要素，并结合考古学新发现的大

◆ 8000年前兴隆洼文化女神石雕，内蒙古林西县西关出土，摄于赤峰博物馆

◆ 恩施土家族苗族自治州博物馆藏“瑶池天府”绣帐

◆ 徐州汉画像中头戴玉胜的西王母，摄于徐州汉画像艺术馆

视野，可以辨认出基本的文化基因，那就是由玉信仰主导下的通神功用及分布和女神信仰所编织而成的一整套神话观念。相对而言，女神信仰是人类经历史前的石器时代和农业起源时期的较普遍信仰，而玉的神话化和神圣化则是华夏文明特有的文化基因，其对文明史展开所造成的深刻而持久的作用，在元代和清代的开国玉玺历史叙事中，在著名小说《西游记》《红楼梦》中，都可以看得格外分明。

>> 备受重视的玉石

>> 从宗教和神话看中华文明发生

>> 为何以“玉教”为中国国教

>> 玉的神话与中华文化的原型编码

第三章 玉石神话与信仰

◆ 从青藏高原看昆仑山脉和塔里木盆地，2012年摄于塔里木大学西域文化博物馆

备受重视的玉石

前章把《山海经》这本奇书作为一个儒家经典之外的个案分析，希望透视出古文献中所包含的华夏文化起源之“原生态”基本要素：空间观、玉石传奇和女神崇拜。本章继续上述话题，将其扩展到整个中华思想传统中神玉信仰的延展，为文明发生史的全局观照提示主脉。如果将神玉信仰作为一种早期宗教现象，甚至是史前华夏先民进入国家形态之前的普遍信仰状态，那么，对它能够深刻影响到后世儒家和道家思想的发生及仪式性内容，就更加容易把握了。这种对具有国教性质的原初信仰之根源的发问和探究，难道会是出于离奇的架空式玄想吗？一切离不开证据。

专家们聊起东南亚与中国关系时曾说，那里的一些国家在经济上对中国存在着依赖性，其中之一便是缅甸的玉石翡翠大量出口中国。对比西方人对非洲钻石等奢侈品意义上的需求，华夏传统自古有喜爱、珍藏玉石的传统。如今各大商场超市都可见经营翡翠的柜台。这一现代经济需求，源于历史上实实在在传承下来的文化需求。玉文化的传统发展到今天，对玉石原料的需求量可以影响到国家之间的经贸关系。近年，随着中国经济社会的发展，高收入人群的比例逐年增加，国人追求财富的方式也极大地丰富起来。人们既可以通过具体的劳动模式获得报酬，也能够以租息、利息、股息的方式获取红利。伴随着全球化的进程，国内的符号经济方兴未艾，看惯了好莱坞大片借助文化符号对经济产生的巨大牵引力，我们是否能够从见怪不怪中发现玉石经济背后的传统文化符号价值呢？在此大背景下，一种被称为“赌石”的玉石交易方式进入人们的视野。大家熟知有赌钱、赌物的，可是赌石头又是怎样一回事呢？赌石可不是普通的赌博娱乐活动，这是一种胜负两重天的风险投资：赌对了，可以一夜暴富；赌输了，也会倾家荡产。刺激性的赌石非常适合某些不愿墨守成规的人。玉文化造就了玉石市场，从原料到制成品，当然还有文物——那就更是珍贵无比了。鞍山市玉佛苑就有一座由整块岫岩玉雕琢而成的巨大玉佛，号称世界最大玉佛，重达260吨，除了佛文化，更深层的是玉文化的信仰，否则为何大老远运一块玉石来雕呢？

玉石在未经开采的情况下，通常叫作璞。看上去像很普通的石头，看不出美和特点，但是加工后就成为大家眼中具有美感和艺术品位的宝贝。上一章谈到对玉的崇拜在华夏文明中有着极为悠久的历史，可惜今天人们更加关注它的货币价值，至于它为什么能值钱，却少人问津、不明所以了。

国人看重玉，自然是关心它的价值，更在于这个市场是由文化心理潜移默化所形成的，而这更能追溯到远古时代集体无意识的延续。玉是中华文化共同体的内在信仰，否则凭什么说它值钱就值钱？赌石最著名的例子早在先秦。那时的人们赌石可不仅仅是为了换得多少财富，其实是为了信仰。《诗经•卫风•淇奥》说：“如切如磋，如琢如磨。”那就是拿玉的打造来形容人的锤炼。在《韩非子》《新序》等书中记载了卞和的故事。卞和是春秋时期楚国的琢玉高手，一天在荆山发现一块原石，认定内有高等美玉，便捧去献给楚厉王，厉王命宫中专家判定，说是普通石头，楚厉王大怒，命人砍去了卞和的左脚。后来楚厉王死了，楚武王即位，卞和不甘心，又去献给武王，结果被砍去了右脚。先不谈卞和的性格与眼光，楚王宫对于玉的需求已经在这个故事中显现了，王宫应该不缺钱，所以献给国家的用玉显然不是交换价值属性，而是玉本身的某种功能属性。这在前文中也谈过了，那就是沟通天人信仰的中介物，是通灵的神圣之物，所以卞和被冤枉遭酷刑，也不应仅仅被看成是在世俗价值上对楚王进行了欺骗的后果。卞和居然没死，看来这个故事的作者除了要突出这个宝贝的高昂价值——那真是鲜血与生命换来的啊，更要赞颂卞和的虔诚精神，没有信仰，一般人可没有这样的坚持。结果大家都知道了，第三位楚王，文王即位，了解到有如此惨烈的献宝者，就迈出了实践的关键一步——他命人

◆蚌埠光彩玉器城新建卞和献玉像

把这块璞玉剖开了……为什么前两位楚王就没想到让人先剖开验看一下？也许是高傲，抑或是轻信。故事是否有严密的逻辑不是这里探讨的重点。卞和的结局不得而知，但是他的故事却为中国的文学与历史增加了诸多后事。这里不去分析这个故事的真实性，但史书记载，这块玉被制作成了玉璧，成为一种礼器，通常被称为“和氏璧”，以纪念那位玉师卞和。据《战国策》载：“周有砥厄，宋有结缘，梁有悬愁，楚有和璞。”这些都是当时诸侯国的镇国之宝，都是宝玉的名称。各诸侯国都以美玉作为镇国之宝，仅仅是因为玉的稀有和难以得到吗？那还不够。只有对其有神圣信仰，才有价值。简言之，根据初民信仰，美玉是神的恩赐，乃至成为神和神力的一种象征物。和氏璧也被称为和璞，就是卞和的璞玉，看来开始有一段时期楚人并未将这块原石琢磨成器。到了《史记•廉颇蔺相如列传》中，和璞已经成为和氏璧，并到了赵国的手中，秦昭王甚至要以十五座城来换。这一事件成就了蔺相如的美名。

再后来据说到了秦始皇手中，被制成了传国玉玺，就这么一直传了多少朝代，直至不知所终。玉玺是皇帝的印信，秦统一前玺可以用于称呼多种印信，秦始皇之后才成为皇帝的专属。见过玉璧和玉玺的人都知道，要是将玉璧改为玉玺恐怕很难，所以从这个角度来说，《战国策》里称“和璞”还是有道理的。可是无论如何，即使玉璧也依然是当时国家仪礼活动中重要的礼器。这玉玺在汉末就曾经流失过，在《三国演义》中，孙坚得到了它，但是为了私匿之，发了毒誓以致被伏遭暗杀身亡。裴松之《三国志》注引《吴书》也有记载，孙坚在显现五彩云气的井中打捞出了因宦官作乱，丢落于井的传国玉玺，上书“受命于天，既寿永昌”，这是史书的记载。玉玺是皇帝权威的象征和下达命令的凭信，所以上面写着“受命于天”，皇帝也要受命于天，所以自己和臣下万民才能够得到“既寿永昌”的佑护。用玉做印信，历史记载这个玉玺的材料一脉相承，就是来自于和璞——不管哪个朝代，人换了，玺还得是那个，否则就没有上天赋予的安全感和广泛的认可。现代人看这些历史记载可能认为不是真的，尤其始终是由同一块璞玉（原石）制成，更不现实。清代乾隆皇帝就认为《韩非子》里写的故事是寓言，当不得真。现在去北京故宫博物院看看，清廷的玉玺多了，也难怪乾隆不信——丢了，那就再做一个！应该看到这里面传达了这样的思维：玉玺是天命的标志，上天认可皇帝行使权力，而玉是传达天意的中介，所以玉玺的不变是天意不变的象征，地上的统治者无论怎么变，必须要取得上天的认可与支持，即获得合法性。这完全是神话思维与信仰，但却真实存在于华夏族人的文化心理之中，也是中华文明一直持续下来的一个重要原因。《汉书•董仲舒传》说："道之大原出于天，天不变，道亦不变。"这说法很抽象，套用一下，再稍加改造，就成为一句具体的话："天不变，玉亦不变。"

◆ 齐家文化小玉璧，私人收藏

中国有宗教，但"儒"是否称为教一直是中外学界争论不休的焦点。毕竟如果称"儒"为教的话，就必须按照西方式的宗教概念和理论标准去寻找儒家成为宗教的因素，当然它可能有很多成分符合那些标准，但是也有不合之处。公认的本土的宗教是道教，同儒一样，假若不称教，单以儒、道论之的话，今日学界一般认为属于哲学、政治和意识形态领域，甚至成为中国文化的主要标志。儒道两家各自都有重视玉的表述，比如儒家看重现实，以玉比君子；道家则喜爱独立，就用玉修行。这些观念都带有史前期玉信仰的整合与抽象。结合玉玺的内在含义，那就是国家统治性的意识形态，通过天子用玉来代天管理天下。宗教归根结底也是一种意识形态，从这个意义上讲，儒道学说中的玉信仰体现在国家的政治建构中，因此称中华文明大传统中具有一种更深远的国教传统——玉教，这并不是向壁虚造。一国之君发布所有政令，都要靠玉制之玺来取信，国家大事皆出于此，玉玺是这种皇权意识形态信仰的象征，是对于天命的神话思维的遵循，难道还不可以称为国教吗？这一国教深深烙印在华夏文明深处，只是到了现代才湮没不闻了。人们都只看到表面上的玉玺的印信功能，却忽略了玉信仰的意识形态。玉教的信仰可以说是儒道思想的来源之一。

◆ 清乾隆白玉雕长宜子孙出郭璧，2012年摄于北京故宫珍宝馆

所谓盛世藏宝——人们衣食无忧，搞点传统文化作

◆良渚文化透雕玉神徽，摄于良渚博物院

为一种精神文明追求也无可厚非。但玉在现代人眼中近乎只有货币价值而无文化价值了。看看某鉴宝节目，主持人故作悬念地将要判断宝物真伪之际，“藏宝人”和观众目光中的紧张与期待，以及一旦证明是假货或现代仿品，被当场毁掉时的惋惜与叹息，都表明人们分明在意的是几万到几百万币值的灰飞烟灭。这样的赌又从原料赌到成品上来了。可以说，即便是今天所产之玉，没有了文化价值和传统信仰的记忆，孤单单的一件工艺品，价值也是要大打折扣的。非要说多么多么珍贵，那就只能说是市场造就的价值了。一件物品，离开了它的土壤与背景，不知来历，不晓得缘由，单凭审美是无法得到大众普遍接受的。所以说，不了解玉信仰在华夏文化中的整体生成作用，就无法认识玉石、玉器本身的珍贵价值。

20世纪80年代，《读书》杂志曾发表萧兵先生《中国的潜美学》一文，给那一代沉浸在美学热中的学人带来学科专业之外的一缕新风，使人展开丰富的文化联想。美学原来并非远离现实，还可以完全不在学院的课堂上去学习。承接萧兵先生的超学科意识，笔者要讨论伴随着中华文明发生的一种潜宗教，将“玉教”视为凸显中国文化基因的国教。下文试解答两个相关问题：其一，为什么要从宗教和神话视角审视中华文明的发生？其二，为什么以“玉教”作为中国人思维深处的国教？

从宗教和神话看中华文明发生

事物总要有起源与发展的过程，每一种文化或文明，也都是经过从史前到文明的发生演化期所孕育出来的。最为重要的是，生物尤其是人类，在这一生根发芽时期里形成的文化积淀将构成该文化或文明最深厚的原生基因和胎记，并将该文化特质一直延续到后世的发展进程之中。从世界文明史的大背景看，人类的史前文化无疑都受到一种相似的思维方式和共通的观念形态支配。欧洲哲学家维柯和卡西尔分别将那种史前的思维方式称作“诗性智慧”或“神话思维”，史前人类所能产生的思想观念，大都包裹在神话的象征叙事之中，显然不是概念式的、推理的理论表述。现代人可能不太容易理解，因为自古希腊哲学产生以来，在西方又经历了启蒙运动和工业革命，理性、进化与实证逐渐成为人们的基本思维，神话思维被认为是虚构的、虚幻的、不合逻辑的甚至是原始低级的。中国的思想界自近代以来逐渐向西方靠拢，因为不这样不行，不这样就落后、就挨打。事实上西方资本主义的扩张，给中国思想文化带来的影响是同传统某种程度的断裂，这也是近代国人思维方式转变的客观原因。当然，现在来看这是不可避免的，国人主观上也有这样的意愿。谁不想强大呢？谁又愿意总受欺负呢？尤其对曾经拥有无比辉煌的华夏文明而言，更是如此。可是，传统的影响力是无法消弭的，科技理性的主导并不能像有些人头脑中想象的那样独占鳌头，实际上，神话思维的影响一直潜移默化地存在着，同科技理性一道共同实现着古老文明的延续与新变。人类对于早期思维的潜意识保留是普遍的，中华文明发生期的成果也不会是例外。因此，探讨中华文明中思想和精神的发生历程，首先需要还原到史前期东亚人群主体的意识状态，在充分考量东亚地域的自然环境条件的前提下，尽量复原神话思维所形成的独特信仰和观念，从而解读后代文献中依稀存留的相关神话式记忆及其现实来源。

按照这样的想法，在20年前，笔者撰写《中国神话哲学》，意在从整体上把握中华文明的智慧性结构原型，主要通过对传世文献材料的分析和构拟，尝试归纳出中华文明发生阶段的神话宇宙观和生命观的基本模式。20年后的今日，层出不穷的出土材料已经足以让国人的视野超越文献资料的束缚和制约，看到中华文明发生期特有的文化基因。如果说这个基因只能有一个代表的话，那只能是玉，对于华夏后人的影响，也就是围绕着玉的神圣化信仰所形成的生命力强大而持久的玉文化传承，那是从史前开始贯穿整个中华文化发展历程的。找到在中国神话宇宙观背后的史前信仰要素及其相对连贯的历史发生脉络和相对完整的地域空间分布图景是本章的目的。应该看到，即便后世儒道思想占据华夏思想精神的主体地位，其内在具体来源也应该同玉的信仰无法分开。

特别需要强调的是，这里所说的“神话”，已经不再是一个在现代学科视野中极为偏狭的概念了——历史学和哲学把它完全作为真实的对立面排斥；文学接纳了它，却成为地位远逊于小说的“小道”，也就是民间文学中的传说故事类，在文学研究中沦为文学起源的一个文学体裁概念。现代人类学、神话学包括历史学与文学理念的发展，业已证明神话并非只是一个文学专业术语，而是具有文化原型编码作用的思维和符号载体。那就使之从一个末流地位的概念一跃变成为具有人类物质精神发生期重要整合性功能的文化基因。（可参看卡西尔《符号•神话•文化》，李小兵译，东方出版社，1988年）神话事实上并非只有文字叙事和民间口传，它会以文本的和非文本的形式体现为神话意象、仪式性的建筑物、宗教礼器，甚至大量地沉积在以甲骨文为代表的汉字早期的造字想象中。就此而言，现在如果将儒道看作华夏文明的哲学，那么在探索前哲学和前文字的史前时代之意识或意识形态时，神话的概念应该是远远大于哲学、文学甚至历史的概念。儒道意识形态的探讨，也应该深入到神话信仰和神话编码规则中去。这对于中华传统文化的认识应该是一个新的方向。想想看，“仁者爱人”“君子成仁”“仁德”与“道可道，非常道”这样抽象的命题，居然还有着一个古老的实物信仰来源，这会不会是哗众取宠呢？大量的事实将证明，不是！

从传播学史的视角看，玉早就成为前汉字时代中国文化编码的最重要的符号载体。早自8000年前，东北亚先民以观察天上地下周围环境的经验为基础，运用神话思维解释万物起源和现象，玉首先成为这种智慧结晶的人工符号物。玉是沟通天地神秘力量的有效媒介，借助于信仰和观念的文化传播作用，此种玉教的分布空间拓展到了整个东亚地区，包括国土南端的岭南和西部的河西走廊一带。甚至在台湾岛上发现的史前玉文化如卑南文化，也应该被视为这种交流传播作用下的文化现象，属于东北亚玉信仰的内部区域。例如，台湾史前文化博物馆编《馆

◆红山文化玉巫人像，2012年摄于北京故宫

◆台湾史前卑南文化四突环形玉玦

藏卑南遗址玉器图录》（台东，2005年，图版56—73）显示出，台东卑南遗址出土的四突环形玉玦和广东出土的玉玦几乎是同一个形制。这种物证方面的同源性表明，史前期海峡两岸就有着相互交往的文化关联。只是由于那时的史前文化还没有掌握文字符号，此类文化交往无法被文献记录下来，因而处在不为人知的隐蔽状态，直到文物的出土和发现。这也说明前述赌石的一个误区，新不如旧的原因主要是文化内涵的欠缺。即便是古代器物孤立地在市场上流通，既无其他可确证年代与文化的同类物品参证，又缺失了出土地的信息，其价值也要大打折扣。因而盗墓是绝对要禁止的，就是鉴于此类行为盲目追求金钱价值，却破坏了文化和人们认识自身过去的可能。可惜玉信仰的被忽略、遗忘以及现代人偏执于一端的拜物心理，让文化寻根的过程颇为艰难。

中国文化的根源和主干是怎样的？过去探讨此一问题的视角主要局限在文献材料之内。在现代文化复兴的观念下又引起了国学的热潮，加之西方部分学者到东方传统中寻觅解救现代资本主义文明危机的良方，中国文化的文献材料被赋予了特别突出的地位。学者们认为，国学是包罗万象的，儒道是主流，但其中儒学尤其是经学代表了中国传统学问的重心。现代学者之间的争议主要围绕着儒家主干说和道家（道教）主干说展开，相持不下。从中华文明整体构成来看，多少有些偏狭。20世纪后期的考古大发现，真正突破了以经解经的藩篱，令中国文化发生观具有了一次颠覆性的改变。中国文化的全新材料表明，文字书写的华夏历史还不够长，应该将其置于更加长的时段中加以考察，那样的起源论才更有说服力。依据这些以考古发掘文物为主的新知识体系，古籍中过去无法理解的一些疑难问题迎刃而解，儒道思想发生背后的一种共同信仰渊源开始清晰呈现出来。史前华夏广大地域中普遍的玉器出土印证了文献记载，促使当今学者有必要重新看待中国本土根深蒂固的宗教传统——玉的信仰及其神话建构。如果要用一个简明的新术语来概括这种东北亚地区最古老的潜隐性的宗教，那就是本文提示的“玉教”这一合成词。广义宗教，指人们信仰和崇拜神明的意识形态。单从信仰与意识形态形成的角度看，玉教可以成立，甚至可以称之为国教，玉玺就是证明。尤其需要注意的是，这一宗教在后世文明的形态是潜在的或者说是隐秘的。如果说儒道占据近代国家抽象意识形态主流的话，玉就是国家具象意识形态的表现。相较而言，虽然玉信仰更早，是起源，但二者在发展过程中并行不悖，各司其职，殊途同归。

与受到考古材料强力支持的玉教相比，过去所熟知的中国思想史上儒教（儒家）和道教（道家）的发生，仅有文献材料支持，时间跨度仅仅2500年而已，很少有人说孔子、老子的思想来源于某种实物，基本都是用经典文献说话。在20世纪初年，以留美归国的胡适先生那样的渊博和新锐，也只不过将儒的来源上溯到3000多年前“殷商民族的教士”而已，还遭到钱穆和郭沫若等一批学者的强烈反驳。那时对殷商以上的宗教信仰情况的认识，还处在混沌黑暗状态，等待着新知识的“开辟鸿蒙”。如今，考古文物证明了有关玉的信仰及神话观念发生在6000年到8000年之前，有中国境内新石器时代中后期的大量出土玉器作为全新的实物参照系，其中最早出现的是赤峰兴隆洼文化的玉器。根据文化人类学的“物质文化研究”潮流（参看Victor Buchli ed.,*Material Culture: Critical Concepts in the Social Sciences*, New York: Routledge,2004. 中文书参看孟悦等主编《物质文化读本》，北京大学出版社，2008年）和新史学关于“物的叙事”之理论（参看唐•伊德《让事物“说话”》，韩连庆译，北京大学出版社，2008年；林巳奈夫《神与兽的纹样学》，常耀华等译，三联书店，2009年），这些先于文字叙事出现的玉礼器，发挥了同文字叙事相似的功能，都记录与说明了传统文化的面貌。借助于此，可以发现儒教和道教思想原来都有一个共同渊源。充分理解在4000年前即文明发生期形成的贯通河西走廊地区的玉石之路，是重新进入国人有关昆仑美玉的远古信仰及神话观念的关键，也大大有助于探求儒家君子比德于玉的理想和道家食玉永生信念的发生本源。儒家讲究仁德，君子是模范，为什么要同玉比较？道家讲求玄思、修为，又为何会有使用玉石辅助修道的信念？这体现着同一

◆ 兴隆洼文化玉玦是中国最早的玉器

基本信仰的不同发展之路，但都要从对玉信仰的理解与诠释开始。与此同时，现实中玉石之路的通行远远早于人们所熟知的后世中西交通要道丝绸之路。有迹象表明，史前期西亚古文明借道中亚和新疆进入中原，碰撞出了空间地理神话观念的认识，随着和田玉的东输通道而从西部带来了小麦种植和铜器铸造技术等，这些文化因素的传播与交流，很可能对催生中原华夏帝国夏商周王朝发挥了作用。（参看拙著《河西走廊：西部神话与华夏源流》，云南教育出版社，2008年）人类文明史一再表明，独立发展的可能性建立在更早期交流融合的基础上，缺少交流的人类族群即便生存下来也难以取得长足发展。

众所周知，殷商时代因其青铜器的大量使用而被学界冠以“青铜时代”的名号。这当然同古希腊神话中的四个时代划分不同，那是人类生存境遇的四个时期。而随着考古成果越来越丰富，“玉器时代”的理论在国内已经被提出了，那是一个在青铜时代之前的器物崇拜时代。作为表现出中华文明发生期特有面貌的文化现象，玉器时代是塑造后世中华文化的更早雏形，其在精神层面，尤其是对礼乐文化的奠基作用无以言表。关注史前玉文化分布与演进线索，通过红山文化、凌家滩文化、良渚文化、齐家文化和陶寺文化的相互关联，足以大致还原出中国史前信仰的共同核心和主线。作为中国最古老宗教和神话的玉教，原来发生

◆辽宁建平牛河梁第21号墓红山文化玉敛葬

于大约5000年以前的无文字、无金属器时代。那时在中原以外地区已经率先产生出以玉礼器体系为突出特色的文明萌芽，从西辽河流域和长江流域下游到环太湖地区分别建构出以美玉为轴心的南北方文化交通盛况。研究那个时代流行的沟通凭信，当然既不可能是文字，也不可能是青铜器，而只能是玉器。各种形制的玉器一拿出来，都不用说话，有什么样的信仰和功能就一望而知了。后代文献被称为“三礼”之一的《周礼》，里面写明西周官方礼仪重器有“六器”，即玉琮、玉璧、玉璋、玉璜、玉圭、玉琥。说玉文化同后世尤其是周代礼乐文化有莫大关联，就是从这开始的。如今六种重要玉礼器已经在史前玉文化中全部找到其原型或祖型。

不仅如此，从知识考古意义上对玉教的重新发掘，正如上一章的具体阐释，还可借以探讨从《山海经》到《红楼梦》的中国文学想象世界之特色及文化原型，提出重新理解中国文化本源及特质，重新进入华夏文明的研究范式。远古玉文化发现的作用大矣！

为何以『玉教』为中国国教

上节提到玉教为原始国教的可能。一般认为，中国文化史上的儒道两教足以概括本土宗教的突出特色和多元互动倾向。然而从长时段上做文明发生学的审视，这三教产生的时间都比较晚，并不具有文化本源性质。在流行的三教之外，还存在相对不甚普及的其他宗教，如景教-基督教、祆教-拜火教、伊斯兰教、犹太教、喇嘛教等，它们更非早先独立自有。这些宗教多属外来文化传播的结果，其进入中国的时间更晚，虽联结着亚洲整体的宗教分布状况，在国内宗教格局中却不占主流地位。华夏玉崇拜发现之前，不同信仰杂陈的假设也属必然，可是大江南北普遍的玉器崇拜星罗棋布的状况出现，足以令人刮目相看，整体性的玉教信仰呼之欲出。与上述宗教相比，的确，玉教没有固定的教堂、教义、教规，也没有书写成文本的圣经，更没有统一的宗教组织。凭什么说它是一种宗教呢？

下面拟举出几方面的理由，加以阐释。

第一，“玉教”说可以彰显本土文化最突出的独有特征。

中国宗教史的研究和命名，同样来自于西学东渐后的西方，传统经学中哪有“宗教”的专门论述呢？即便这两个字合用也是来自10世纪的佛经，意义却是“教诲”。西方的宗教观念引进来之后，研究中国的宗教就开始用中国的现象、材料去印证西方的认识，合乎的就是宗教，不合的就有争议。实际上，西方人在开始研究汉学时正是这样的思路，不仅宗教，很多人文学科都是如此，包括神话。儒道宗教性问题的争议也肇因于此。这样的专业性表达符合国际惯例，也属形势使然，当然无可厚非，却在很大程度上将中国宗教问题变成统编的世界宗教史的中国编，无法凸显我国宗教自史前的发生期以来最富有地域和民族特色的一面。以宗教史学方面权威学者编撰的

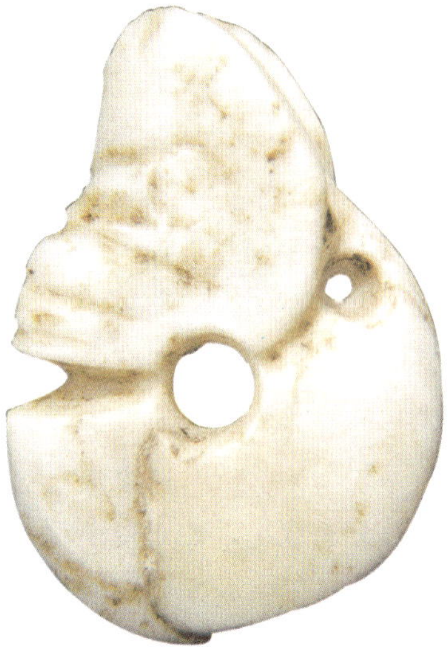

◆河北阳原县出土红山文化玉熊龙

《中国宗教通史》（牟钟鉴、张践合著，中国社会科学出版社，2007年修订版）第一章“原始时期的宗教”为例，该章共有九节，除了第一节概述和第九节小结以外，有七节是以宗教现象名称命名的，依次为自然崇拜，鬼魂崇拜，生殖崇拜，图腾崇拜，祖先崇拜，原始神话，原始祭祀、巫术、占卜。这七类共九种宗教现象的命名，完全来自国际宗教学理论，在任何其他国家的宗教史建构中基本通用，却没有一种是针对中国本土实际的特有命名。从人类学的“写文化”（writing culture）理论自觉意义上看，不能不说在这样流行的做法中潜存着一种文化认识上的盲点和遗憾。中国人的玉崇拜作为宗教现象源远流长，急需名正言顺地进入中国宗教史的视野。强调这些归类中没有玉崇拜的记录和研究，其实就是认为没有中国特色的崇拜物及其思想表达，那也就流于印证西方理论了。玉崇拜也可归属于这些类别，但中介物却是中国独有的。

和宗教学界的普遍忽视相比，一门在大学的学科体制划分中没有合法地位，却在近年来我国学界方兴未艾的新兴特色学科——玉学，非常重视玉的宗教意义和功能。玉学的蔚然成风应该始于传统学术对传统文化文献与实物研究的意外收获。玉器本身是历代珍贵的制品，民间也风行收藏，随着数千年帝国王朝的被推翻，玉器的神圣性被逐渐忘却。玉学在传统学问中应该归之于民间派吧，没有大学设立这门学科，也没有学科容纳这一学问。玉学研究者研究玉，多数是出于一种爱好。如今古董热的再度兴起，使得玉器文化走出书斋，也成为普通民众乐于接受的知识普及领域，可惜还是归属于收藏宝物的范畴，其核心神圣信仰的文化内涵尚未得到普遍认知。说起有玉教的存在，恐怕就更难有人相信了。不过，目前在玉学界已经出现了围绕中国玉教文化的五花八门的各种命名，如“玉神物”、“玉崇拜”（曾卫胜《论玉崇拜》，参看《中国玉文化玉学论丛三编上》，紫禁城出版社，2005年）、“玉神学”、“玉礼学”（王锦厚《玉神学、玉礼学与文明发端》，参看《中国玉文化玉学论丛续编》，紫禁城出版社，2004年）、“巫玉”（杨伯达《巫玉之光》，上海古籍出版社，2006年）、“祭玉”、“玉卜”等等，呈现出人言言殊、各自为政、极不统一的局面，一味凭个人爱好与跟风市场已经阻碍到相关研究深入开展，有必要做出“正名”和统一的尝试。有鉴于此，若能采用“玉教”的统一命名，既可以总括以上各种宗教现象，又能在世界范围标明华夏文明与众不同的、原生态的宗教信仰之特质。

第二，玉教是迄今可知中国境内最早发生的信仰现象。

中国境内早期崇拜的神明是“天”，这“天”却不是人格化的。玉教的神，就是天，玉是天的媒介与符信，先民通过信仰独特的玉达到同天神沟通的目的。因为华夏的天神太过缥缈、模糊，而玉拥有具体性，信奉玉就是信奉天，所以称为玉教而不以神命名为天教，就因为这种特殊的根源性，决定了其对后代文化与文学的无比巨大而深远的渗透性影响力。围绕玉的信仰产生的神话，构成中国文学最具特色的想象世界。像《穆天子传》和《山海经》这一类古书都曾经被归入到中国文学起源类的范畴之中，其中有大量集中反映玉教信仰和神话的内容，过去根本无法读懂，因其神秘奇幻，就想当然地被解释为属于虚构性质的文学作品了。这些书本身的史料价值更难以得到古今学人的重视。看《山海经》在四库分类中被归入小说一类，即可知矣。现在参照出土的史前至夏商周三代的发达的玉文化分布情况，其中的内容豁然清晰，这哪里是专为娱人抒情而创作的文学作品，分明是古人对玉的神圣化崇拜之真实状况的记录。换言之，先秦以来被认为属于文学的玉神话叙事，如今恰恰体现出非文学的一面，凸显出重要的史料价值，而这在文史对立的观念中是难于被接受的。这些发现反过来应验了新历史主义代表人物海登•怀特的名言“历史如文学”或“文学即历史”。文史早就统一在一起——在史前信仰的神话中。

将玉崇拜向上延伸到华夏文明发生的大背景中，审视玉文化对于孕育中华文明的基因和原编码作用，在近20年的玉研究领域结出了颇为丰硕的成果。仅以近五年来出版的专著情况看，就已明显呈现出一种井喷式的增长态势，这有助于引发一场中国上古史研究的范式革新——从文献本位到考古文物本位，从文字的书写叙事，到“物的叙事”所引领的“四重证据法”之立体观照（拙文《国学考据学的证据法研究及其展望——从一重证据法到四重证据法》，《证据科学》2009年第4期）。其中在原始资料积累方面最值得称道的，莫过于15卷本的《中国出土玉器全集》（科学出版社，2005年）的问世。该书调集整合

◆湖北出土石家河文化玉人头像，大耳戴耳玦或为巫觋标志

全国各省的文物考古专业人士，以省为单位对重要的出土玉器展开全景扫描式的图像展示，让上下8000年数以千计的玉器彩色照片依照时空分类有序编排为一整体，给玉文化研究带来前所未有的综观视野。就专题研究而言，近年推出的有吴汝祚、徐吉军《良渚文化兴衰史》（社会科学文献出版社，2009年），刘斌《神巫的世界：良渚文化综论》（浙江摄影出版社，2007年），杨建芳《长江流域玉文化》（湖北教育出版社，2006年），常庆林《殷商玉器收藏与鉴赏》（蓝天出版社，2004年），孙庆伟《周代用玉制度研究》（上海古籍出版社，2008年）等一批专著，连贯起来则可以覆盖自史前到夏商周的整个文明发生期，让人们看到玉教及相关玉礼器对于华夏文明产生的全程催生和紧密相伴作用。这些著作可以引领中华玉文化的爱好者进入一个完全崭新的世界。

第三，玉教若作为东北亚产生的一种具有地域特点的原始宗教，需要满足宗教建构的基本理论条件。

在明确玉崇拜是华夏先民独有的一种文化现象和神话编码规则的前提下，出于世界性认同与人类整体视野的考虑，下文将以社会学家涂尔干的《宗教生活的基本形式》（渠东等译，上海人民出版社，1999年）、宗教理论家伊利亚德的《神圣与世俗》和达瓦马尼的《宗教现象学》（高秉江译，人民出版社，2006年）、人类学家吉尔兹的《宗教作为文化系统》四部经典文献为参照，给出玉教作为宗教现象的多维度诠释。他们的研究成果都是建立在人类学视野基础上，以世界性的宗教现象为着眼点的。这更有利于一种去中心化的理解。

涂尔干认为宗教是由各种膜拜的信仰总体和仪式所构成的，他强调了宗教的构成要件。

◆汉画像中的鱼驾龙车，摄于徐州汉画像艺术博物馆

（涂尔干，前引书，第47页）伊利亚德认为以信仰和仪式行为为轴心，一切人类事物可划分出神圣与凡俗两大领域。宗教的本质就在于从思想观念到行为都严守这种二分的界限，对宗教的认识应该排除人类生活中世俗的成分。从兴隆洼文化玉器到红山文化玉器，在2000多年的发生和演化过程中，人们可以较清楚地看出玉教形成其信仰和仪式综合体的脉络。玉的使用与制作基本脱离日常世俗的功用，其出土地点与环境大多位于神圣性的场所。距今约8000年的兴隆洼文化玉器以玉耳玦为主，一般认为是人体装饰性器物，也有观点认为玉制装饰品本身即有巫术性质。史前巫觋通神的标志物往往就是耳朵上的穿孔和玉玦。距今约五六千年的红山文化玉器，不仅发展出“六器”礼制中的玉璧、玉璜，也有生物造型，如玉龙、玉蚕、玉龟、玉鹰与玉鸮等，还有一批形制与功效不明的器物，如马蹄形器和勾云形玉器，其制作工艺复杂而耗时，一般认为是巫师长等宗教领袖人物专有的宗教法器，其仪式功能十分明显。更加引人注目的是，在辽宁建平县牛河梁女神庙出土的红山文化女神泥塑像，是用两片圆形的抛光处理的玉片，镶嵌出女神的眼睛。可见珍稀的玉原料加工和使用已经体现在神圣与世俗的划分方面，成为价值判断的标尺。华夏传统中对玉的神化、圣化建构历程，至少在这时已经相当成熟。《越绝书》中有一句“玉亦

神物也”，用伊利亚德的宗教学术语来说，玉应当是华夏文明中公认的“显圣物”。这两章多次强调，考古出土玉器的分析表明，在万千石头中独而不群的玉，不仅代表着神灵和天意，而且也象征着永生不死及人类精神的最高价值。从牛河梁女神的玉眼睛到春秋时代的国之重宝和氏璧，再到秦始皇的玉玺、汉代帝王的金缕玉衣，从墓葬到器物形制，玉教信仰所支配的统治者特殊行为方式及其演化，大致依稀可辨。

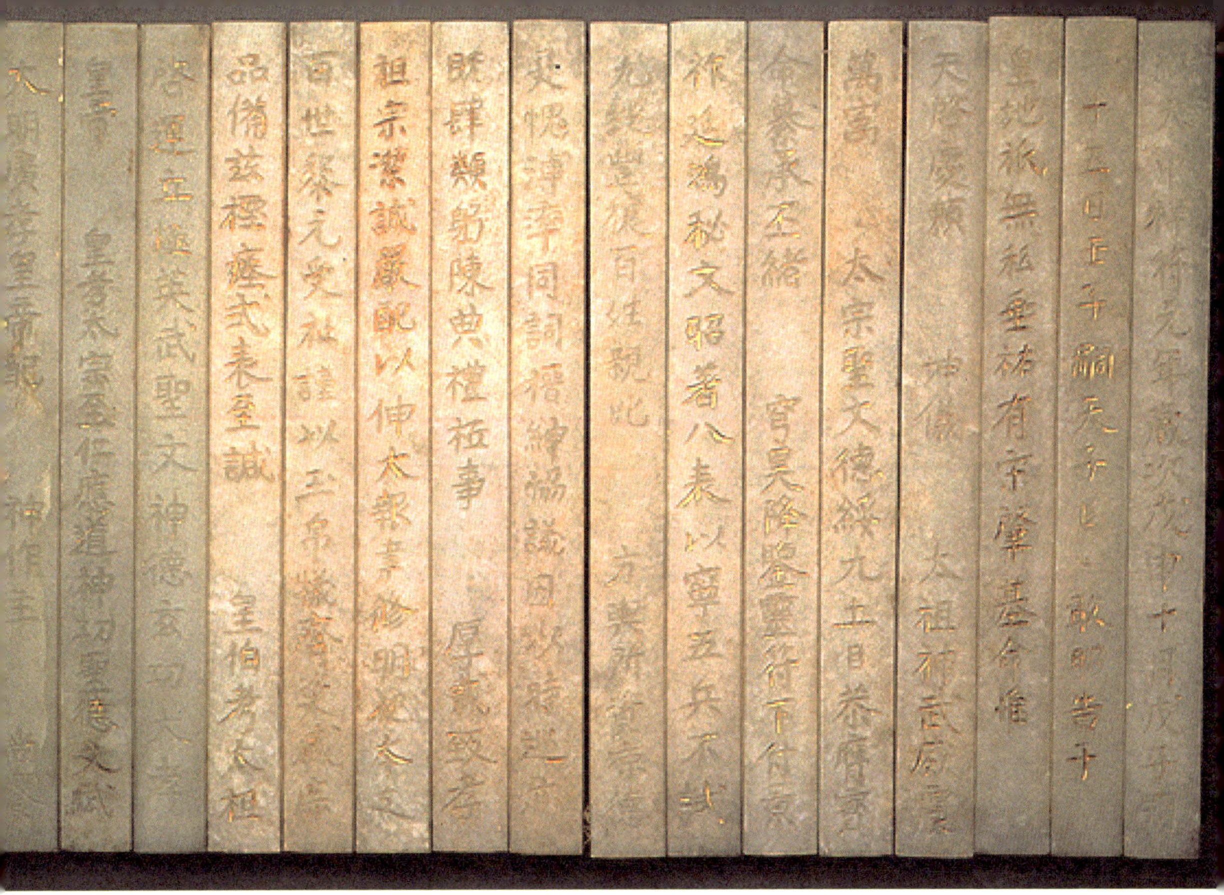

◆宋真宗玉版书，2008年摄于台北故宫

玉的神话与中华文化的原型编码

一国之国教必然对本国的精神文化产生巨大的奠基性作用。当今的观光者来到北京故宫的书画馆大堂，面对一扇宏大的御笔亲题的紫檀木镶嵌玉书千字文屏，就能够设身处地体验到，两百多年前大清国最高统治者乾隆皇帝是如何沉浸在神玉圣玉的幻想境界之中的情景。如果能够联系台北故宫所藏宋代帝王的玉版书和大陆新出土的秦惠文王祷祠华山玉版，玉作为通神礼神之神圣媒介的意义，如何从先秦延续到晚清的数千载历程也就粲然可观了。

从文化的原型编码情况看，玉的神话信仰可谓根深蒂固。从历代王权的传国玉玺等象征物的内在意义看，或者从思想上儒道学说对玉的崇奉及各自表述带来的社会心理影响看，都可以将玉的信仰视为原初之“国教”。这个时间段最早开始，因而也最长，却被掩藏得最深。历代都有人争议儒与道的正统地位，却没有人去关注儒道背后更为深层、古老的信仰根源。后世对儒道思想的继承和发挥，保留了玉神话信仰的很多信息。史前玉石崇拜的观念遗留到后代皇家礼乐仪式和天子地位方面，同时也在很大程度上将玉的信仰引入到世俗化的生活领域。玉教的国教地位与命名，更多的是在史前期神话思维的意义上来看待的。玉教信仰所催生的汉字和汉语词汇，在整个语言和文字系统中所占据的比重是惊人的，而且也最能够彰显本土的文化特质。翻开《说文解字》前几个部首，收字数量最多的部首就是“王”（即“玉”），有字127个，这样多的数量难道不直接反映玉教的普遍存在吗？《千字文》开篇后有“金生丽水，玉出昆岗”一对句，表示出了玉信仰神话叙述的核心原料产地。金沙江的得名与金属中最珍贵的金矿开采有关，丽水是金沙江的别称；在国人开采金属矿藏以前的数千年岁月里，唯一值得探寻和开采的宝藏就是和田玉。和田就在昆仑山脉，昆岗是昆仑山的代称，和田美玉就出产在世界上独一无二的昆仑山之河床里。在世界四大文明古国的历史记忆中，没有哪一个国度像我国《千字文》一样将某一种玉石的产地作为永生信念的圣地来崇拜和向往。要知道《千字文》是古代普及版的文化读物，这在世俗生活中同样产生了巨大影响。神圣与世俗从中华文化角度来看，有时未必如伊利亚德所强调的那样截然二分。

汉陆贾《新语•本行》有句云：“入山海，采珠玑，求瑶琨。”苏东坡《李氏山园潜珍阁赋》也说：“眩古潭之百尺，涵万象于瑶琨。”瑶琨为何物？前文在论述《山海经》与女神同玉的关系时已经有所阐释，这里专门再进一步展开。用现代地质学、矿物学的地理分布知识来权衡，由玉教信仰所派生出的昆仑玉山神话的发现，同西方的特洛伊古城的发现竟然可以得到异曲同工的印证。当年德国考古学家谢里曼，仅仅因为童年时对《荷马史诗》的美好印象，就坚定了找到特洛伊古城的信念，长大发财后即刻开始行动，又征求并娶到志同道合且精通希腊语的女士为妻，更发掘出了曾被视为传说的特洛伊城市遗址。

与此相类似，美玉在文献中的记载，竟然真的是昆仑山所出产，证明所记非虚。中原王朝所建构出的有关西边方向和田美玉的一整套信念和神话，以汉字“瑶”得到命名后，先后催生出瑶池、瑶母（西王母）、瑶姬（高唐神女）等系列神话意象和叙述母题，成为中国文学中最具有幻想魅力和空灵气质的一翼。如果说汉字“玉”泛指所有的玉，那么从玉（王）旁的“瑶”字，就专指最上等质地和成色的美玉。除非昆仑山下的细玉沟，其他地方的玉都难以达到这样顶级的品质。《尚书•禹贡》：“厥贡惟金三品，瑶、琨、篠、簜。”孔传：“瑶、琨皆美玉。”孔颖达疏：“美石似玉者也。玉、石其质相类，美恶别名也。” 西王母在《淮南子》中开始和“瑶池”相联系，而“瑶”虽可泛指美玉，王肃与孔颖达给《尚书•禹贡》注疏时又将瑶与玉加以区分。神话想象又将出产瑶和琨的昆仑山描绘为整体性的“玉山”，这就更加突出了其神秘与永生的幻想特色，成为历代骚人墨客梦寐以求的仙山。《山海经·西山经》：“又西三百五十里，曰玉山，是西王母所居也。”郭璞注：“此山多玉石，因以名云。《穆天子传》谓之群玉之山。”玉山也好，群玉之山也好，正是此类幻想中位于西极的不死之圣山，派生出女性人格化的西王母之形象。李商隐《玉山》诗：“玉山高与阆风齐，玉水清流不贮泥。”

◆红山文化玉鸮，摄于波士顿美术馆

西王母别称瑶母，显然得名于昆仑山美玉之名。类似的神话名目多不胜举。如“瑶木”“瑶林”“瑶池”“瑶水”“瑶圃”“瑶华圃”等。先看瑶树，指传说中通往天庭世界的玉质仙树。《文选·严忌〈哀时命〉》：“揽瑶木之橝枝兮，望阆风之板桐。”王逸注：“言己既登昆仑，复欲引玉树之枝，上望阆风、板桐之山，遂陟天庭而游戏也。”再看“瑶水”，此词为“瑶池”的代称。《文选·王融〈三月三日曲水诗序〉》：“至如夏后两龙，载驱璇台之上；穆满八骏，如舞瑶水之阴。”刘良注：“瑶水，瑶池也。”李白《古风》之四三：“瑶水闻遗歌，玉杯竟空言。”《史记·大宛列传论》：“昆仑其高二千五百余里，日月所相避隐为光明也。其上有醴泉、瑶池。”《穆天子传》卷三：“乙丑，天子觞西王母于瑶池之上。”现代诗人郭小川《昆仑行》诗：“据说，西王母兴建瑶池，一古脑用尽山中的流泉。”

一个“瑶”字，居然带有如此之多的玉文化信息，还不是全部。过去阅读古书中碰到此类玉山瑶池典故，不明所以，一般都归结于文学想象。现在根据新疆和田玉矿的独一无二性质，以及夏商周三代以来中原王朝大量需求、使用产自和田之美玉的事实，终于能够理解作为玉教余绪的中国文学的仙乡理想有其理所当然的现实依凭。这完全不同于西方伊甸园的神话。玉教信仰带来的原型编码，使得信奉“千种玛瑙万种玉”的古人对极品美玉的推崇和祈求达到登峰造极的地步。美玉作为显圣物，沟通着上天，而能够登天成仙就意味着永生，同玉的实际宗教功能相联系的乃是古汉语中此类层出不穷的神话语汇。

人是观念动物。人有什么样的观念，就会有什么样的行为。特定的文化传统是产生和制约特定观念的基础。大家常说存在决定意识，但意识对存在的这种反作用，促使现代社会学奠基人韦伯写出了通过新教伦理解说资本主义兴起的名著《新教伦理与资本主义精神》。中国学者若能充分揭示玉教在华夏文明史进程中所发挥的重要作用，将对本土文化的整体把握产生决定性的影响。可以毫不夸张地说，世界上没有任何一个文明、任何一个国度拥有古今8000年持续的玉神话之深厚资源。有了对中国国教的原型编码作用的新认识，再去看《西游记》中的玉皇大帝和西王母叙事，或是去读《红楼梦》演绎的玉神话多重编码故事，其背后的哲理寓言性质就会逐渐由隐到显地呈现出来。从《山海经》所记的140座产玉之山，到曹雪芹构思的通灵宝玉出产地大荒山，一部中国文化史围绕玉教信念而展开的迹象，已经十分清晰可观。除了面对世界民族之林展示自己的勤劳和勇敢，华夏文明还有令其子孙深以为傲的悠久玉教传统。从人类学意义上看，世界上生命力最持久而未曾中断的中华文明，一定潜藏着可持续生存的智慧经验。方今全球各国除了经济竞争与军事竞争之外，还有文化软实力竞争，华夏先民的智慧绝不像曾经以为的那样原始和简陋，对文化特性的真正洞悉，将引导对本土智慧之根的价值重估。

◆ 清乾隆白玉雕斧上有兽，2012年摄于北京故宫珍宝馆

综上所述，可以梳理出重新解读中国神话历史的两组关键词。大家比较认可的一套传统关键

词无非是“儒家”“道家”“文学”“历史”“哲学”；有了玉文化的向前推进，新的关键词将改换为“玉教”“国教”“神话思维”和“神话历史”。无论是笼统地讲“中国宗教”，还是具体地讲“中国巫术”“中国方术”“儒家身体观”等等，均无法 ·语破的地点明中国传统宗教的特性，而“玉教”一词，却能够言简意赅地达到此一目的。

作为总结，笔者提示进入中华文明史的三个新知识要领：

第一，熟知非真知：不精研神话，无从寻觅重新进入历史之门。

第二，历史是编码的：不破解前汉字时代中国神话的独特编码，难窥中华文明的本源与特质。

第三，历史是断裂的：不找回失落的链条，就无法重建中华文明发生的主脉。

玉文化研究已有兴起之态势，随着文化交流的日益深入，全球性的玉认同时代的到来也可期待。

>> 从龙开始

>> 神熊再现

熊龙结合之谜

“太初有熊”与“太一生水”

楚帛书再现“太初有熊”

神熊再世：天人之间的对应

第四章

熊龙之辨：祖先神话的文化记忆

◆山西襄汾陶寺文化出土卷龙彩陶盆，距今约4300年，2010年8月摄于首都博物馆“考古中华展”

从龙开始

古老的东方有一条龙，它的名字就叫中国。古老的东方有一群人，他们全都是龙的传人。巨龙脚底下我成长，长成以后是龙的传人，黑眼睛黑头发黄皮肤，永永远远是龙的传人。

三十多年前，一首通俗歌曲《龙的传人》自中国台湾诞生，传唱华夏大地，至今不衰。放眼世界，如今凡是有华人的地方，无不有龙的象征。今天，华夏大地上的龙文化似乎如歌曲所唱诵的那样久远。然而，龙真的凝聚着华夏文明久远不变的精神传统吗？事实上，虽然“龙”本身的形成有着漫长的历史过程，但“龙的传人”和“炎黄子孙”这样的观念并不是每一代中国人自古传承的“根脉”观念，而是后代逐渐建构起来的。尤其在海外的华人，作为当地的少数族裔，

◆“狴犴，平生好讼，今狱门上狮子头是其遗像。”清代内乡县衙监狱门，2010年摄于河南南阳

他们更加珍视自身文化的传统因素，龙的形象与龙文化也以特殊的力量传播向世界各地，进而成为世界上公认的中国人的象征。

古代甚至没有“炎黄子孙”的说法，只有“炎黄”连称的省略用法，即将炎帝神农氏和黄帝轩辕氏并称，二者均为古史传说中最早时代的帝王。今人习惯称“炎黄”为中华民族的始祖。明代宋应星《天工开物•曲蘖》说：“自非炎黄作祖，末流聪明，乌能竟其方术哉？”近代思想家严复《道学外传》云：“今乃奉五百兆炎黄之胄，二千年神圣之教，以听若辈之位置……当咸以为不可也。”自此以后，炎黄子孙之说日益流行。单从历史学的角度来看，炎黄并不能作为文献记载中的真实存在而得到科学的承认。那么华夏龙文化的真相如何呢？国人又如何从文化编码的蛛丝马迹中寻找到祖先的事实存在呢？

至于“龙的传人”之说，还要晚出。国人习以为常的龙并不是现实存在的生物，把龙作为中华文化的始祖图腾和精神象征，也可以算是“发明”出来的传统。晋朝人曾经把蜥蜴称为龙子，如崔豹《古今注•鱼虫》云：“蝘蜓，一名龙子，一曰守宫，善上树捕蝉食之。”后来又有龙生九子（亦称“龙生九种”）的神话，同样把龙的后代视为不同动物。小说《西游记》第四十三回有个角色名叫敖顺，他说道：“此正所谓龙生九种，九种各别。”究竟是怎样的儿种区别呢？

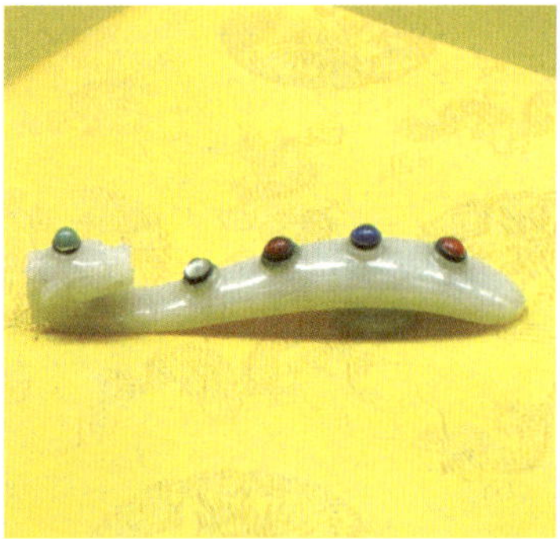

◆清代皇帝用龙首镶嵌宝石玉带钩，2010年6月摄于定陵

明代李东阳《记龙生九子》，详细说明九种龙子情况："龙生九子不成龙，各有所好：囚牛，龙种，平生好音乐，今胡琴头上刻兽是其遗像；睚眦，平生好杀，金刀柄上龙吞口是其遗像；嘲风，平生好险，今殿角走兽是其遗像；蒲牢，平生好鸣，今钟上兽纽是其遗像；狻猊，平生好坐，今佛座狮子是其遗像；霸上，平生好负重，今碑座兽是其遗像；狴犴，平生好讼，今狱门上狮子头是其遗像；赑屃，平生好文，今碑两旁龙是其遗像；螭吻，平生好吞，今殿脊兽头是其遗像。"这些莫名其妙的神话动物形象，都被解说成龙的嫡传后代，龙也就成为更加神秘的文化想象之源头。

长着狮子头的狴犴，被视为龙的第七个儿子。第五个儿子狻猊，以"佛座狮子"面目出现。这就隐约透露出虚构动物龙和现实的陆地猛兽有某种想象上的关联。不过，亚洲不是狮子的原产地，东亚大陆自古就不存在狮子这种巨大的猫科动物。从发生学意义看，如果中国龙在血缘上与某种陆地猛兽有关，那也只能到东亚地区生态的现实动物中去寻觅。这样的反思结果，指向东亚的两种大型食肉动物——熊和虎。仔细辨析龙的流行形象之头部特征，显然就是从猛兽之头改造而来的：那不像是虎头，很像是熊头！

中国的龙形象，由于在漫长的封建历史中被历代帝王用作神圣符号，这才在想象中和人类生命发生联系。如果说"龙生九子"故事指向九种神话动物，那么"真龙天子"的信仰则指向神圣化的人物。以龙比喻皇帝，在明代文人高启的《穆陵行》中有所体现："幸逢中国真龙飞，一函雨露江南归。"晚清小说《二十年目睹之怪现状》第八十回说："大凡真龙降生，没有一定之地，不信，你但看朱洪武皇帝。"试想，在古代，龙是皇族的专用象征，怎么可能成为普天之下万民的共享之物呢？只有封建王朝被推翻，帝王将相被拉下宝座，龙才可能成为现代华人共享的精神图腾。就在辛亥革命后，龙还是学者们批判专制的代表呢！现代的批判一方面解除了龙为帝王独有符号的垄断权，另一方面也催生出龙成为全民符号的可能性。“龙的传人”之新神话，作为现代民族国家“想象的共同体”之认同象征，被现代人的国族想象再造而成。关于龙形象的由来，现代学界通行的解释是，它来自华夏大地早期各族的融合。在人口大融合的过程中，不同族群的图腾汇集成新的文化共同体，产生了整合后统一的“龙”的形象，进而又成为封建王朝皇族专有的神圣象征。当然，龙虽然不是现实的生物，但是作为中国文化的一个特殊符号已经无可替代，没人能否认它的文化认同意义与国族号召力。

可是，一种人为制造的观念，人们越是对它深信不疑，越是容易忽略在观念形成过程中被遮蔽掉的信息，以至于事物产生的真实源头随着历史长河的流逝，不再为后人知晓。那么，龙的背后究竟隐藏着华夏远古先民的什么文化信息，从后人深层的文化记忆中是否还能够探寻并揭开史前文化象征之谜呢？在“龙的传人”观念流行以前，华夏先民还崇奉过哪些神物呢？解答这类疑问，如同解答中国文化的“达•芬奇密码”。重要的是，这一过程就像侦探破案一样，没有简单、直接的答案，需要后人找出潜在的线索，综合各种信息，在深入分析的基础上做出权衡判断。那又如何去寻觅解答的线索呢？目前，不断出现的新证据为学者们提供了启发，顺着新证据所提示的思路，今人也许能发现隐藏在中华文化深处的巨大秘密。把祖先遗留下来的神话意象作为符号编码，后人有机会去尝试着找出失落文明的符码意义。

如果说在西方基督教观念中是上帝创造了世界与人类的话，中国人则习惯于把自己的来源追溯到最初的人文先祖那里。于是，华夏民族的人文共祖被追忆为伏羲、黄帝等三皇五帝的诸种谱系，他们的形象也多与龙联系在一起。他们更多地作为人类祖先被记忆，而不是天神。为什么西方的造物主体现为人格神，而华夏文明始祖的象征却被物化为神秘的生物？这是一个宏大的文化比较命题。龙是象征的、神秘的、威严的，多种生物化合成龙的解释也并不能给出客观的证明，迄今还没有发现足够的华夏远古族群所拥有何种图腾的实际证据。难道今人只有沉迷在现代人创造的“龙的传人”的幻象中，裹足不前吗？

神熊再现

在现代神话观念“龙的传人”背后寻觅真相，不能再像古人那样围绕着文献中各种分歧的记载去做无休止的争辩，必须要学习和利用现代科学所能提供的前所未有的新材料。20世纪以来的新知识和新视野是大大超出古人想象的，其中最激动人心的就要算人类学和考古学的大发现了。1983年10月，在一座约5000年前的辽宁建平牛河梁女神庙遗址中，考古工作者发现庙中供奉的一种大型生物的头骨，该生物竟然是陆地上最大的食肉动物——熊。除了真熊头骨，在这座史前期的女神庙中，还出土了泥塑的熊（或熊龙）偶像，由于损毁的缘故，现在能够辨析出的是泥塑的熊掌和长着巨大獠牙的熊头。那獠牙因为被用白灰涂成白色，在黄色的熊头像张开的大口中显得格外耀眼。至于龙的形象，在庙中不见踪影。牛河梁女神庙的发现，给学者们提示出如下尖锐问题：为什么约5000年前的神庙中不供奉龙，却要供奉熊呢？神熊与女神是什么关系？神熊和供奉者崇拜者红山文化先民又是什么关系？

由此，熊在史前文化中的重要生成作用日益引起研究者的关注，熊成为解码中华祖先神话起源的一条重要线索。这不是凭空而谈的，而是由多种证据线索提示的。牛河梁女神庙所在的小山下，又出土了红山文化的高等级墓葬。考古学者惊讶地看到：在一个用石板垒成的墓穴中，一位相当于领袖人物的身体胸部，安放着一左一右两只玉雕熊龙。

说起熊，约5000年前先民对它的崇拜，现在早已看不到任何痕迹。若不是考古发现，人们还真对文献中所记录的一些关于神熊的记载莫名其妙呢。把古人关于熊和龙的观念相比较，大体能够看出一个此消彼长的过程。现今人们已经不再将这样一种庞大的陆地猛兽熊视作神奇的象征了。我们的日常语汇中有“熊包”和“笨熊”一

◆牛河梁遗址外景，2006年摄于辽宁省建平县

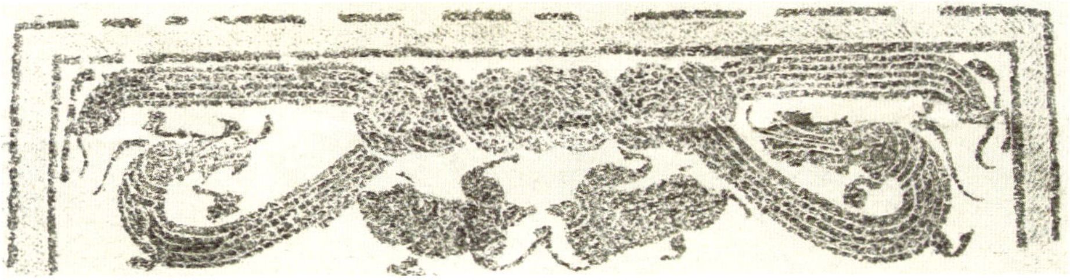

◆ 萧县汉画像中的二龙穿璧引双熊升天图

类蔑称出现，甚至还有“熊瞎子掰苞米”的民间教益故事。关于熊，真正较有影响的热点就是前几年德国动物园的小北极熊克努特，而它引起世人注目只是因为其“身世”的可怜，这充其量显示了现代人的爱心和人文情怀，神圣性却看不到一星半点。另外还有美国著名作家、诺贝尔文学奖获得者福克纳的一部小说《熊》，引发过世人对熊的思考。那部小说除了被人们阐释为荒野自然与技术文明之间的冲突，就再无更深远的文化记忆探寻。在当代社会生活中，人们对于西方文化的接受，从近代西学东渐到新文化运动，再到改革开放后的今天，由于全球化的影响而与日俱增。泰迪熊就是源于西方并在近年流行中国的玩具。孩子们夜晚抱着泰迪熊入眠的时候，不会想到熊在远古时代对人类具有什么重要意义。还有小熊杰里米的动画片，已经留在一代人的童年记忆中，可是这里面还是无法寻到神圣性的任何痕迹。

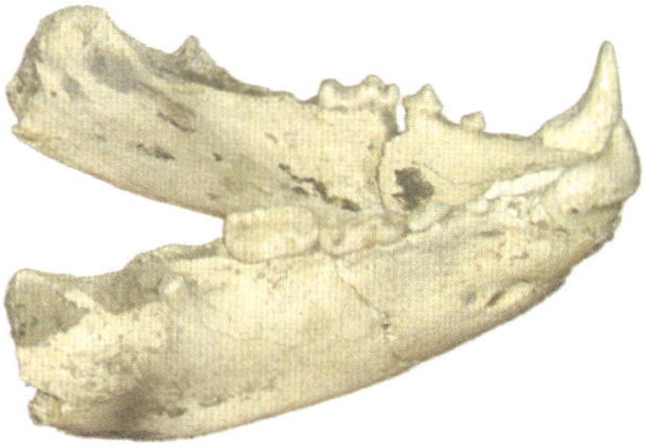

◆ 牛河梁女神庙出土红山文化熊头下颚骨

与龙相比，无论如何也看不到当代西方熊形象的神圣意义在哪里。熊形象的文化意义只在于充当儿童的宠物玩偶吗？在中国文化中，熊与龙之间的关联，早自屈原《天问》就被列为发问的对象了。“焉有虬龙，负熊以游？”屈原所问的虬龙是什么龙？它所背负的熊，又是何方神圣？

◆ 牛河梁积石冢出土玉雕熊龙，2007年摄于辽宁省博物馆

◆二里头遗址出土盘蛇灰陶罐，2011年摄于考古所二里头工作站

熊龙结合之谜

关于龙，闻一多先生在20世纪30年代发表过论文《伏羲考》。时任清华大学教授的他，认为不但伏羲是龙族的先祖，大禹也是夏代以来龙图腾的承前启后者。古代文献中有禹化为龙的记载，同样也有关于大禹化身为熊开山治水的传说，并且还有禹妻涂山氏化石生出夏启的情节。这样，作为华夏民族的先祖象征，龙与熊就产生了关联。人们不禁要问，华夏英雄祖先所化的，到底是熊还是龙，为什么记载中会有不同呢？生活在这片土地上的先民给后人留下了什么样的解码线索？

闻一多论证龙的主体来自蛇。蛇自石器时代就成为神秘莫测的神圣力量的化身。而对熊的崇拜，也发现于史前世界各地。在数万年前的欧洲，尼安德特人的洞穴中就发现了熊头骨祭坛的遗迹，熊头被端放在摆成圆圈状的石头祭坛中央。而在中国，约七八千年前出现的最早的石雕和陶塑形象中，就已经有熊的各种造型出现。而龙的形象之出现，则晚于熊的形象。这里的时间差是耐人寻味的。

在距今约5000多年的红山文化考古遗址中，有玉雕龙的形象，同时也发现了熊崇拜的痕迹。这些新发现促使人们思考：熊和龙，究竟在哪里有相似之处呢？一个是陆地上常见的大型哺乳动物，一个是神话想象中能够上天入地的爬虫类动物，二者的交集无法从生物学上获得实证，只能从神话思维方面去探寻。即便有龙形象发生的多种来源化合说，其中谈到熊来源的也少之又少。为何先民会将二者都视作神圣的象征呢？这一切难道仅仅是偶然吗？既然无法从形象外表上找到二者相互认同的直接依据，那就只有从它们各自的习性方面去思考。在浙江余姚河姆渡遗址博物馆，可以看到一个约7000年前的兽形陶塑。从其粗壮的身形看，与此最接近的兽类当是熊。可那时还没有见到神龙的身影。

◆ 浙江余姚河姆渡文化的熊形陶塑，2009年摄于河姆渡遗址博物馆

生物的一种季节性周期变化的习性提醒了研究者，那就是冬眠。正是这一习性不但连接了熊与龙（蛇），也有助于找到破解迷失在历史尘埃中的祖先图腾符号之线索。

应该认识到，尽管史前人类在技术与智力水平上远不能达到现代人的高度，但并不像通常人们所认为的在思维方式上那样低级、原始、不开化。今天的人类仍然在继承着他们的思维方式，他们对世界、对万物、对自身都有着一套解释和认识系统，这就是对神圣的信仰（今人不过是崇奉科学理性为圭臬的另一套信仰系统）。通常这种理解以具体的、形象化的方式呈现，而非抽象的、逻辑的表达。熊与蛇随着季节更替的冬眠与苏醒，被史前人类看作是死亡与再生的表现，这是具有神圣性的生命力再造现象。与此同类的神

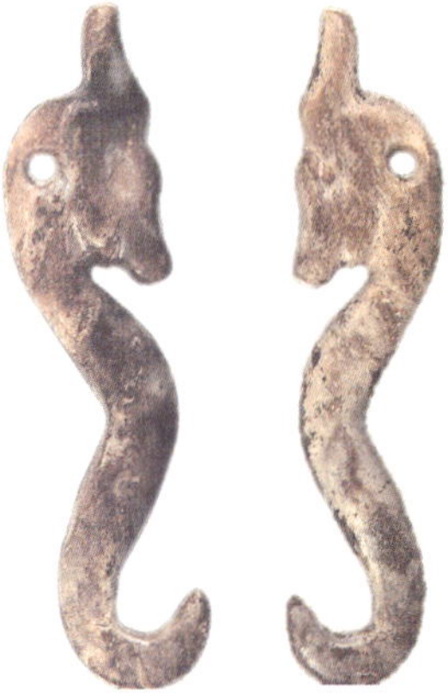

◆红山文化玉雕鹿龙，私人藏品

话生物还有蜥蜴、蝉、鹿（角）等。这就说明了为什么后来流行的龙形象，是熊头上生长出鹿角的奇特样子。那是将不同的生命复活再生意象组合为一体的加强版神性符号。

如果说今天，人类将动物及其生存空间视作外在于自身的另一个低等、蛮荒的世界的话，那么，在先民那里，人与自然万物却被理解为一个相互依存的整体。人类通过观察天体和植物、动物的变化来观照自身，发现和构拟社会生活的节奏规则，甚至把本族群的祖先归根于某种神圣的物。今天哲学课堂上讲的事物之间有普遍联系的规律，在神话思维时代就有其逻辑认识的源头，即把一切具有类似特征的事物视为同类。这是一个发自内心的、形象的和类比的推理世界。谁又能说抽象出来的哲理智慧，同先民形象化的集体意识的原型无关呢？距今约4000多年的陶寺文化遗址出土的卷龙形彩陶盆（图见本章卷首），以图像叙事的方式，明确给出考察神话思维类比逻辑的线索。该陶器上精心绘制的龙形，最为接近那种龙蛇不分的原初状态：龙头龙尾在圆环状的身体

◆双鹿升仙山图，西汉彩绘棺头档图，摄于马王堆一号汉墓

上表现为首尾相接姿势，这一姿势足以表达生命循环的观念。龙身上明确描述出一对对鳞片，让人立即联想到真实的蛇皮鳞状。最奇特的是蛇嘴中突出刻画一株向前伸出的谷穗状植物，莫非是要说明龙蛇的季节性变化属性与谷物生长的季节性周期是吻合一致的？在动物和植物的周期性变化背后，就是先民所理解和敬畏的宇宙万物之生命力吧，还有比这更重要、更本源和更神圣的东西吗？

◆ 商代玉熊坐像，中国台湾私人收藏

在中国，被现代学界当作哲学原理的一套至高概念，如太一、太极、一、道等范畴，都是用来指称宇宙万物初始时的一种状态。在西方文明的源头古希腊，“哲学”一语的词源是爱智慧，那么中国传统哲学的以一生多、太极生两仪之类的数字发生论，将太一、太初这样一些具有溯本求源性质的观念，提炼为传统智慧中的本源性术语。显然，这都是经过不断抽象之后的思维符号，到今天国人早已习以为常，奉若宝贵的精神财富。

可是在5000年文明史之源头，还没有后世那些汗牛充栋的文献记载，甚至还没有产生文字符号书写的可能，其最初的关于宇宙万物由来的认识又是怎样展开，怎样表达的呢？换言之，哲学智慧的抽象观念是从什么样的具体形象中归纳总结与概括出来的呢？

『太初有熊』与『太一生水』

传世的汉字记录文献，是四重证据法所强调的第一重证据。对太初有熊的神话观做比较考察，也不妨从原始文献记述开始。

由于华夏文明源头的久远和汉字记载的相对晚出，中国古史的早期阶段显得扑朔迷离，一些真相和秘密被后人的随意解说愈埋愈深，留给今人的只是一些不名所以的枝节、名号和近乎错乱的记忆。在20世纪上半叶的疑古思潮作用下，历史文献中记录的远古文化信息被严格筛选出来加以辨伪。尧舜禹等诸多正统偶像被打翻在地，西周以上的历史脉络呈现为断裂和散碎状态。好在今天的人们是足够幸运的，因为今人可以看到许多古人所难以得到的人证、物证，也能通过这些新证据做出超越古人的综合推理。新的技术手段和研究方法，足以帮助当代人从不同的角度去破解远古文化的谜团，为国人的文明之根找出新的解释，探索到一些更加令人信服的真相。

西方基督教的《圣经》开篇《创世记》，叙述耶和华上帝创造世界与人类的过程。上帝说要有光，便有了光。万物的形成，都在于上帝的口头表达，人们看不到这位唯一的创世主动手创造的描述，只要他说，便有。神话学家将此类世界起源论的文字归属于一种被称为“创世神话”的叙述类型。这是人类最早的关于宇宙发生论的故事表达方式。在故事表达之后出现的更高级表达方式，是概念性的哲理表述。如古希腊第一位哲学家泰勒斯提出的宇宙起源于水的理论，不再将万物由来看成神明创世主的创造，而是源自某种单一的物质。我国湖北出土郭店楚简中有一篇《太一生水》，同样属于后一种表达的代表，也将世界创生之始视为水的状态，并将水的由来溯源于太一。前面所说华夏的龙与熊的联系，会给这种创生智慧的发掘带来什么样的启示呢？2000多年前就流传的“太一生水”和“太极生两仪”

观念，其背后又会潜隐着怎样的创世神话的信息呢？史前多个考古遗址发现的熊崇拜迹象，和文献中记载的“太初有熊”创世神话观之间，存在着什么样的逻辑联系？

◆咸阳出土的西汉玉熊

在河南新野出土的一块汉画像石上，清晰地呈现着几个场面。画面中部是女娲伏羲人首蛇身交尾并立的情景，这似乎表现了汉代人心目中关于伏羲女娲龙蛇身份的记忆形象。在伏羲女娲的上面，还有像人一样直立姿势并且手舞足蹈的“熊人”（也可称为“熊神”或“有熊氏”）形象。在同一块画像石上的这种神熊与伏羲女娲始祖神共存的现象，莫非暗示着人熊之间早已被遗忘掉的神秘联系？值得注意的是，熊神的位置显得更加重要，画像的制作者让他位于伏羲女娲的头顶上方，这是要告诉人们熊就是始祖神，还是比始祖神更为久远与重要呢？

在2000年前仍然具有神圣性的熊形象，在2000年后却被华夏子民们遗忘得干干净净，更不用说5000年前的事情了。

◆伏羲女娲画像砖上方的神熊，河南新野出土的汉画像石

保存有大量典籍是中国文化的特点之一，国人历来就以保存这些典籍为学问。但是，在这些传世典籍之外，还有另外的“文献”，那就是埋藏于地下，并最终为后人所发掘出的文字记录。20世纪末出土的郭店楚简，为探秘华夏文明的先秦思想史问题提供了极为宝贵的信息。郭店楚简发现于湖北荆门，在出土的竹简上，书写着带有鲜明楚国特色的文字。内容包括人们所熟知的一些儒家道家的经典，也有在传世文献中已经佚失的篇章。这为后人了解先秦文化和书籍的情况，带来古人不曾见的材料，因此在学界影响巨大。楚简中就有属于道家一派的《太一生水》篇，这里的“太一”通常被理解为“道”的同义词。太一生水，换句话说就是“道生水”。“道”不能简单理解为道路的意思，在老子那里是指宇宙的

本原和普遍规律。现在，郭店楚简书表明，抽象意义上的道，就是原初、创世时的宇宙形态。楚文化同秦汉大一统文化有密切联系，而西汉王朝基本奠定了后世华夏文化的基本形态。那么抽象的“道”或“太一”，其原本的具体形象是什么？或者说是源自何物呢？

世界各地的无数创世神话表明，所谓蒙昧时代的人类多将世界之初理解为一个整体，无论是水还是气，那都是可以名之为混沌的整体，从这个混沌中生发出了世界万物和人类。人类学的研究认为，这样的认识最早反映了人类脱胎于母体的本能联想与深层记忆。人类将诞生自身的环境同化为混沌黑暗、能够化生万物的母体之后，对于自身的来历也必然产生解释性的叙事，这就有了祖先来源的神话。这些祖先神话，经过口耳相传最终被记录在文字中。不过，文字的记录必然有取舍、有删改，所以说文字既保存又遮蔽了远古的文化记忆。

除了伏羲、黄帝等这些从战国文献中记录下来的华夏共祖的人物形象外，汉代纬书《易纬•乾凿度》中也有出自黄帝之口的说法：

> 黄帝曰：“太古百皇辟基文籀，遽理微萌，始有熊氏，知生化柢，晤兹天心。意念虞思慊寂，虑万源无成。既然物出始俾，太易者也。太易始著，太极成，太极成，乾坤行。”

这段记录的意思是说，黄帝曾经回忆世界之初的状态。他说远古的时候，诸神创立世界，其中的大神有熊氏是最为主要的。他以非凡的智慧和非凡的能量，为宇宙发生提供原动力。这里，“知生化柢，晤兹天心”二句表现了有熊氏的智慧和能量来源于神圣的超自然世界。前面说过，华夏文明发生之初的情形，在传世正统典籍的记录中已经被抽象化了。也就是说后人能够从典籍中所认识到的，不是神，不是龙，也不是熊或其他任何具体的形象创造了世界，而是抽象难懂的“易有太极”“太一生水”等宇宙初始概念。而这本纬书里面的记载却明确提出了创世之初具体的形象——有熊氏。这位开天辟地之初的有熊氏，确实是人格化的神明。他是万物的奠基者，他体悟到了上天的意志，完成了创世的过程。这一进程的先后次序可归结为四阶段：有熊氏—太易—太极—乾坤。

有熊氏领悟自然的神秘力量之后才开始有混沌的“太易”，由“太易”演化出“太极”，进而有乾坤之划分，即天地之分，世界最终出现。难道有熊氏就是类似于基督教上帝的东方创始者，这一过程能够被解读为华夏版本的“创世记”吗？

看来线索是存在的。经典之中记载作为宇宙万物之本的太极，也是指元气混而为一的状态，可以和“太易”“太初”“太一”等词作为同义词。难道有熊氏是又一位开天辟地的盘古吗？这一则创世神话的发现使得人们认识到史前宇宙发生论具体鲜活的面貌，哲学经典所记载的抽象冰冷的概念似乎有更加贴近于“人”的某种具体生物来源。或许这些概念不是来自枯燥无味的思辨，而是有血有肉的现实经验。

真正的难题来了，谁是有熊氏呢？他是一位上帝，一位从未为人知的先祖，还是已知华夏祖先的别号？对此，首先仍然需要从文献记载中去寻找相应的线索。据司马迁《史记•五帝本纪》的记载，有熊氏指黄帝自己的国号。可是汉代学者郑玄注解《易纬•乾凿度》，却认为有熊氏就是伏羲。他说：“有熊氏，庖牺氏，亦名苍牙也。”苍牙这个名字或许也隐喻着天地萌芽之意。伏羲的别称为何叫苍牙？原来就是以其开天辟地的功绩来命名的。前面提到龙的图腾形象时，特别说起了闻一多先生考证过伏羲与龙的关系。可是同大禹一样，龙与熊这样的形象记录也共存于伏羲的身上。研究中国神话的人一般都熟知伏羲氏还有一个雅号“黄熊”。综合起来看，《天问》中的熊与龙，不是平起平坐的动物。《乾凿度》叙述的创世过程中，只有熊而没有龙。若想建立起二者之间的联系，还需要从史前人类以神话思维看待物候变化的经验和联想入手。“有熊氏”在上古人心目中是伏羲和黄帝二者共同的名号。很显然，他们二人却不是同一个祖先形象的不同分身。在战国时期成熟起来的三皇五帝系统中，作为三皇之首的伏羲和五帝之首的黄帝共同享有一个“有熊”圣号，这又是为什么呢？

《乾凿度》中，黄帝亲口讲述，比他更早的皇王伏羲已经有了“有熊氏”的名号，而黄帝本人也得名“有熊氏”，这不是可以表明二者一脉相承的族系或文化认同的关联吗？那就等于说，黄帝承认自己属于有熊氏，而且是有熊氏的后

◆山西曲沃晋侯墓出土的商代玉熊，2010年2月摄于山西博物院

裔。而华人自认为是炎黄子孙、龙的传人，现在难道也可以说是“熊的传人”了吗？这是老祖宗黄帝自己坦承的啊！从《乾凿度》所描述的以有熊氏为主角的华夏创世神话看，宇宙创生化育的本源道理以及神秘天意的本源即“天心”，都是以创世的终极始祖有熊氏为肇始的。原文中第一个“始”字，标明有熊氏独一无二的优先地位。第二个“始”字讲的是宇宙节律出现，开始协调、顺畅，开天辟地伟业的条件形成，那就是“太易”——最初的变化。如果将这两个“始”等同起来看，文献中的“有熊”和“太一（太易）”就成为同一种神话思维下世界创生论的不同表述：第一种表述是人格化的和具象的，第二种表述为概念化的和抽象的。前者联系着更加古老的口传神话叙事传统，后者则开启了非神话的书面文字式的形而上推理的宇宙论，也成为“易有太极”一类哲学话语的发端。从创世程序看，前者讲述原始人格神的造或生，以混沌（鸿蒙）或有熊为先。后者讲述从一到多的概念或数字演化过程。先有“一”或“太易”，随后有太易衍生出的太极，再由太极演出乾坤天地阴阳和万物群生。老子将这一过程概括为“道生一，一生二，二生三，三生万物”的著名发生公式。将两类表述统合起来看，这样的宇宙发生论程序，分明是将有熊氏作为万有之本源，群生之祖啊。中华文化的儒道传统背后居然隐藏着这样的神话编码。揭开传统文化中哲学思想的庄严、厚重面纱，找到原初的真相，现在似乎已经深入了一步。

当然，这里的有熊氏，很可能是先民氏族名号，而不仅仅是追记祖先为熊图腾。而关于熊的神圣性的具体文化解码，还要在后文和以下章节里继续探讨。以有熊为氏号的族群、部落所建立的国家，史称“有熊国”。据《史记·五帝本纪》

◆ 汉绿釉神熊灯台，摄于上海博物馆

记载："自黄帝至舜禹，皆同姓而异其国号，以章明德。故黄帝为有熊……帝禹为夏后而别氏，姓姒氏。"这就是说，华夏的先祖从黄帝到舜和大禹都是一脉相承的，只不过支系不同。他们各自为了显示其"德"，而采用不同的国号。黄帝就号有熊，而大禹是夏代的国王，姓姒。司马迁的这一叙事是从黄帝开始的，容易让后人理解为黄帝是有熊国的创立者。但是从注释家们引证的材料看，黄帝其实也只是有熊国的传人，而不是该国的始祖或创立者。《史记集解》引谯周的话说："有熊国君少典之子也。"那就是说黄帝是少典的儿子。皇甫谧解释说："有熊，今河南新郑是也。"这话明确了有熊国的所在。谯周是三国时人，皇甫谧是晋人，可想而知，汉晋时代人还能明确指出有熊国的地理位置和祖先宗谱。2006年，中国国务院颁发牌照认可新郑为"黄帝故里"，其历史依据或许就是这个。不过汉代班固《白虎通义•号》又说到："黄帝有天下，号有熊。有熊者，独宏大道德也。"班固以官方史官的身份认为有熊氏是黄帝统一天下后的圣号，其意义是指"独宏大道德"。如果按照"道"与"德"二字的本义去理解，道可指宇宙的本源与生命力，德则指人所能获得的生命能量。能够"独宏大道德"的事物或者生命，理所当然属于创世神话所讲宇宙创生的原动力。这不正好印证了《乾凿度》中的领悟"天心"吗？也同司马迁所说的"以章明德"说法相互呼应。只不过这里的"有熊"是黄帝，而非更远的先祖。

◆周口店古人类博物馆藏旧石器时代巨熊骨架（局部）

在道家的叙述中，称这样的宇宙本源和动力为"浑沌"。浑沌被人格化为初始神的形象，最终被分别代表时间和空间的南海之帝倏与北海之帝忽共同凿出七窍而死。而"有物混成，先天地生"则是道家对这种初始状态的抽象的、非人格化的称谓，用郭店简书的说法就是"大一"或

◆春秋白玉熊龙

"太一"。

对于熊的了解，除了今天动物学分类所说的大型陆生哺乳动物之外，古代人自有其神话式的理解和意义建构。汉字属象形文字，汉字的字源也是探索原始文化编码的手段。古"熊"字本来就写作"能"，即是今天所说能耐的"能"。现代的辞书解释"能"字，首先要标明其为"传说中的一种兽"。比如《国语•晋语八》记载："今梦黄能入于寝门，不知人杀乎，抑厉鬼邪？"韦昭注："能，似熊。"梁任昉《述异记》卷上也说："尧使鲧治洪水，不胜其任，遂诛鲧于羽山，化为黄熊，入于羽泉。今会稽祭禹庙，不用熊，曰黄能，即黄熊也。陆居曰熊，水居曰能。"这后一种水居动物"能"可指鱼鳖类的存在，神话中又称"三足鳖"。有趣的是，《山海经》注引《归藏•启筮》篇记录着："鲧死，三岁不腐，剖之以吴刀，化为黄龙。"文献中再一次出现了化身龙与熊的分歧。请注意，熊（能）或龙都已经同夏代先祖大禹的父亲联系到了一起。这绝不是后人凭空臆造的虚假材料，也不仅仅是笔录之误。

前面已经说过，龙与熊在形象上确有一定的实际联系。书写者也许不知其所以然，但记录中却很可能隐藏了远古时代先民的生活与思维的线索。与后起的"熊"字相比，汉字"能"应该说是含义丰富而重要的哲理性概念，而这个概念也和"象"（大象）、"物"（牛）等概念一样，以某一种巨大的陆地动物为形而下形象即原型的，甚至还兼及水生动物三足鳖。汉字意义上的增加和使用上的替换，往往带来混淆和遮蔽的后果，以至于今人"望文生义"时，往往已经不得要领了。

郭店楚简中《太一生水》篇，原本说的是抽象的问题，但是从"能"字和"熊"字的原始意义看，辅之以生物学和物候学的知识，上述远古文化具体的解读信息就逐渐清楚了。

是古（故）大（太）一藏于水，行于时。涡（周）而或（又）始，以己为万勿（物）母。

能（一）块（缺）能（一）浧（盈），以忌（己）为万勿（物）经。此天之所不能杀，地之所不能埋，阴阳之所不能成。君子智（知）此之胃（谓）……

这里所记录的“能缺能盈”的两个“能”字，在竹简上写作上方为“羽”下方为“能”的异体字，其文意被当代注释者解释为“一缺一盈”，表明“熊”的本字“能”可以当作“一”的通假字。换句话说，“能缺能盈”就是“熊缺熊盈”。在先秦文字使用上“熊”与“一”的这种互换关系，可以说隐藏着丰富的信息。“能缺能盈”的观念很可能来自人类观察熊随季节而变化的生理习性所得到的经验。为准备漫长的冬眠期而吃秋膘造成身体脂肪堆积，这就是“熊盈”的最初意义；冬天蛰伏后在春天重新走出洞穴时，熊体重消耗最多，几乎皮包骨，也就是“熊缺”的表象。楚简书中所写这个“能”字上方加有“羽”字，这个异体的“熊”字绝非凭空杜撰的孤证，与它对应的是上古造型艺术传统中表现的“飞熊”“鹰熊”一类神话形象。此类神话造型的例子如殷墟侯家庄1001大墓考古出土的鹰首熊身大理石雕坐像以及西汉飞熊形辟邪玉壶。这些造型形象一望而知，比起文字更为直观。

“能缺能盈”或者“一缺一盈”是冬眠的熊周期变化的明显外在特征，和大自然一岁一枯荣的变化节奏是完全合拍的。今天人们都使用公历纪年，这样的历法虽然通用于世界，能够在全球范围统一作息标准，但是相对于华夏祖先创制的农历而言，人同自然界节律的应和就不是那么彰显。中华习俗中的二十四节气，还有每月精准的月相变化的反映，不但体现着华夏祖先农业为本的现实生活需要，更体现先民对自然规律的体察，将天文、物候和哲学思考等完整有机地融合在一起，这里面蕴藏着一种生存的智慧。为农时服务的节气，是对自然规律的总结。比如惊蛰，就是万物复苏的时令，原来被称为启蛰——万物从蛰伏中醒来，开始新的生命周期。这种自然现象被古人观察到，就以神话的思维方式解释出来。于是就有了大禹之子名为启的神圣叙事，也就有了大禹之父鲧化为黄熊（黄龙）的复生神话。这类命名和叙事，乃是古人留给后世的符号编码与习俗，其中潜藏着对神秘谜题的解答提示。人们习以为常的龙—蛇也正是冬眠的动物，蛇和熊的不同之处在于，熊的生命周期循环体现为盈入缺出，蛇则是不断蜕皮而生长，这在古人眼中也是生命再生循环的体现。神话思维将熊理解为拥有死而复生能量的神灵或神仙，华夏先民对熊的这种能量怀有特殊的崇拜和艳羡，并试图按照仿生学原则模仿熊的季节性作息规则。“有熊”名号的深层编码，到这里有了初步的揭示。

◆ 台北故宫藏汉代飞熊辟邪

回头再看楚国。楚人的先祖之国有别名叫“熊盈国”，其天人合一的模仿道理很可能就来源于上述神话思维经验。从屈原《离骚》的第一句“帝高阳之苗裔兮”可以了解到，楚人以颛顼高阳氏为神祖，颛顼据史料记载是黄帝有熊氏的后代。那么楚先民之熊盈国和黄帝有熊国不就拥有了一脉相承的渊源关系吗？这样的谱系梳理就便于揭开二十多位楚王惯常以熊为号的历史之谜了。熟悉《山海经》的人，一定会记得《中山经》的熊山熊穴神话。那冬闭而夏启的熊穴，被说成是“恒出神人”之地，折射着神熊冬眠为死，春夏觉醒为复生的循环往来的生命现象。这当然也符合楚简《太一生水》中“天之所不能杀，地之所不能埋”的神圣生命循环原理。

从“熊”和“一”的神话对应还能看出，“大（太）一”与“大（天）熊”，分别作为两种创世神话类型的创生主体，其实隐约透露着相互认同和互换的关系。依照思维发展从具体到抽象的过程，应该是太初天熊创世神话在先，太一生水创世神话在后。在楚国先祖神系列中，有着这样的谱系：老童—祝融—鬻熊。在这种三联关系中，学者多以为鬻熊即穴熊，这完全对应着《山海经》熊山熊穴神话的编码原则，熊穴冬闭夏启的季节循环对应着神熊的冬眠与复出。同样，还有老童返老还童的神话无疑也反映着此种现象。如今以“神话历史”眼光来审视楚族的祖先谱系传承，那脱胎于以天熊或大熊为首的创世神话的迹象，就显得较为清楚了。祝融在中华神

◆ 保留大禹化熊图像的汉代启母阙

◆ 春秋玉龙，2011年摄于洛阳天子驾六博物馆

话中已经被视为火神，而在楚地以祝融为主角的创世神话，无非是太初有熊神话原型的某一种置换形式。这种神话整合的遮蔽效果可见一斑。

如果以伏羲为有熊，对应的就是从“太初有熊”到“易有太极”的哲理化展开模式。如果以黄帝为有熊，对应的则是以黄帝为初祖的族系衍生谱系，如《世本》云：“黄帝生昌意，昌意生颛顼，颛顼生鲧。”《山海经》记载：“颛顼生老童，老童生祝融，祝融生太子长琴。”作为创生的生命本源，不论是伏羲、黄帝还是颛顼，每一位均可视为太初有熊的置换化身。随着时间的推移，口传的衍变，文字的出现，这样的生命密码，在关于华夏先祖的记载中便遮蔽了原初的生命体验，进而由于大一统的观念整合，上升到哲理的概括或文字符号抽象，其本来意义就湮没不闻了。

当司马迁作《史记》的时候，采取了以黄帝为初祖的谱系脉络，因此黄帝的有熊国得以保存在文献记录中。而另外楚地的熊盈国，因为属于中原文明以外的非正统，只能靠零碎的记载和后来发掘出的简帛书来了解。这些出土的简帛文字不但证明了楚国的世系，更为后人求索先民文化风貌提供了重要的佐证。

楚帛书再现『太初有熊』

如前所述，除了传世文献提供的线索，当今的研究者还从地下出土文献得到关于“有熊”的多方证明。郭店楚简是一个，另外还有《楚帛书•甲篇》。楚帛书是20世纪40年代在湖南长沙子弹库被盗掘出土的，1944年首次以《晚周缯书考证》的名义，被一位叫蔡季襄的学者披露。随后辗转被卖到美国的大都会博物馆收藏。前面说过楚文化对其后时代的影响，现在再来看楚文化同其以前时代的关系。

一提到楚地新出土文献，人们习惯上会理解为战国时楚人如何如何。其实从文化传承渊源看，楚文化突出地承袭着殷商文化的余脉。由于没有受到中原儒家理性主义的排斥，楚国早期书写文献中保留的不只是楚地一个地方的人文信息，也包含着夏商周三代以来的古老神话题材及神话人物，尤其是西周以前的珍稀文化成分，这也是屈原在《天问》中发问的前提。审视战国时代楚帛书竹简书，这是一个必要的观念背景。楚帛书同《乾凿度》、郭店楚简之间最为重要的区别就是，它的记录体现了比较鲜明而具体的神话形象。《楚帛书•甲篇》中是完全人格化的创世神话，而《乾凿度》中是半人格化、半抽象化的创世神话，《太一生水》中则是非人格化的宇宙发生论。将三者对照起来审视，从神话故事到理论演绎之间过渡迹象十分明显：《楚帛书》开篇叙事“曰故大熊庖虘出”，伴随着有关混沌状态的大段描写；《乾凿度》假托黄帝讲述的创世神话始于“太古百皇辟基文籀，遽理微萌，始有熊氏”，虽隐去伏羲（庖牺）名字，却还保留着“百皇”和“有熊氏”等人格化形象，这就给后文中出现的“太易”“太极”“乾坤”等抽象概念保留着形而下的原型形象；《太一生水》就几乎完全是抽象的哲学概念符号了。

那么楚帛书开篇的“曰故”二字又该如何理

解？从文化源流上判断，文字所记录的只是人类史上极其短暂的一瞬，文字也不单是为了记录语言而发明的。重要的是文字记录下的口头语言难免遮蔽原貌，甚至对人类社会的组织和发展带来意想不到的重大变化。早在文字发明以前，人类就已经有了说话的能力，语言交流的时间要远远久于文字的书写。而文字产生以前的文化记忆与传承就是依靠口耳相传来实现的，所以在上古典籍中还保留着口头语言的痕迹。《论语》的“子曰诗云”模式就是一例。再比如学者们认为《尚书•虞夏书》中“曰若稽古”中的“曰”，如果反映着虞夏时代的发语惯例，是演化为商周以下甲金文记录“王若曰”中“曰”的来源。由于《虞夏书》所追记的是远古之言，带有口头语言的特征，因此后发明的文字就可能部分记录着远古时代口头文化的信息。这样的表述可以理解为在讲故事时，开头说的“据说”“古时候”。而这样的用法是部落社会中巫祝和祭师们在举行仪式时的典型口头套语。而诸如前面提到的“太一生水”“道纪”“有物混成”“易有太极”等等，都是儒道不同典籍中追记远古世界初成时，从典型的神话叙事套语中抽象出来的。那么这些被记录在文字中，具有口传特征的表述又给今人带来什么样的启发呢？

屈原是我们熟悉的伟大的历史文化人物。他的《天问》一直上溯至“遂古之初”，给后人留下了许多早期人类活动的线索，可惜的是他只问少答，甚至不回答。或许他所生活的时代就早已丢掉了流传下来的文献和传说的原始意义。他只是向神话传说去发问，却难以给出解释。所以屈原在《天问》开篇即说“曰，遂古之初，谁传道之？”很明显，他是在问远古之事——那些流传下来的记忆断片，而对于其背后的成因，他也不知所以然了。但这毕竟是对比现在早之又早的文化传承的记忆。屈原是战国时楚国人，在历史记载和文化记忆中，相对于中原，楚地一直是一个神秘、原始、巫术盛行的地方。可是，在战国

◆ 湖南安乡出土汉代神兽纹熊足玉樽，采自《中国出土玉器全集》（第10卷）

◆荆州出土楚国二龙拱璧玉佩，摄于荆州博物馆

末期，楚国正是另外一个有实力同秦国一争统一天下的强国。虽然秦最后统一了六国，但最终仍然被楚人霸王项羽所灭，而击败项羽开创汉帝国的刘邦也正是楚人。汉王朝的建立，成为华夏文明史上的又一个里程碑，而文字记载的正史也从那时起得到了后世的确认。汉朝不可避免在诸多方面继承了楚文化的点点滴滴，尤其在早期口传文化信息的保留上也有更多的优势。所以，从楚文化中寻找多种线索，也是后人查考古代文化真相的重要领域。

神熊再世：天人之间的对应

探索传统儒道哲学概念背后隐藏的编码规则，或者说其背后体现的具体原型，正是从对“有熊”的经验开始的。传世文献与出土文献都共同丰富着太初有熊谜题的答案信息。华夏文化根脉之中存在着两种话语，一种是具体形象的，一种是抽象概念的，这都产生于先民对于自然的认知与解释。只不过慢慢地，具体生动的神话思维与解释都被文字的记录所遮蔽，抽象成后人难以理解的文字符号与概念。幸运的是，21世纪的研究者拥有着比前人更为丰富的资源与线索去探索文化之谜，考古学和人类学的视野更是解码的重要工具。

今天，从地面仰望晴朗的夜空，小熊星座中的北极星在北方闪烁，大熊星座的北斗星则以斗柄直指北极星，绕其旋转。这令人想起古今中外关于北斗与北极星的记载。这样的记载同熊有着什么样的联系呢？从中又可以破解出什么样的文化编码呢？《论语•为政》中记述孔子的话说：“子曰：‘为政以德，譬如北辰，居其所而众星共之。’”同起源于古巴比伦的西方大熊与小熊星座想象不同，中国传统的星象组合是北极星与北斗七星。这与熊有关吗？看起来没有关联啊。别急，答案也许要从出土实物中寻觅。在中国，北极星也被古人称为北辰，它端居天体中央而不动，众星则如拱月一般围绕它而旋转。有德的统治者也是如此，天下人之归顺他，就像众星环绕北辰一样。在初民的神话联想中，北斗是天帝之车，天帝乘坐着由北斗组成的车，巡行四方，运行一个周期就是一年。同时，观测者根据帝车的旋转区分出一年中的阴阳两个半年，分判出四季和节气等。这表明天体运行同自然物候以及人的生息的密切关联。“太极生两仪，两仪生四象”的形象来源不正在于此吗？如《淮南子•天文训》所说：“帝张四维，运之以斗，月徙一辰，复反其所。正月指寅，十二月指丑，一岁而匝，终而复始。”这段话透露出西汉时利用北斗星象确定季节的方法，也说明星象中的帝车如何能够演化出阴阳四时变化的规则。这也给太初有熊和太一生水的创世神话提供了明确的天文参照系。那么黄帝分别有着“轩辕”与“有熊”的别号，这究竟会给我们留下什么样的启示呢？北斗星属于大熊星座，围绕着小熊星座的北极星旋转。而中国古代又将北斗称为帝车，那是天神乘坐的车辇啊。轩辕之义不正是与车有着密切关联吗？传统中“名为字表”的说法也未尝与产生这样别号的思维无关。

◆ 陕西泾河出土汉代编磬架座——朱雀立于玄武背上，2009年9月22日摄于首都博物馆“千古探秘——考古与发现展”

按照天人合一的逻辑，北极星被认定为天体之中心，围绕北极而旋转的是北斗星。与之对应的是大地上的中心，在神话地理上就是《山海经》的《中山经》，在其四方围绕着《东山经》《南山经》《西山经》和《北山经》，四山之外则有海外四经和大荒四经等。值得注意的是，熊山熊穴的位置恰好处在中山，与天庭上的中央即北极帝星构成上下的对应。这种表象的背后不正是后世华夏中央四方观念的神话式的隐喻吗？

相传有熊国位于中原。今天河南新郑人自认为本地是黄帝有熊氏的故里，当地有一村庄名为熊庄，今人改称能庄，似乎呼应着当年黄帝的国号。当地百姓至今仍口传有所谓“天心石”故事，而且该地区一直保留着天心石实物。他们以为该圆石即自古传下来的坐标符号，对应着天上的中心。这样的口传叙事，不是后人的编撰，而是当地民间自古以来的文化记忆。黄帝的中央地位，同其有熊国的地理位置，显然都是同先民的经验与思维观念相对应的。不过，这是留存于民间口传的线索罢了。

中国有所谓四大神兽，历来是神圣的象征。在四大神兽之中，北方玄武是一个深有意味的形象。在汉代的文物中定型北方玄武形象之前，是否有一个北方神熊形象呢？口说无凭，河北满城西汉刘胜墓出土的青铜器熊雀形器足一对（图见本书目录页），呈现为立熊站在朱雀背上的奇妙造型。与此形成对照的是新近在陕西省泾河工业园光明饮品厂工地出土的汉代编磬架座，造型为神龟卧在下方，朱雀立在龟背上方。

前面说过，这个“能”字在古代指熊或三足鳖。如此对照之下，可以看出，神熊与作为玄武之龟，具有相

◆ 陕西神木大保当出土汉画像门楣：牛头西王母和鸡头东王公分列两旁，配以月亮蟾蜍像和太阳三足乌像，位于天庭中央的是一舞蹈状神熊

互置换的可能。这意味着，在玄武崇拜登场以前，曾经有以熊为北方之象征的观念存在。那么熊为什么和北方相联系呢？接续上面，最大的可能性出自天文星象神话。古巴比伦人和希腊人都将夜空中的北斗星系称为大熊星座。他们的依据，很可能是直接的肉眼观测和对星座形状的联想，进而以神话思维产生出神话叙事。中国古代天文观念中虽然没有明文记载的大熊星座和小熊星座，但是初民从同样的视觉印象中做出类似的神话式模拟，其可能性也是有的。星座上神熊的联想，是通过北极星为轩辕（帝车）黄帝—有熊—天帝的身份而实现的。由于北极星和北斗帝车在天象总体格局中被认同为中央，所以象征北方的熊也常常象征中央的至尊神位。例如前面所示的汉画像石，在伏羲女娲男女二神上方中央位置，刻画出一只舞蹈状的神熊。另有汉代陶鼎盖上的天体四神图：东方苍龙对应西方白虎，北方神熊对应南方朱雀。

陕西神木大保当出土汉墓门楣上的天界图，神熊位于中央，左边有西王母和月亮，右边有东王公和太阳。仅从天界的位置上判断，神熊处在北极即帝星位置。《史记•天官书》记载着这样的话："斗为帝车，运于中央，临制四乡。分阴阳，建四时，均五行，移节度，定诸纪，皆系于斗。"此处的"斗"即指北斗。《诗经•小雅》有"维南有箕，不可以簸扬。维北有斗，不可以挹酒浆"。这都是依据

◆ 汉代绿釉陶鼎盖：四神中的玄武被神熊取代，2009年12月摄于西安

◆北斗帝车，模拟汉画像图案而作，摄于北京天文馆

形状轮廓的相似性而得出的神话联想。一旦将北极星与北斗比作中央，其至尊地位就会突显出来。熊在古代神话世界中的位置，既有位居中央的，也有位于和朱雀相对应的北方位置的，道理或许就在这里。还有的汉画像构图表现神熊与柏树，成为生命力之生长的象征。上博简《容成氏》中讲到大禹建立五方旗帜制度，日月蛇鸟四种意象代表东西南北四方，让它们如同众星拱卫北极星一样，拱卫着中央之旗上的唯我独尊的熊神。这种取象图标，是怎样依照天人合一逻辑而形成的呢？回到天象方面的仰观视角，答案或许就在其中。

北京天文馆有模拟汉画像而作的北斗帝车，斗状四星为车箱体，斗柄三星为车辕，车上端坐着的是中央天帝，有众神鸟飞翔于帝之左右。甘肃礼县秦先公墓出土的神秘青铜车形器，对其形制和用途等，目前学界尚未有合适的解释。但是这个出土的先秦铜器，参照北斗帝车的神话天文观念，恰好可以验证前面关于大小熊星座联想的神话思维。根据嬴秦为颛顼后代的说法，颛顼是黄帝之孙，可知秦人也是黄帝有熊氏后裔。秦人之姓“嬴”，据历史学家李玄伯论证为“熊”的通假字。据史料记载，秦人祖先在西陲之地为周王养马有功，受封秦地。秦人祖先时代的铜车造型完全不同于后来秦始皇陵兵马俑坑出土的实用性马车，应该是具有神话象征意蕴的崇拜礼器。结合上面所有线索、信息和已经解开的文化编码，可以尝试着做如下

◆甘肃礼县出土秦先公墓青铜车形器：表现中央之帝熊与四方位之关系

解读：由四鸟和四虎所拱卫的铜车或许是模仿天象之帝车或轩辕车，而车顶中央的神熊则象征着天庭上的中央帝星。对于地上的俗人，帝星可以下凡化作自己的神圣祖：颛顼和黄帝有熊氏祖先的图腾记忆。轩辕和有熊两个圣号就这样统一在熊车的造型中。

人类的文明史相对于地球的历史不过是一瞬，而这一瞬对于后人而言也会成为遥远的时间记忆。人类文明的发展不断塑造出新的形态，同时也会一层一层地遮蔽原初的文化形态。华夏文明是数千年前发生的几大古文明中唯一持续到今天的特例，这样的特殊性也给华夏族系的后代传人带来巨大的困惑。重要的是，某些异常久远的祖先时代文化记忆，在历史长河的冲刷和涂抹之下，几乎成为无法解说的悬案，多重方法与视角的应用是解决中华文明发生期之谜的重要途径。上述从龙图腾到熊图腾的深入立体开掘，是一种解码远古文化之谜的尝试。重视神话思维与不迷信文字，将为今人带来神话历史的全新认识。

◆神熊位于天界中央的汉代胡博温酒樽，山西右玉县出土，摄于山西博物院

>> 尧舜形象：古代辉煌与现代倒塌

>> “辑五瑞”与“班瑞”：历史还是神话

>> 禅让：儒家神话的政治传统

>> 为何禅让：史前暴力与中国式非暴力主义

>> 王钺与军权、王权神话

第五章 尧舜时代的神话历史

尧舜形象：古代辉煌与现代倒塌

“祖述尧舜，宪章文武”这八个字是孔圣人及儒家推崇备至的华夏上古圣王历史谱系的简明概括。如果不是西汉皇家史官司马迁编撰《史记》时，整理编辑他从民间采集来的口头传说，添加上了炎帝黄帝的叙事，我们现在所知的上古史很可能就是像孔子时代那样，开始于唐尧虞舜这两位晚于炎帝和黄帝的圣王。果真如此，中国人妇孺皆知的“炎黄子孙”之说，也就会相应地变成“尧舜子孙”之说。按照《周易•系辞下》的说法：“神农氏没，黄帝、尧、舜氏作。”尧舜的历史时代排在炎帝神农和黄帝轩辕之后。其中尧即传说中的古帝陶唐氏，舜则是传说中的古帝有虞氏。他们二位都是圣王，但得到天下的情形却截然不同：尧作为弟弟继承的是治理国家不善的哥哥之王位；舜作为贫民一步登天获得王位，成为上古政治史上永恒的佳话。《史记•五帝本纪》：“帝喾崩，而挚代立。帝挚立不善，而弟放勋立，是为帝尧。”这位帝尧不但治国有方，让百姓安康，天下太平，而且开创了将权力让渡给民间贤者的先例。在后世儒家人士看来，帝尧的禅让行为是理想政治的最高表率。韩愈《通解》说得很清楚：“故尧之前千万年，天下之人，促促然不知其让之为美也。”

“尧”的繁体字写作“堯”，今人已经完全无法从字形看出其意义。这个字本不代表姓氏，而是一个圣号。该字收录在《说文解字》的“土部”，许慎的解说是：“堯，高也。”清代文字学家段玉裁对此有个补充说明：“堯，本谓高。陶唐氏以为号……堯之言至高也。”班固《白虎通义》讲到圣号雅号的问题时，也有类似的看法：“谓之‘尧’者何？尧犹峣峣也。至高之貌，清妙高远，优游博衍，众圣之主，百王之长也。”古人的语言中还有个习惯是将两个“尧”字并称，如《墨子•亲士》：“是故天地不昭

◆ 襄汾尧庙中的帝尧像

◆ 虞舜盛世图——禅让天下，摄于山西运城舜帝陵

昭，大水不潦潦，大火不燎燎，王德不尧尧者，乃千人之长也。”孙诒让间诂：“《白虎通》云：‘尧犹峣峣，至高之貌。’”清王夫之《南岳赋》：“其高也，拔乎原隰者九千六百步，轩轩尧尧，以扪银汉。”看来，从哥哥帝挚那里获得王位的放勋，被人们称为“尧”，也就相当于赞美其高大完美。《周易·系辞下》将黄帝与尧舜并列，作为上古太平盛世的理想年代。“黄帝尧舜，垂衣裳而天下治”，自周代以下，历代人士对此一段美好的圣君圣王时代均深信不疑，传为佳话，甚至“尧”这个雅号可以兼指一切贤明的理想君主或圣人。《庄子·徐无鬼》就说过这样的话：“天下非有公是也，而各是其所是。天下皆尧也，可乎？”杜甫《自京赴奉先县咏怀五百字》一诗则说：“生逢尧舜君，不忍便永诀。”毛泽东的《送瘟神》诗句：“春风杨柳万千条，六亿神州尽舜尧”。从庄子到毛泽东，历时二千余年，可看出尧或尧舜在华夏文明中的政治榜样和为人表率作用，既是妇孺皆知的，也是持续不断的。

语言是特定文化的第一符号。国人对尧舜盛世的怀念，积淀为古汉语中一些常见的合成词。有表现为空间联想方式的词汇，如“尧天”“尧天舜日”和“尧封”等。《论语·泰伯》：“巍巍乎，唯天为大，唯尧则之。”孔圣人对尧的这次赞美，是认为尧能够以神圣的天为准则来实施教化。后人就此造出“尧天”一词，称颂帝王盛德和太平盛世。唐杜审言《蓬莱三殿侍宴奉敕咏终南山应制》："小臣持献寿，长此戴尧天。"明王錂《春芜记•宸游》："主公统绍千春，名高三郢，山河鼎盛，寰宇恩敷，正宜招寻胜地，共乐尧天。"旅居日本的郭沫若在《归国杂吟》诗中写道："托身期泰岱，翘首望尧天。"在这里，"尧天"同"赤县神州"一样，成为华夏子孙文化认同的标志。宋叶适《代薛瑞明上遗表》："岩栖穴处，未尝不戴于尧天；气尽形销，无复再瞻于舜日。""尧天"加上"舜日"便组成新成语"尧天舜日"，同样喻指政治清明的太平盛世。清梁章钜《致刘次白抚部书》："仰见圣明覆载无私，洞鉴于万里之外。俾滨海臣庶均各安耕凿于尧天舜日之中，为之额手称庆。"神魔小说《封神演义》第三四回则写道："西岐称为圣人，今果然民安物阜，的确舜日尧天，夸之不尽。"此处的后四个字"夸之不尽"，精辟地点出我国民众对初始圣王时代的无限向往。

传说尧时命舜巡视天下，划为十二州，并在十二座大山上封土为坛，以作祭祀。《尚书•舜典》："肇十有二州，封十有二山。""尧封"这个词就由此而生，指中国的疆域。有时也和"禹贡""禹甸"形成组合对应，泛指华夏之疆域。杜甫《诸将》诗之三："沧海未全归《禹贡》，蓟门何处尽尧封？"金刘著《月夜泛舟》诗："举杯更欲邀明月，暂向尧封作逸民。"明屠隆《昙花记•定兴开宴》："风清皇路，云回帝辇，依旧尧封禹甸，秋槐宫井。"以空间区域的命名来体现文化认同作用，尧舜禹三位远古君王，已经成为民族记忆中根深蒂固的美好符号。《孟子•滕文公上》："孟子道性善，言必称尧舜。"《礼记•大学》："尧舜率天下以仁，而民从之。"

在民间文化中，对尧舜时代历史记忆的最好空间标记，莫过于现存大地上的人工建筑，较典型的有山西省襄汾的尧庙和距此不远的尧陵。当地百姓认为帝尧陵墓，在今山西省临汾县东北70公里郭村西隅涝河北侧。陵前有祠，传为唐初所建。自元历清，多次重修，至今完好。虽然古书中关于尧陵的说法分歧较多，如说在山东菏泽与濮县（今属河南省）交界处等。但参考《史记•五帝本纪》《水经注•河水四》等有关"尧都平阳"的说法，当今学者多推测尧之陵墓宜在山西。除了古书上的说法，还有晚出的地方志一类记载，可以旁证，如《嘉庆重修一统志•平阳府》等。据《史记•外戚世家》记载，在汉代的宫室建筑中有一个体现尧出生神话的纪念性大门，叫作"尧母门"，这是汉昭帝出生地点钩弋宫的门名。据唐张守节正义引《括地志》云："钩弋宫在长安城中，门名尧母门也。"《汉书•外戚传上•孝武钩弋赵婕妤》对此门做出更加详细的说明："〔昭帝〕任身十四月乃生，上曰：'闻昔尧十四月而生，今钩弋亦然。'乃命其所生门曰尧母门。"原来是皇帝根据尧在母胎中14个月的传闻，将同样孕育14个月才生产的钩弋夫人，类比为尧母。这是表现中国式神话历史事件的极好例子，前代神话成

◆ 襄汾尧庙

为后代神话发生的叙事原型。

除了这些空间命名中的纪念性联想，后人对尧舜还有一些时间性的追思或联想，突出体现在“尧年”之类词语中。传说都认为尧时天下最太平，所以“尧年”就专门比喻盛世。如韦庄《题颍源庙》诗：“临川试问尧年事，犹被封人劝濯缨。”再如沈约《四时白纻歌•春白纻》：“佩服瑶草驻容色，舜日尧年欢无极。”还有元稹的《赋得数蓂》诗，也夸赞说：“尧年始今岁，方欲瑞千龄。”关于帝尧的长寿有一则传说，认为他活了116岁，因此“尧年”也兼比喻长寿。金农《憩王屋山后十方院》诗之一：“大椿灵饵话尧年，炼液升烟日驭前。”此外还有“尧年舜日”的习语词组。前蜀毛文锡《甘州遍》词：“尧年舜日，乐圣永无忧。”明无名氏《闹钟馗》楔子：“方今圣人在位，八方无事，四海安然，时逢岁稔之年，理当千邦庆贺，正旦之节，万国来朝，端的是舜日尧年也。”

和西方文明的乌托邦理想相比，尧年舜日经过知识阶层和民间的共同称颂，成为历代中国人发挥怀古之幽思的永久性对象。就连当年圣王心里的想法，也成为诗词中歌咏的典故。沈约《应诏游苑饯吕僧珍》诗：“我皇秉至德，忘己用尧心。”王昌龄《夏月花萼楼酺宴应制》诗：“土德三元正，尧心万国同。”还有些文人将政治家尧和思想家老子相提并论，称为“尧老”，作为追慕的对象。江淹《杂体诗•孙廷尉绰杂述》云："冏冏秋月明，凭轩咏尧老。"在朝的臣子们称颂当今皇上，也会挪用尧舜作为比喻，如韩愈《论今年权停举选状》云："今者陛下圣明在上，虽尧舜无以加之。"士人抱怨自己生不逢时，也会像顾炎武《述古》诗那样说："空有济世心，生不逢尧禅。"顾炎武的这个感叹让人很容易联想到孔子在《论语•泰伯》中的话："巍巍乎，舜禹之有天下也，而不与焉。"一代代文人墨客对现实的不满，就这样通过表达不逢圣王的遗憾而得到抒发。

在华夏传统中，对圣王的崇拜和追忆往往和种种神话叙事相伴随，关于"尧蓂"的故事即为一例。这是将帝尧开明盛世的神奇力量，叙述为一种神话植物的想象产物："蓂"乃帝尧宫殿阶前的瑞草。战国史书《竹书纪年》卷上说，尧蓂每月朔日生一荚，至月半，积至十五荚，十六日起，日落一荚，月末而尽。这是将植物的生命循环周期等同于月亮的圆缺变化周期之神话，国人对此深信不疑。陆龟蒙《寄怀华阳道士》诗云："休采古书探禹穴，自刊新历斗尧蓂。"宋代词人晏殊《喜迁莺》也说："尧蓂随月欲团圆，真驭降荷兰。"神话植物的荣枯循环，将永远牵动着诗人们的灵感。但是如果有人要到现实中去求证这种神奇植物的存在，那就像探寻麒麟和凤凰的存在一样，难以如愿。

时光到了20世纪初年，西学东渐影响下的现代学者对国人习以为常的4000年口碑传说的历史观提出质疑。代表人物顾颉刚及胡适等在北京大学发起一场古史辨运动，标榜科学实证的历史标准，将西方文学中的神话传说概念用来重新解说中国上古史的谱系，对炎黄至尧舜禹的圣王时代皆给予毫不留情的批判和解构，认为其是出于后人编造的神话想象，不能确信为曾经发生过的历史，只能看作传说性的"伪史"。胡适在1921年1月28日给顾颉刚的回信中，针对顾氏刚启动的《伪史考》一书写作，深表赞同，并陈述自己的国史观：

> 大概我的古史观是：
>
> 现在先把古史缩短二三千年，从《诗三百篇》做起。
>
> 将来等到金石学、考古学发达上了科学轨道以后，然后用地下掘出的史料，慢慢地拉长东周以前的古史。
>
> 至于东周以下的史料，亦须严密评判，"宁疑古而失之，不可信古而失之。"

好一个"宁疑古而失之"的原则，一步迈出就"把古史缩短二三千年"，只剩下东周以下的历史。后来顾颉刚听从胡适的指导原则，以《诗经》为史料重审尧舜禹的关系，认为《诗经》中出现若干次禹，但尧舜不曾一见。《尚书》中除

◆陶寺文化彩陶壶，2009年摄于首都博物馆“早期中国展”

◆陶寺出土玉琮，2010年摄于首都博物馆“考古中华展”

了后出的《尧典》《皋陶谟》中，禹出现若干次，但尧舜也不曾一见。“故尧舜禹的传说，禹先起，尧舜后起，是无疑义的。后起者立于前，也是杜撰古史的成例，我们是看惯的。”按照古史辨派的观点，尧舜禹三者的关系是战国时代的知识阶层发明出来的，目的是宣传禅让说。上古历史之可信与不可信的分界被确定在东周时代，一部中国史也就剩下2500年的历史，这几乎和汉字走出国家权力垄断而开始普及应用到社会上的时间相同。

80多年过去了，古史辨派掀起的现代疑古思潮的风云，尚未完全散去。有关尧舜时代的传说史料，究竟是事实还是文学虚构的问题，依然没有很好的解决。“神话历史”概念的提出和引入，给这一段聚讼已久的难题提示出新的解释思路。在确切发现尧舜时代的文字记录以前，我们无从判定一切关于唐尧虞舜时代的记述之真伪程度。但是退一步看，今之学者能够超越古人的认识优势，在于我们有充分的实物证据来辨析关于尧舜的传说中哪些成分是有可能发生的，哪些成分是不可能发生的。下面就依据出土的4000年以前的中原地区文物，逐一探讨传说中尧舜时代的事件发生的历史可能性。

◆二里头文化玉柄形器，摄于洛阳博物馆

『辑五瑞』与『班瑞』：历史还是神话

2009年春，笔者在台湾中兴大学给研究生讲中国神话历史的原型编码时，举出史前玉文化中以礼器为符信的情况，文献例证为《尚书》第一篇《尧典》所讲的尧舜禅让政权之后，登基大典上的“班瑞于群后”一事。当时自己还无法弄清楚：尧舜时代若有玉制符信物，那究竟该是何种样子？学生中也有听得半信半疑者，窃窃私语地发问：如何证明传说古史中的尧舜事迹不是后人的假托和虚构呢？

> 舜让于德，弗嗣。正月上日，受终于文祖。在璇玑玉衡，以齐七政。肆类于上帝，禋于六宗，望于山川，遍于群神。辑五瑞。既月乃日，觐四岳群牧，班瑞于群后。
>
> 岁二月，东巡守，至于岱宗，柴。望

秩于山川，肆觐东后。协时月正日，同律度量衡。修五礼、五玉、三帛、二生、一死贽。如五器，卒乃复。五月南巡守，至于南岳，如岱礼。八月西巡守，至于西岳，如初。十有一月朔巡守，至于北岳，如西礼。归，格于艺祖，用特。五载一巡守，群后四朝。敷奏以言，明试以功，车服以庸。

肇十有二州，封十有二山，濬川。

舜帝接替尧的王位后，紧接着祭祀上帝群神的国家礼仪，就是收集五种瑞玉，召见四方部落的领袖们，以颁发瑞玉为执照信物，完成国家中央权力与地方统治者之间的分权统治关系。“辑五瑞”及“班瑞”的事件，首先可以表明玉礼器使用者共同的神话信仰。“瑞”作为显示天意神意的好兆头符号物，其内涵的象征性意义必须为颁发者及接受者所共同熟悉。在此前提之下，以玉为信物的统治制度，方有可能成立。换言之，以玉的神话信仰观念为基础的史前玉文化发达到相当程度，才有可能出现中原地区的华夏第一王权建构过程中的玉瑞制度。

玉瑞之所以能够成为中央国家权力与地方权力间上下级统一关联的神圣符号，关键在于其中体现或承载着的神意。只有统一的玉宗教神话的信仰者们之间达成共识，才有条件确保持有瑞器者之间的相互权力认同关系：帝王作为国家最高统治者、组织者，只有见到自己统一颁发给诸侯王的玉礼器，才确证自己的权威和统治下达各地方国；反过来也一样，诸侯王只有拿出统治者赐予的神圣信物——玉礼器，才得以表明自己分享的地方统治权的合法性，以及终极性的君权神授意义。在舜帝实施的“同律度量衡”和“修五礼、五玉”行为中，类似大一统政治的原始雏形，实际上已经呼之欲出了。这些行为发生在史

◆ 芮城出土庙底沟二期玉璧，摄于运城盐湖区博物馆

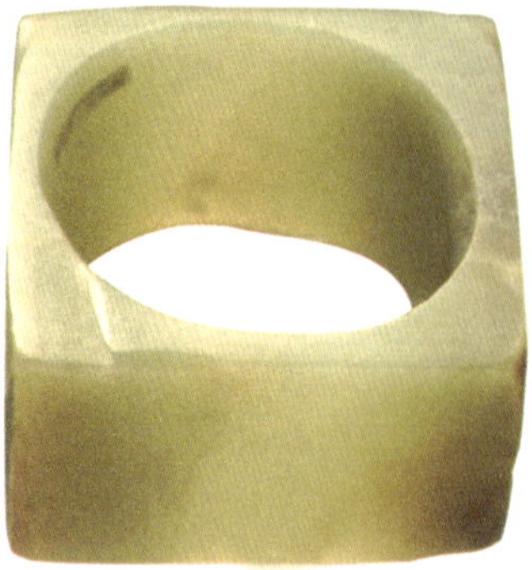

◆ 陶寺文化玉琮，2010年2月摄于山西博物院

◆ 红山文化玉璇玑

书记录的秦始皇统一中国的"书同文、车同轨"措施之前2000年，应该看作亚洲大陆历史上第一次出现的中华文化共同体的权力认同事件，其意义非同小可。玉礼器成为建构中华认同的初始信物，就因为它曾经在东亚史前社会长期充当圣物和神物。玉石神话信仰在促进华夏统一、国家认同方面起到的作用，就相当于某种"国教"。如果称之为玉教神话，那么可以说玉教在"前中国"时代向中国认同时代演进的历史过程中发挥着统一和认同的向心力凝聚作用，而体现玉教神话观念的玉礼器本身，则充分发挥着华夏统一和认同的核心标的物作用。代表四方一体的神秘数字"五"在五礼、五瑞、五玉等名目构成的早期国家礼制体系中，明显发挥着神话编码要素的作用。从五方到六合的神话空间观念演化，是玉礼体系由"五器"发展为"六器"的关键。

要证明舜帝班瑞之事发生的可能性，首先需要确认符合其年代的物质条件。即在尧舜的时代，是否有可能为统治者提供足够的玉器制作之原材料和加工技术条件呢？换言之，在4000多年之前的中国，有没有条件批量地生产出作为国家官方信物的玉礼器呢？考古发现表明，此一问题如今已经能够给出完全肯定的答案。我国北方的红山文化、南方的良渚文化、西方的齐家文化和东方的大汶口文化，均在4000多年以前就已经批量生产玉礼器了。中原地区的史前玉器虽然不如周边的文化那样发达繁荣，但随着近年来的新发掘和发现的增多，也还是有迹可循的。新的问题是：周边的史前玉文化发展是怎样影响中原并最终在中原文明中获得整合统一的？这些年以来，一探究竟的愿望就一直潜藏在笔者心底，挥之不去。

2011年6月2日，最近一次目的明确的中原玉礼文化探究之旅，终于得以实现。笔者在文学人类学研究会同仁荆云波副教授及河南科技大学许智银教授等友人引导下，于6月4日自三门峡驱车过黄河，穿行中条山，来到山西省南部的运城。费尽心机打听到运城郊外新修建的舜帝陵园内，有一座盐湖区博物馆，其中收藏着近年来新出土的芮城清凉寺墓地（即坡头遗址）玉器。这一批史前玉器的重要性，就在于它们属于仰韶文化后期的庙底沟二期文化，早于龙山文化，其时间在距今约4900—4800年，其年代要比传说中夏禹开创夏朝的公元前21世纪还要早数百年呢。即使约4500年前在中原地区崛起的陶寺文化，也排在庙底沟二期文化之后。根据庙底沟二期文化发现批量的而非零星的玉礼器情况，可推知尧舜时代在中原地区建立国家政权时，汇集各地部落玉礼器为最高统治权的统一信物，然后再颁发玉礼器给各地方的行政领袖，这样一种以玉为信的中央政权建构，从出土玉器实物看，是完全有可能做到的。

如果按照当今学界较通行的观点，将传说的尧舜时代看作是考古学上的龙山文化，那么芮城的庙底沟二期文化批量生产和使用玉礼器的行为，就可视为先于尧舜时代而出现在中原的文化现象。所不同者，《尚书》文献所述“辑五瑞”和“班瑞”事件，是活人在祭政合一的神权政权象征场合使用的玉礼器，而芮城清凉寺墓地遗址玉器多为死者随葬器物，即所谓“玉敛葬”使用的玉礼器，以此为超度死者魂灵升天的神圣媒介。不过，“玉敛葬”行为背后的神话观念和神权确认场合的五瑞神话观念，当出于同一种史前玉教信仰，那就是以美质的玉石象征神明和永生的价值观念。在象征权力的神圣渊源方面，玉礼器侧重在神明之能量和威权的联想；在死者丧礼方面，玉礼器更突出的联想在于如何获得永生不朽。

◆ 芮城出土玉璧玉环，摄于运城盐湖区博物馆

在运城舜帝陵园的盐湖区博物馆展出的庙底沟二期文化玉礼器以玉璧、玉瑗为主，其光素无纹饰的制作形态和风格十分接近齐家文化玉器，应该是齐家文化玉器的主要源头。2003年12月以《文物世界》杂志增刊形式出版的《坡头玉器》一书，以彩色照片展示收集来的83件玉器。从编者李百勤、张惠祥撰写的前言和后记可知，这批玉器不是考古发掘品，而是从当地农民手中采集来的。如同许多地方的文物发现情况一样，当地公安部门为保存这一珍贵的史前文化记忆的证物，做出了非同寻常的贡献。

◆ 陶寺文化玉四连璜璧，2010年2月摄于山西博物院

《中国出土玉器全集·山西卷》一共收录了庙底沟二期文化玉器11件，与《坡头玉器》的根本不同就是，这11件玉器皆为考古发掘品，分别出自10座墓葬，其中的第146座墓葬出土了两件。其中排列在第一页的是极为罕见的六边形玉器，制作工艺复杂，但用途不明，显然其背后的神话观念早已失传了。第二页的玉琮，用一种有黑斑的青玉制成，中心孔用管钻打成，其制作风格也酷似齐家文化的玉器。作为礼器，玉琮、玉璧（或玉瑗）均属于周代六器中的二器；而玉钺虽然不在六器之名目中，却是六器之“玉圭”的前身或雏形。组合起来看，芮城发现的史前玉器虽以葬玉为主，却大体具备了中原玉礼器文化中的三种，而以圆形环状器玉璧、玉瑗为最主要形制，以玉琮、玉钺为辅。这同稍早的仰韶文化灵宝西坡玉器及稍晚的陶寺文化玉器皆以玉钺为主要形制，表现出明显的区别。目前亟须从科学测量的角度解决的问题是：中原地区芮城出土玉琮与南方良渚文化玉琮之间是什么关系？孰早孰晚？是南方玉文化传播影响到中原，还是中原玉琮影响到南方？

◆ 山西曲沃晋侯墓出土商代玉鸟，2010年2月摄于山西博物院

良渚文化的年代数据是约公元前3300—前2250年之间，其上限和仰韶中期到庙底沟二期

文化的约公元前2900年接近。而从数量看，良渚文化玉琮所占玉礼器总数的比例却大大高于中原地区，所以多数学者倾向于认为玉琮是南方起源后传播到中原和其他地区的。面对新出土的芮城坡头遗址玉琮，重新思考玉琮传播路线图的问题，应该具有前沿探讨的关键意义。按照尧舜时代“辑五瑞”和“修五礼”的文献说法，南北各地不同色彩、不同玉种的不同玉礼器汇集到中央政权这里的情况，当然是可能发生的。考古实物给出的指示性线索是：在玉琮、玉璧以外，玉圭很可能源于中原仰韶文化的玉钺和玉刀（约公元前3000年），玉璜、玉琥或源于南方凌家滩文化（约公元前3300年），玉璋源于大汶口文化和龙山文化（约公元前2800—前2000年），其传播居然远达广东和越南。

◆ 芮城出土庙底沟二期文化玉六边形器，采自《中国出土玉器全集•山西卷》

与华夏文明起源相伴随的玉礼器制度问题还有另外一个关键疑问需要求解，那就是四边的玉文化传统依靠何种动力而传播和汇集到中原，最终促成华夏文明的诞生？在距离芮城坡头遗址仅有一山之隔的中条山北麓，有著名的盐湖资源，自史前期就受到多方关注。向外界运输食盐的经济需求打通了汇集四方文化交流的大通道，闻名遐迩的“运城”也因此而得名。食盐作为社会生活必需品，玉礼器作为精神崇拜的象征性奢侈品，二者分别代表着经济基础方面与上层建筑方面，是中原与四方的互动关系之构成要素。盐湖区博物馆为说明盐湖资源及其对外贸易的掌控对于催生早期文明政权的作用，展示出自炎黄蚩尤时代到尧舜禹时代的各种传说资料和地方志资料。后者对于熟悉正史文献的科班人士而言，也是很新鲜的地方性补充材料。古书中一幅放大的《班瑞图》，很容易引起有心人的注意。图中诠释的就是《尚书•尧典》所讲“班瑞于群后”一事，玉瑞成为中央和地方政治权力确认的标志

◆ 古书中的班瑞群后图，摄于运城盐湖区博物馆

◆ 仰韶文化玉璜，摄于渑池县博物馆

物，在此得到生动的图像呈现。

如果需要从更加通俗易懂的民族学材料方面得到参照，那么，尧舜时代的分发玉瑞的信物制度可以得到旁证的说明。以下举例出自台湾原住民族群识别工作的新成绩。太鲁阁族于2004年获得行政认定的主要依据，不是史书（原住民本来就没有文字书写），而是口传的神话及与神话对应的仪式。泛泰雅族群昔日曾有一种分离盟誓仪式，表明本族人口的分与合，均有相应的信物，而该信物就来自族源神话。在分离盟誓仪式上，酋长带领部落成员对天发誓，随后对众人训言：

按照我们现在所住的地方看来/我们的人口也渐渐增多/这地方已不再够我们使用/我们遵照祖先留下来的遗训/我们来到这个地方立誓盟约/我们将会把今天所立的约铭刻在心里深处/从现在开始/我们将从这个石头爆开/让我送给你们一张布之舌和拐杖的节/愿所有的风和荆棘的刺都闪过你们/愿你们脚踏的地方平滑畅通/不论你们散落在任何溪边的角落/不要浑浑噩噩地过日子/不要像那掉落的叶子/愿你们像星星一样增加扩充/好让你周边的人称赞你们、敬畏你们。

台湾岛的泛泰雅族群神话说，人类从大霸尖山上的一块巨石分裂而出，分裂出的人群分布四方，有着壮大、成长的意思。酋长在分离仪式上说的“我们将从这个石头爆开/让我送给你们一张布之舌和拐杖的节”，其文化功能就相当于舜帝的分发玉瑞仪式。而凭天神发誓的行为，使得所说的这一切具有神圣法律的性质。日后若下属中有胆敢违背誓言的情况发生，其结局将是非常严重而可怕的——“神人共诛之”。信物的符号意义和法律约束力，就在于特定信物在神话信仰者心目中所代表的天意或神意。中国历史上自周代以来的“化干戈为玉帛”说，也需要从盟誓角度去理解。玉帛所代表的价值，不只是经济意义上的，更重要的是宗教神话意义上的。

民族学材料作为第三重证据，对于解读古书上的神话历史，具有参照意义。作为史前期神圣信物而生产的玉礼器，不同于原住民用石头或竹木材料做成的拐杖节，它们需要特殊而稀有的物质材料——玉。参考《山海经·中山经》的记载，黄河中游地区的北岸一带并不产玉，倒是黄河中游南岸地域为盛产玉石的地区。中条山下的史前玉文化取材，应该不是就地取材性质，而是外来贸易传播的性质。21世纪以来在河南省最西端的灵宝西坡陆续进行的考古发掘，终于能够证实仰韶文化中期在豫晋陕交界的黄河南岸地区，已经流行高等级墓葬的玉器随葬礼俗。这和仰韶村遗址中发现的少量小件玉器的情况形成对应和补充，十分有助于弄明白史前中原玉礼器文化的生成发展过程。

在前往运城的前一日，即2011年6月3日探访渑池县仰韶村时，笔者和考察组一行在渑池县博物馆看到小件的仰韶文化中期出土玉器——玉璜、玉管等。一般而言，在大多数的仰韶文化墓葬中，很少有发现玉器的情况。同年6月7日到陕

◆ 芮城出土玉璇玑，采自《中国出土玉器全集·山西卷》

西宝鸡的仰韶文化早期遗址——北首岭遗址考察，同样是没有发现玉器的报告。就目前情况看，黄河边上的灵宝西坡仰韶文化墓地出土玉礼器，是迄今所知的中原地区最早出现的规模性生产的玉礼器。仰韶文化玉器所使用的玉料，是一种墨绿中带黑色的杂色地方玉种，产地不详。笔者个人近年在中原地区民间收集到的几件史前玉钺，从形制和玉料看，和仰韶文化玉器十分近似。此类史前玉钺的分布情况，西自陕西宝鸡地区，东达山东莒县一带，从渭河流域延伸到整个黄河中下游地区。而豫西的灵宝和晋南的芮城一带，恰好位于这一广大的北方地区之中间。

灵宝西坡出土仰韶中期玉器，为什么大多为玉钺呢？其实，玉钺，也就是被某些学者视为玉圭或玉璋之原型的那种雏形礼器，它来源于实用性的石斧——玉斧，本作为漫长的石器时代中最常用的砍伐和狩猎工具，随后演化为杀伐的武器，再进一步升华为象征征伐和刑法权力的符号乃至军权和王权的最通用象征物。据《尚书•牧誓》等记载，周武王伐纣之战的标记就是左手举着黄钺。

◆ 仰韶文化玉钺，灵宝西坡出土，摄于河南博物院

◆ 新石器时代蛇纹石玉钺，私人收藏

◆ 西周青铜器遂公盨，摄于北京保利艺术博物馆

禅让：儒家神话的政治传统

考古学可以给出史前玉礼器出土的时空分布情况，说明尧舜时代建立玉瑞制度的可能性是存在的。那么，尧舜传说最核心的主题——禅让，是否也可以通过当代出土文物提供的新信息，得到某种程度的证实或证伪呢？

当今考古学界倾向于将传说中的唐尧虞舜时代与晋南地区考古所揭示的陶寺文化相联系。即使不顾陶寺文化并没有文字记载的重要缺陷，承认以上文化联系，还是没有什么确凿证据能够说明尧舜禅让的事件曾经真的发生过。相反，陶寺遗址的考古文物给出的历史信息是，那绝不是一个和平安宁的美好时代，而是充满杀伐之气的冲突与战争的年代。

孔子“祖述尧舜，宪章文武”，使得华夏正统历史谱系以尧舜为祖根，以“虞夏商周”四朝代为尊古。又可只提“夏商周”，简称“三代”。在孔子之前的西周时代，现已发现的青铜器铭文中并没有发现尧舜的任何记载。倒是在一件新发现的西周青铜器遂公盨上，首次看到周人记录的夏禹事迹。在孔子过世后的战国时代，华夏古史脉络的前端记忆中，才又增添了伏羲女娲大神和炎帝黄帝始祖等传说内容。用今日的距离看，也就是古史4000多年的线索被上延了数百年，达到5000年左右。西汉史官司马迁撰写《史记》时，将他从各地民间传说中听到的炎黄事迹整理成篇，写出《五帝本纪》。2000多年来，司马迁的历史叙事成为原始儒家之后新传统的华夏历史观，未曾遭到根本性的质疑。

到了20世纪，在现代学术的实证精神指引下，拿不出“证据”证明其存在真实性的炎黄时代，连同其后的唐尧虞舜时代乃至夏商时代，统统被打上问号，成为存疑的对象，并被归结为神话传说时代，不再被奉为信史。这就是古史辨派又被称为“疑古派”的原因。国际权威性的《剑桥中国先秦史》编写者，同样不承认夏代的存在，遑论尧舜。这样的学术态度和国内的疑古派遥相呼应，成为现代古史辨伪的主流。近20年来，国内学界配合夏商周断代工程，发出了“走出疑古时代”的呼声，响应者虽众多，却难以找到突破疑古派“实证”眼光检验的新路径。

◆三星堆出土铜鸡

尧舜时代究竟是我国古史上一真实的朝代，还是后人推想出来的莫须有的神圣王朝呢？《庄子·逍遥游》篇讲述尧让天下于许由的事件，虽然言之凿凿，但有多少可信度呢？《论语》的《泰伯》篇中孔圣人夸赞帝尧：

> 大哉尧之为君也！巍巍乎。唯天为大，唯尧则之。

上古圣王典范，难道会是没有历史根据的梦

想臆造吗？在孔子之后的作者们，把孔子推崇备至的尧舜进行彻底神话化的改造。改造的依据，就是把孔子本人喜欢的凤凰和麒麟一类神话生物，用于对尧舜的政治清明之美化。如《述异记》卷上说：“尧为仁君，一日十瑞。草化为禾苗，龙凤呈祥。”《拾遗记》卷一说：“尧在位七十年，有鸾雏岁岁来集，麒麟游于薮泽。枭鸱逃于绝漠。”当时还有远方之国给尧奉献一种类似鸡的神鸟，名叫重明鸟。因为它的每一只眼睛都有两个瞳孔，所以叫重明。这样的神鸟自然让人联想到舜的神话特征：舜名重华，亦名重明（《尸子》《淮南子》等），据说也是每一只眼都有重瞳子。《荀子·非相篇》说“尧舜参牟子”，意为三个瞳孔同在一眼中，更是玄幻夸张至极的表现。《拾遗记》说，重明鸟外观像鸡，叫声却似凤，能搏击猛兽虎狼，使妖灾群恶不能为害，尧时的百姓对它的降临翘首以盼。后人在每年正月初一，用刻木铸金或图画的方式，把鸡贴在门户上的礼俗，就是来自尧时迎接重明鸟的活动。

◆陕西韩城芮国墓出土红山文化玉龙

有关尧舜的记述神话传奇色彩多，实录成分稀少。倘若这一朝代果真存在过，那么它和夏商周三代的不同之处在于，只有两代帝王——尧和舜。尧在位时间长达70年，舜在位50年，总共120年，为上古史上时间最短的一个朝代。朱熹推算过尧的寿命之数，指出尧16岁即位为王，在位70载，又考验接班人舜三年，年迈后不听政28年乃死，总共就是101年。我们按照朱熹的算法加上登位前的16年，尧的寿命长达117岁。上古最短的一个朝代贡献出最长寿的仁君楷模，其神话历史的特征一目了然。

如果概括有虞朝代最突出的政治特色，那就是神话式的禅让，传贤而不传子。尧让位给舜，舜让位给禹，都是让贤。不仅如此，尧和舜还设立欲谏之鼓或诽谤之木，广泛征求民意，这和后代为争夺王位而百般争斗的现象，形成异常强烈的反差。孔子的高足子张曾说：“尧舜之王，一人不刑而天下治，教诚而爱深也。”如果禅让说真的出于墨家和儒者的想象与创作，那就需要反面的证据。搜寻古籍，也会看到与禅让说相矛盾的记载，如舜囚禁尧，攻击丹朱。《韩非子》还说出“舜逼尧，禹逼舜”的话，让后人无所适从。

4000多年前各地已经出现大大小小的方国和古城，那时是一个以玉礼器为主要礼仪符号物和王权象征的时代。黄河中下游地区的龙山文化大墓出土的精美玉器，可以说明古书的某些记载是有根据的。《尚书大传补遗》说，一位历山耕作的农夫舜被帝尧看中，选为自己的接班人。尧把自己的两个女儿娥皇、女英嫁给他为妻，还把昭华之玉赠给他。夏代之前的统治者拥有美玉并以玉器为赠礼，是完全可能的。大量的史前玉器出土在文明时期，说明古人一直就有将玉器神圣化而代代相传的礼俗。2005年在陕西韩城梁带村发现的春秋早期芮国大墓M26，随葬玉器500多件。其中不仅有商周两代的玉器，还有一件典型的史前红山文化玉龙。

《白虎通义·圣人》云：“尧眉八彩，是谓通明；历象日月，璇玑玉衡。”“璇玑玉衡”原型指的是星象中的北斗星，用来比喻尧之公正无私。在有虞朝代，能够掌握天文楷模意义的帝王，不仅是天人合一神话的见证者，也符合“天子”这个词的本来意义。虽然陶寺玉器中尚未见到所谓观察天文用的玉璇玑，但是在芮城坡头玉器中却有一个玉璇玑的残件，图片收录在《坡头玉器》一书的第8页，编号04，名为齿璧，用料为深豆绿色软玉。此外，《中国出土玉器全集·山西卷》第3卷也在第3页收录芮城清凉寺墓地100号墓出土四齿玉璇玑一件，表明仰韶末期的庙底沟二

◆ 芮城出土玉璇玑残件，采自《坡头玉器》

期文化和山东半岛、辽东半岛史前文化一样，早已信仰某种共同的天文神话观，并将其物化为玉礼器生产模型。

从仰韶文化末期到龙山文化，是华夏史前玉文化发展的关键转折期。中原地区从罕见玉器到多见玉器，这意味着怎样的社会变革呢？若不是考古学给出仰韶文化2000年绵续不断的长寿事实，我们早已对二三百年的王朝更替现象司空见惯，并不觉得其短暂了。一个能够延续2000年的文化，毕竟有其自身的长寿逻辑，其安定与和平是可想而知的。继仰韶文化而起的龙山文化，包括陶寺文化在内，却远不是一个和平社会。自此以后，中国或东亚大陆上不再有长寿的文化或朝代。文明史各朝代短暂更替现象，是由社会权力的兴衰变化和社会群体暴力激增导致的攻伐及毁灭能量所决定的。从比较文明视野看，人类文化进化途中最初孕育的一批古文明大都在杀伐毁灭的暴力攻击下灰飞烟灭。

人类的创造力和自我毁坏能力几乎并驾齐驱。从文明起源期开始，虽历经改朝换代却一直绵续至今的伟大文明，世界上仅存一两个，中国算一个，印度算半个。中国人在3000多年以前就使用的汉字符号甲骨文，至今还能够在大学的文字学专业课堂上传授；而4000多年前印度河流域文明的出土文字却迄今未能破译，成为无法读懂的天书。这表明后代的印度梵语文字记录的文明，与印度河流域文明并不能构成连续的历史，而是呈现为历史链条的断裂以及早期文明的无情失落。至于欧亚非大陆上更早孕育出的文明古国，如5000年前的苏美尔、埃及和4000多年前的巴比伦、克里特岛的米诺斯文明等，虽然都曾独立发展起有文字记载的王朝历史、城市、神庙、宫殿和青铜器、金银器等，辉煌一时，但都未能逃过暴力毁灭的劫难，它们早在世界大部分地区

◆ 米诺斯文明壁画，武士拳击图，摄于雅典国家考古博物馆

◆ 体现礼之精神的青铜器——莲口方壶，摄于山西博物院

◆ 陶寺彩绘陶器，2010年摄于首都博物馆“考古中华展”

尚未进入文明门槛时，就已经从地面上消失得干干净净。像米诺斯文明的标志性文物双面斧，作为武器和军事杀伐威权的象征，也沉睡地下3000多年才重见天日。大地之上只剩下尼罗河畔高耸入云的大金字塔，顽强地留下古文明物证，仅供后人凭吊而已。

两个分别诞生在南亚和东亚的古老文明，时间不是最早的，为什么会有历经各自的暴力劫难而持续存活下来的生命能量呢？这是我们比较和反思人类文明兴衰历程最重要的经验所在，也是思考所谓中国模式、中国道路、中国文化奥秘或中国文化软实力的根本着眼点。南亚的印度文明，以倡导非暴力主义和不杀生的伟大宗教哲理而著称于世。换言之，印度文明为世界五大宗教奉献出其中的两个——印度教和佛教。在各国军备竞赛和武器杀伐不断升级的今天，这一笔珍贵思想遗产的意义远远没有得到全人类的珍惜、重视和开发利用！而东亚的华夏文明，伴随文明发生而来的暴力强化现象虽然历朝历代都没有终止过，但是有一种足以约束暴力泛滥的尚礼的思想观念，与文明国家的形成同步而生，形成社会的主流意识，在所谓“轴心时代”催生出儒家、墨家、道家的殊途同归的非暴力主义，并将礼尚往来的人际关系原则、稳定家国秩序的中和精神，铸入到这个文明的灵魂之中。

以仁义道德的立场，谴责和掩蔽暴力行为，成为战国诸子和史书一贯秉承的价值观，并将虚构的仁爱政治神话当成真实发生的历史，用来遮盖血淋淋的暴力史。有关远古尧舜禹时代的尚贤世风和禅让传说，就是这样成为“历史”的。同样道理，在父权制的暴力社会建立的过程中，反叛性的回归母神时代伦理的呼声也不绝如缕。如道家创始人老子的女性哲学，标榜“知其雄而守其雌”的哲理原则，主张软弱胜刚强的所谓阴柔处世策略。而儒家则也标榜温柔敦厚的男性人格新标准，希望去掉过分阳刚化和攻击性，培育出温文尔雅和中庸的君子风范，给后世的人文教育垂范百代，影响至为深远。由此看，禅让说虽然不一定符合历史的真实性，却充分体现出儒家信念的真实性，以及中国式理想政治的非暴力主义精神的积极一面。

暴力和战争在文明到来前夜的父权制阶级社会得到空前的发展。男性之间的厮杀和资源争夺，必然要求意识形态上的尚武精神和英雄主义。在所有父权制社会中，都有歌颂男性英雄以暴制暴的文学题材。不过，即使在男性占据统治地位的文明短命朝代时期，依然可以多少窥测到一些被取代的女性中心时代的遗留信息。就中国而言，如汉字“姓”即由“女”和“生”二字组成，表明华夏先民最初的姓氏记忆是遵循母系原则的。黄帝姬姓，“姬”字从女旁会意。有学者（如马衡）提出黄帝即“黄地”，比喻大地母亲，故黄帝为女性。炎帝姜姓，“姜”字亦从女旁会意。也有学者提出炎黄都是华夏人的老祖母。黄帝的孙子颛顼、治水失败的英雄鲧，也有学者论证本为女性首领。从炎黄时代到尧舜和鲧禹启时代，父子关系问题成为传说叙事的焦点。这就体现出从母系继嗣制度到父权制社会的变革，使得家和国的权力更替与世袭，成为突出呈现社会矛盾和政治冲突的舞台。

为何禅让：史前暴力与中国式非暴力主义

知母不知父的史前社会，在仰韶文化向龙山文化转化之际被男性中心的父权社会所取代。在此变迁过程中，与权力世袭制度相关的父子关系问题日渐凸显出来，表现为陶唐氏时代的帝尧与他的不肖儿子丹朱的关系。一说丹朱被派到南部边远的丹水地区，以防止他争夺王位。《庄子•盗跖》篇甚至说尧杀了自己的长子，可见王位继承方面的紧张关系几乎到了父子不共戴天的地步。在有虞氏时代，舜与他的不慈父亲瞽叟的关系也是如此。瞽叟多次要置自己儿子舜于死地，还和后妻合谋用落井下石的方式来谋杀舜，结果大孝子舜总能逢凶化吉，死里逃生。还有舜和他的同父异母弟弟象的关系，也同样不和谐，《韩非子》甚至说舜流放其父并杀害其弟。儒家和墨家却异口同声地说舜以忍让和仁爱之心对待他的凶恶蛮横的弟弟，如《孟子•万章》说：“仁人之于弟也，不藏怒，不宿怨焉，亲爱之而已矣。亲之欲其贵也，爱之欲其富也。”孟子就这样通过讲述历史而突出表现儒家的仁爱精神。司马迁《史记•五帝本纪》云：

> 舜之践帝位，载天子旗，往朝父瞽叟，夔夔为谨，如子道。封弟象为诸侯。

这就是中国第一部官修的通史著作对发生在4000多年以前的尧舜时代历史的追忆性写照，其间渗透了多少儒家的和西汉帝国的意识形态内容，恐怕谁也无法一一分辨清楚。其间又掩盖了多少真相呢？对照约4500年前的陶寺遗址实物，今天总算拥有了优越于古代读书人的条件，那就是判断古书可信度的“第四重证据”。

在缓和父子兄弟间的紧张关系方面，据说有一位女子发挥着关键的调解作用，她就是舜的妹妹敤首。《路史•后记十一》罗苹注：“世传瞽叟与象每欲杀舜，其妹敤首每为之解。”此一传说反映的是女性在男性的权力斗争中能够起到化险为夷、减少牺牲的作用。不过，严酷的华夏父权制社会之建立，是如何以压迫女性为性别政治基础的，只要看看湖北随县一个小小的诸侯国曾国国君乙用23位妻妾活活陪葬的场景，就可以窥一斑而见全豹了。曾侯乙墓出土的文物多达1万多件，其奢华精美的程度震惊世界。要透彻理解一个远离中原的诸侯王如何能够聚敛如此惊人的财富，还需要回到以陶寺文化为代表的早期城市与王权形成的史前标本上来。因为这里明显出现了社会权力和财富同步集中的趋势以及性别压迫的情况。如随葬玉钺的大中小型墓葬共计80座，其中绝大多数为男性墓葬，只有3至5座女性墓。比曾侯乙墓更早也更残酷的年轻女子陪葬场景，在21世纪呈现出来。在赣西北的靖安县崇山峻岭之间，考古发现2500年前的地下巨型陪葬棺群墓，出土的木棺多达47个。据吉林大学边疆考古研究中心的专家进行的体质人类学检测，发现棺中尸骨全部属于青年女子，年龄在15岁至25岁之间。截至目前的学者推测是，被吴国打败的徐国君王逃亡南方，在敌军压境的危机关头，临死前毒死他的数十位妻妾或女工。

寻找尧舜古国地望的千年探索，在近几十年里获得进展。晋南襄汾地区流传十分丰富的尧舜传说，还有规模宏大的尧庙及祭祀礼仪文化传承。龙山文化古城被发掘出来，原来被命名为龙山文化陶寺类型，后来则根据其文化独特性，又重新命名为陶寺文化。其发达的陶制和玉制礼器系统，和北方红山文化、西北齐家文化、南方良渚文化和石家河文化均有联系。而龙纹彩陶盆的重要发现，让人看到华夏文明的曙光。

有人把舜看成禅让说的核心人物，因为他处在禅让传统的承前启后位置上。他接受尧的禅让而获得帝位，后来自己又把统治权让给禹。由帝尧开辟

◆ 陶寺彩绘龙盆之二，2010年摄于首都博物馆“考古中华展”

的禅让制到了禹就终止了，禹的儿子启继位登基。鲧禹启三代叙事皆围绕着父子关系而展开，从鲧到禹，是子承父业的父子两代治水故事。战胜洪水灾害的英雄禹，理所当然地成为四海拥戴的帝王。相传是大禹的儿子启，打破任人唯贤的禅让政治传统，开世袭王位制的先河。

以上依据古文献的记载所描述的禅让与世袭制度之更替，能否得到新材料的证明呢？看来答案是否定的。龙山文化时代较之以前的仰韶文化，杀伐攻战的成分大大增加。父权制的残酷和尚武，表现在短兵器和金属武器的批量出现。像地中海克里特文明的双面斧那样具有短兵相接攻击威力的武器，在我国良渚文化和龙山文化时期就是玉钺。这在当时是一种由工具类石斧发展出来的新武器，其大约同时出现在北方和南方的现象，耐人寻味。文明起源期的暴力和战争，导致各地的方国争相防御，修筑城池，这就成为龙山文化的一大特点。这足以确认龙山文化时期不是进入了一个比仰韶文化期更和平的人际关系状态，而是一个方国各自为政、彼此攻伐掠夺的时代。

史前古城的分布范围几乎遍布黄河流域和长江流域。比秦始皇早两三千年，华夏方国的领袖们如何就地组织当时有限的劳动力修筑防御性的壕沟环绕之城墙？这在20世纪考古发现之后才逐渐弄清楚。先是在北方的龙山文化期，看到河南登封的王城岗遗址、淮阳平粮台遗址、安阳后冈遗址、郾城郝家台遗址、辉县孟庄遗址，山东章丘城子崖遗址、邹平丁公遗址、临淄田旺遗址、寿光边线王遗址等一批史前城池。随后在山西襄汾陶寺发现规模浩大的史前遗址，氏族墓地的面积达3万平方米，号称是已知的龙山时代最大墓地。经过21世纪以来的重新发掘，大体确认出陶寺中期城址的三面城墙，只剩西面的城墙有待确认。这一城址的总面积达到280万平方米，一跃而居史前时代北方最大的城址之一。鉴于陶寺遗址所在的晋南地区较多保留着尧舜时代的文化记忆，学界不少人认为陶寺遗址代表着尧舜时代，即古书所说的夏代之前的陶唐氏、有虞氏时期。

陶寺城址的规模和影响力说明它是在中原偏北地区形成的接近国家起源的一个重要都邑，从年代看也的确接近传说时代的尧舜。20世纪以来的古史辨派打倒了尧舜禹为首的儒家圣王偶像群，但是相当于尧舜时代的历史真相如何，却依然没有解读出来。时至21世纪初，问题终于有些眉目：古书上颂声不绝的最美好和谐的圣王政治乌托邦时代，实际上却是东亚大地上曾经十分残暴和血腥的一个时期。有出土的实物为证，通向文明之路竟然堆满白骨，萦绕着无数屈死的冤魂。

当代学者王晓毅等依据陶寺遗址发掘情况，提出六点证据，说明当时的政权更替曾经历过激烈的暴力性破坏和毁灭行为，这就给尧舜禅让说的美好信念提出反证，使之呈现出水月镜花一般的虚幻性质：

第一，陶寺中期的城墙被晚期遗存所叠压或打破——平城墙；

第二，陶寺中期的被毁建筑上堆积着陶寺晚期的垃圾——废宫殿；

第三，陶寺中期的灰坑中充填着身首异处的几十具尸骨，其中多数为青壮年——杀壮丁；

第四，一具35岁左右的女性骨架，被折断颈部而死，并在阴道部位插入一只牛角——淫妇女；

第五，陶寺晚期文化层压在中期的小城祭祀区之上——毁宗庙；

第六，M8棺内墓主人骨被损毁和移位，M22棺下扰坑有随意抛弃的人头骨5个——扰祖陵。

如今的科学发掘和研究提供了一幅文明起源期的血腥图景，让很多人难以置信。研究战争与文明起源关系的日本学者冈村秀典在《中国新石器时代的战争》中认为，石器时代后期出现的武器主要是镞和钺两种。前者代表远程攻击的投射性武器，后者代表短兵相接的肉搏战所需的劈砍类武器。约公元前2500年前后，是中原镞武器化的开始，石制和骨制的镞大量出现（冈村没有意识到，北方更多出现的史前镞类为玛瑙制品）。龙山时代，镞由狩猎工具变为杀人武器，除了在聚落城墙外大量出土外，甚至在一般村落聚居区也大量发现。这表明当时的所有聚落都武装起来，集团间的战乱频繁发生。

比此时稍早，在长江下游的崧泽文化和山东大汶口文化中晚期，钺已经失去生产工具的功能而发展为武器和权威的象征。依照冈村秀典的提示，再审视陶寺文化的情况：玉石钺成为出土玉石器中最重要的器形。在陶寺文化发掘出的近千件玉器中，玉钺的数量约100件，所占比例为十分之一。从有玉器以来，这是一个玉钺的使用极为普及的时代。这一现象说明什么呢？

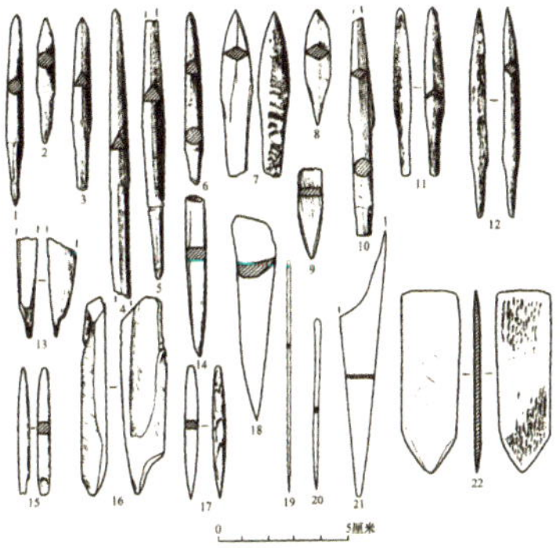

◆ 陶寺晚期出土骨器镞、锥、针、匕图

玉钺与军权、王权神话

在青铜兵器批量使用之前，玉石斧钺应该是颇具威力和杀伤性的短武器，崇尚和平的年代无需大量的武器生产。“从考古学角度考察龙山文化，反映频繁战争的遗存比比皆是：在发掘出的聚落遗址和墓葬中，经过改进的石镞和磨制精良而锋利的石矛被大量发现；经常发现埋葬非正常死亡者的乱葬坑，有的死者被砍掉了手臂或腿脚，有的死者头骨有明显刀伤，更多的则是身首被砍成两段；正常埋葬的死者中也发现多例股骨和肱骨上有紧紧嵌入骨内的石箭头；还有许多坚固高大的城堡。这些很显然都是战争的产物。战争已经成为这一时期非常突出的社会现象，而且其规模之宏大、程度之残酷都是前所未有的。难怪有的学者认为，中国最早的国家形态就是在部族战争中形成的，强调战争就是古代国家形成的根本原因。”〔侯毅《我国史前巫师集团及其作用的考古学考察》，《首都师范大学学报（社会科学版）》2004年第5期〕

关于近战武器玉石钺的情况，和后世文献记载中关于黄帝时代曾经“以玉为兵”的文化记忆相对照，大体上吻合。只是时代和地域上略有错位：玉钺在中原地区大流行的时期要比传说的黄帝时代稍晚，而周边的玉钺流行年代显然早于中原。从华夏玉石器的系谱发生史看，由最初的工具发展到兵器和礼器的演化脉络，基本上清晰可观，北方仰韶文化、红山文化和南方凌家滩文化、良渚文化时期均已流行玉钺。

进入青铜时代的殷周时期，铜钺出现在各种重要礼仪场合。《尚书•顾命》：“一人冕，执钺，立于西堂。”《史记•殷本纪》：“汤自把钺以伐昆吾，遂伐桀。”考察钺这个名称的由来，大概和太一、紫禁城之类神圣名目一样，来自上古的天文神话观，因为众星的名字中就有一个西方之星叫钺。《鹖冠子•天则》：“四气为政，

◆ 灵宝西坡出土仰韶文化玉钺，摄于河南博物院

◆殷墟妇好墓出土青铜钺

前张后极，左角右钺。”陆佃解：“一作越。钺，西方之星也。”《史记•天官书》：“东井为水事。其西曲星曰钺。”天体不同位置的星代表人间不同的祸福定数。钺为什么能代表人间暴力杀伐？原因也可能来自天象。唐杨炯《浑天赋》：“伤成于钺，诛成于锧，祸成于井，德成于衡。”看来星象神话中埋藏的信息由来久远，当时的农业社会必有相应的星象授时知识。除了早期西方之星有名钺者，后来的北方之星座也有称“钺星”者，实为天枪三星，位置在北斗杓东，亦美称“天钺”。

钺的神圣性来自天，人间的王者也要用钺代表自己的威权。有关商汤伐夏桀、周武王伐殷纣王之类的叙事都免不了要提到钺。《荀子•乐论》云：“军旅斧钺者，先王所以饰怒也。”从天钺神话到人间钺的制作，一种代表天罚或替天行道的神话意蕴，就这样注入到华夏的斧钺符号传统之中。汉字“王”字的古老

◆山西黎城县出土新石器时代神面纹玉戚，2010年2月摄于山西博物院

写法就像一个兵刃向下的装柄大钺。似乎没有钺作为象征物，王的身份地位就会变得模糊。如后代贾岛《赠李文通》诗云：“天子手擎新钺斧。”

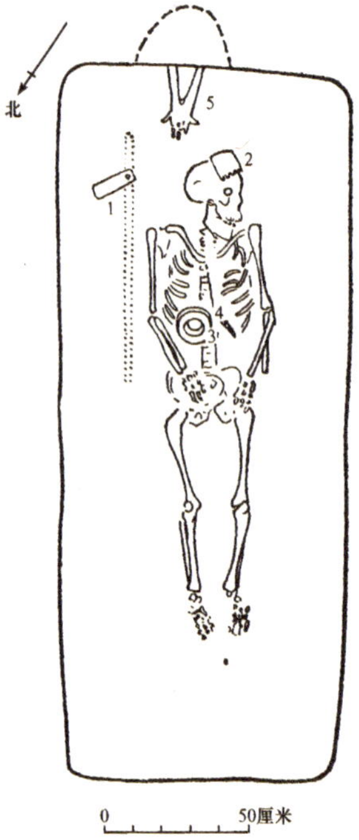

◆陶寺文化M1364墓葬玉钺位置图

对于考察中原文明发生的脉络而言，值得关注的是玉礼器发展史上的首次集中和统一现象。按照商周以来的文献说法，钺是王权的重要象征，代表着杀伐与军事的威严。从史前战争与玉礼器的关系看，玉钺从工具到武器，再从玉石武器演化出青铜武器即铜钺，构成礼器钺的发生简史。《尚书》中有尧舜时代的“辑五瑞”和“班瑞于群后”故事，其历史意义大约和禹因得天赐的玉礼器玄圭而获得讨伐三苗之威权同类。

陶寺文化的两位资深发掘者、中国社会科学院考古研究所研究员李建民和高炜，详细报告了他们在陶寺玉石钺的辨识、统计和功能分析方面的结论，这有助于理解钺从武器变为礼器的演变过程。从前，考古工作者在陶寺墓地发掘出的这类条状带穿孔的玉石器，按照以往惯例通称为玉铲。直到编号为M1364的墓穴被打开，见到一件玉钺横放在墓主人头部右侧，大家才终于弄明白：陶寺墓葬中作为男性陪葬品而较普遍出现的玉石器，不应视为铲，而应改名叫钺。这件横置墓中的钺，不仅保存完整无损，而且非常难得地保留着已经腐烂的木柄的痕迹，木制的柄虽然已经完全腐化到土壤里，但其红色的涂彩却没有完全消失，呈现出与钺体垂直交叉的迹象。发掘者据此认定，此类玉石器不像先前推测的那样是纵向垂直装柄的，而是横向交叉装柄的，所以陶寺出土的此类玉石器近百件，都是用来劈砍的斧钺类器物，而不是用来铲土的农具。

斧钺的用途既可以是工具，也可以是武器，后一方面的用途从石器时代一直延续到《水浒传》中的梁山好汉李逵。那么，4000多年前陶寺墓地埋葬的这些陪葬玉石钺的男子，他们生前究竟是从事砍伐林木的木匠工作呢，还是武士或杀手呢？高炜研究员的分析认为，构成商周玉礼器雏形的陶寺玉器有四种：钺、圭、璧、琮。从陶寺玉钺的制作工艺看，造型规整，棱角分明，刀法纯熟，落孔准确，刃部有明显或不明显崩裂痕的占总数30%，一部分只具钝刃，还有明显未出刃的。这三种情况表明，约有三分之一的陶寺玉钺曾经当作工具或武器而使用过（刃部崩裂者）；约有六七成的玉钺没有实际使用过，其作为象征性礼器的意义也就顺理成章；尤其是一些玉钺上还打有非实用性的边孔，供系挂仪仗性璎络或飘带，以及镶嵌绿松石之用，这样的钺已经分明是高等级的礼器。如标本编号为M3168:10的灰色玉钺，共打孔四个，其中有两孔中镶嵌墨绿色和黑色玉片。其意义和用途虽不可详知，但却能够看出其在钺之发展史上的承前启后意义。“由此可相信，二里头文化和商代玉钺、铜钺上镶嵌绿松石的做法，其原始形态可追溯到黄河中下游的龙山文化。”（参看解希恭主编《襄汾陶寺遗址研究》，科学出版社，2007年）

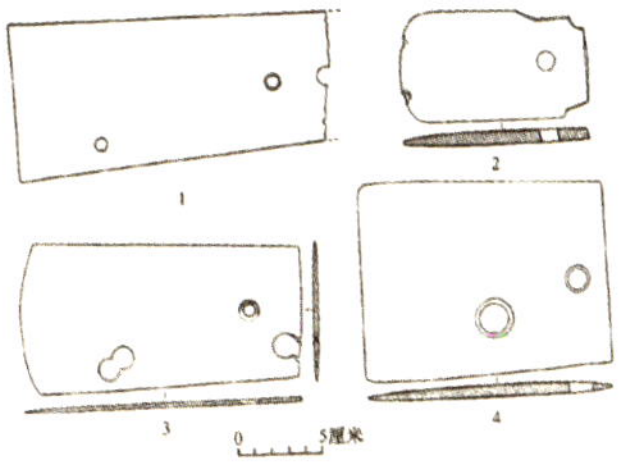

◆陶寺出土玉钺图

◆新石器时代梅花玉斧钺，私人藏品

陶寺古城的最高统治者如果可以确认为华夏初期的王者，那么对探讨史前王的观念与集体暴力的关系，就构成一个典型案例，能够附带提示出伴随王权形成的文明起源。为什么必然和集体暴力行为激增现象密不可分？玉钺的知识考古谱系，给出形而下之实证标本。

历史学家徐中舒先生曾推测有虞氏一族来自北狄，属于游牧的塞种人，即后来史书上所称“大月氏”。不过这一观点没有得到学界的普遍认可。现在可以了解到的真实情况是，唐尧虞舜的年代绝非什么太平盛世，游牧族与农耕民之间的抗争异常激烈。山西的地理位置决定了其介于中原农耕文化与北方游牧文化冲突交界的前沿，陶寺文化反映的史前暴力冲突情况，显然要比中原其他地区更加严重。在史前暴力冲突中脱颖而出的玉钺与王权神话观，能够伴随着中国式非暴力主义政治理想而发生，可以看成是华夏文明孕育期作为暴力现实之精神补偿的儒墨和平思想之本源吧。

>> 神熊崇拜的开始

>> 熊为图腾

>> 第一重证据：鲧禹启三代的化熊与熊化

>> 第二重证据：夏朝国旗是熊旗

>> 第三重证据：地方性的民间叙事

>> 第四重证据：神熊偶像传统8000年

第六章 夏朝国旗上的圣熊：鲧禹启化熊

◆ 河南禹州禹王庙

讲述中国的王朝历史，一般都要从上古三代的夏王朝开始。按照古籍中历代传承的观点，夏代的开国之君是启。一直以来的说法是，正是夏启打破了尧舜以来禅让继承制度，使先民的政权组织形式从部落联盟走向了王朝国家。

这个开启了新时代的夏启，名字与功业看起来居然一致，这是巧合吗？还是深处有什么耐人寻味的意义？中国最后一个帝国王朝——大清的发祥地在今天辽宁抚顺新宾满族自治县内，据说女真人在此间神山兴起，太祖努尔哈赤建立八旗、统一各部，最终推翻大明帝国的统治。那位号称一生作诗四万余首的乾隆皇帝曾赋《恭瞻启运山作歌》，其中第一句“长白龙干西南来，灵山启运神堂开”，后人便称这山为启运山，它也被奉为龙脉。满族人认为是启运山给清王朝带来了运气。

直到今天，当地旅游部门开发旅游时还冠以“启运之旅”的美名。这个“启”从具体的人，到抽象的字符意义，纵贯中华文明上下4000年。然而，其更为久远的来源却随时间流逝为后人所忘记了。众所周知，夏启的父亲就是以新法治水、功垂后世的文化英雄——大禹，而大禹的父亲则是治水不力被杀的鲧。治水方法的不同，导致了父子两人截然不同的命运。显然，这曾经作为一种历史叙事流传了下来，现代又被划入神话的范畴。要说成为夏王朝乃至整个中华“历史”开端的这祖孙三人都是崇拜神熊的先民之后裔，今人也许会感到诧异：真有这样的事吗？奉熊为图腾物的黄帝有熊族，难道其圣物崇拜被延续到夏朝吗？就连“启”这个人名和字符意义都与熊相关联，这一切又该怎样得到证明呢？

在前面的章节里已经表明，东亚大陆本没有狮子。在这里，食肉动物的最高代表，一为熊二为虎。“有熊”成为华夏传说时代的伏羲氏和黄帝族的共同圣号，虎则成为虞舜一族、石家河文化先民和巴蜀人先祖的图腾圣物。熊与虎在西方的狮子进入中国之前的漫长时代里，始终占据着华夏先民心目中百兽之王的地位，并且曾经交替作为国家级政权的神圣符号物。闻一多的弟子孙作云认为周族是信奉熊图腾的民族，另外的学者则提出周族崇拜虎图腾的假说。以目前的情况看，西周文化中虎与熊的形象都曾是神圣的符号，但是周人更加看中的却是与殷商玄鸟相抗衡的神鸟——凤凰。按照这样的系统观照，夏商周三代的圣物基本上可以梳理出交替变化的线索，那就是夏代的熊与龙、商代的玄鸟与龙、周代的凤与龙。我们在后代所熟悉的龙凤呈祥说，基本是延续着西周以来意识形态的儒家思想的观念。

需要特别探究的是：夏代的神熊观念是怎样表现的？其起源又是怎样的？这一切可以从一个史前的场景复现开始。

◆陕西华县出土西汉熊抱陶罐，2009年摄于首都博物馆

神熊崇拜的开始

万年以前，某个寒冷的冬天，一群身披兽皮的猎人艰难地行走在崎岖的北方山林之间。这个家族的老祖母是他们的精神领袖，团体内的人们都知道自己的血缘来自她，却不太清楚祖父和父亲是谁。对于这一个狩猎族群来说，老祖母具有一种先天的凝聚力和尊崇感。她还独自拥有一种同神秘力量打交道的能力，会通过占卜领会神意，因而她主导着族人的宗教信仰和巫术医疗。狩猎者们信奉具有再生能力、不断附身于不同事物的女神——母神。

这个时候的史前部落社会，单独的个体都十分脆弱。石器工具的使用和日积月累的狩猎生活方式，使生存下来的几乎每一个人类的小团体都成为食物链的顶端，他们充分适应大地的生态环境和气候变化。作为整体，他们是生物界所向披靡的伟大猎手和杀戮者。再凶猛的野兽，在他们的围攻之下都会败下阵来。冰河期结束以后，陆地上的动物经历着适者生存的自然大考验，有的走向灭绝，有的不得不迁徙远行。跟随着猎物的足迹，史前狩猎先民在整个欧亚大陆上不断迁徙，也试图安定下来，开始农耕生产的新生活方式。他们已经能够加工制作更加细致、精巧的石器工具。多少万年了，忙于追随猎物，应对危险的环境，没有人记得清自己到底从哪里来。老人们的回忆太过遥远，晚上围坐在篝火旁的时刻，那是能够激起大家内心神圣感的故事。这一支从原先的部落群中分离出来——那时人口比较多了，食物不够。于是他们追寻着猎物，不断在平原和山地间周旋，不知经历了多少光阴。至于更远的祖先，谁能记得住、说得清呢？逝去的祖先似乎都有神奇的力量，在危难时候可以祈祷他们的在天之灵给予帮助。

天空飘起大雪，又有人躺倒了，慢慢地不再说话，不再动作，不能跟随大家前行。人们感到总有一种神秘的力量在支配着他们，左右着他们的生活，他们对之万分恐惧，也万分好奇，更想解释或把握它。他们用口耳相传的方式保留着各种“过去”的记忆，虽然那记忆越来越模糊，甚至离现实生活越来越远。他们在冬季里最好的藏身之处就是山间的洞穴，那是大自然提供的屋舍，既能抵御风寒，也能用作崇拜和举行祈祷仪式的圣所。他们还不知道，为什么有的家人、同伴在感到不舒服后，慢慢就虚弱下去，最后倒下，合上双眼，在第二天不再醒来。可是他们清楚，长眠的人虽然“离开”这个世界，却还会活在另一个世界，那是留下来的人所不能去的地方。

在一个深邃的洞穴里，他们准备落脚安营。因为他们知道，有了山洞，就可以熬过这个冰雪的季节，大家就能够找到更多的猎物作为食物。年轻的猎手们向洞穴的深处挺进，突然，火把照到了一个生物。它蜷缩在那里，体型巨大，却显得十分虚弱。借着微弱的火光，人们屏住呼吸，小心翼翼地观察。那生物被惊醒，似乎十分不满，咆哮起来，向人们冲去。慌乱中人们躲避着、奔逃着，那生物的利爪和血盆巨口，显示出十足的威力。原来它就是洞熊。洞内空间狭小，人们本能地挥舞着狩猎用的石矛刺向它。那从沉睡中醒来的生物很虚弱，身体多处受伤后便倒在地上，鲜血涌出皮毛，它的嚎叫转为低沉，终于不再动弹。族人走出洞穴，向天空高呼，虔诚地匍匐在地上，请求未知的神秘力量以及祖先的原谅与佑护。原来，他们所杀死的，就是他们信仰中的神灵之化身，是他们的图腾祖先的魂灵下凡显形。

根据流传下来的神话观念，巨大猛兽熊是居住在天上世界的神和祖灵下凡后所扮演的形象，而神灵下凡的目的就是为本族人提供生存必需的食物和毛皮。在以熊肉为食和以熊皮为衣被的长期生活中，他们坚持以感恩戴德的心态来面对神熊。熊既是狩猎者生存的必需品，也是他们崇奉的至高神圣。这就像后来以粮食为食物的农业民

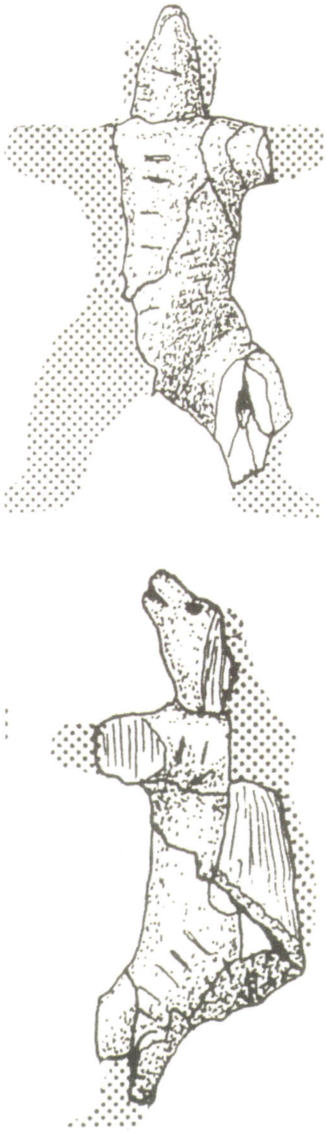

◆德国出土旧石器时代骨雕立熊的考古绘图

◆ 日本阿伊努人熊宴图，19世纪日本绘画

◆ 棕熊图腾皮衣：羊皮制，棕熊毛领，出自美国西北海岸印第安人

族，将农作物本身视为神灵或神灵赐予一样。古汉语中的“精”“精灵”“精神”一类概念，“稷”和“社稷”一类概念，从汉字的造字表象上看，就分别来自南方民族的大米生产和北方民族的小米生产。

狩猎族群将狩猎对象视为神灵或图腾祖先的现象，至今还保留在世界上现存的原始民族中，尤其是那些依然从事狩猎生产的边缘族群，如中国境内的赫哲人、鄂温克人，日本北海道的阿伊努人。熊图腾对他们来说，不是神话故事，不是文学，而是神圣信仰和生存下去的精神支柱。他们必须世世代代传承熊神下凡的讲述和信念，也必须永远遵守猎熊和拜熊的仪式。此一礼俗的一个核心内容就是“熊宴”，让部落全体成员分享神熊之肉，然后再将熊头骨小心翼翼地供奉起来，作为下一次熊神下凡的符号保证。对于不了解其信仰的外人或游客，最难明白的一个矛盾就是：既然崇拜熊图腾，认熊为祖，为什么还要杀熊和吃熊呢？！既然以熊为食物，干吗还要供奉根本不能吃的熊头骨呢？

解答这一疑问最好的办法就是类比。以基督教礼俗为例，既然崇拜圣子耶稣基督，为什么还要在吃圣餐时将面包当作基督的肉，将红酒当作基督的血来让大家享用呢？原来吃喝的对象可以起到强化信仰者和神圣生命之间相互认同的作用，圣餐所提供的精神营养远远大于人体所需的物质营养。狩猎民族图腾圣餐的原理也是如此。

◆ 辽宁金牛山旧石器遗址的熊头骨，距今28万年，摄于北京大学赛克勒博物馆

当阳光渐暖，大地又披上绿色，在老祖母的带领下，这一支猎人群体终于熬过冰封的严冬，看到众多的山洞中鱼贯地走出那黑色的庞然大物。那是熊神再度化身下凡的景象，它们回到大地上不出一两个月，就会再度变得强壮肥硕起来，在广大地区成为最具统治力的陆地之王，同天空中飞的鹰隼鸱鸮作为鸟类之王一样。猎人们常年的狩猎经验告诉他们，每到秋天霜降的前后，黑色巨兽就要漫山遍野寻觅一切可以吃的东西，在迅速增加自己身体的肥膘之后，躲入洞穴去冬眠。直到来年冰雪融化的季节，才重新走出来。这一进一出之间，明显伴随着体型上的周期变化——由肥胖到消瘦，再由瘦弱到肥壮。用古汉语所熟悉的概括，这就叫“一缺一盈”或“能缺能盈”吧。

这神奇的周期变化让猎人们感到敬畏，也让他们的孩童感到惊奇。于是，孩童们向老祖母诉说见到的奇迹。老祖母以女神的名义告诉后辈，要敬畏这种生物，它是我们族人老祖先所化成的，熊神降临人间的目的就是使我们获得丰富的肉类食物。在老祖母的主持下，部落要在洞穴中建立石头祭坛，将熊头骨供奉在祭坛上。部落中模仿能力最强的艺术家，还要将熊神结束冬眠后走出洞穴的神圣景象，绘制在山洞出口处。这既是对神熊周期性生命循环现象的形象模拟，也是对部落图腾祖先的人工再现。他们尊敬神熊的画像就像侍奉代表祖先的熊头骨一样，这一族人的后代就这样年复一年地传承着他们的熊图腾记忆……

熊为图腾

以上的场景并非纯粹虚构，而是根据考古发现与人类学研究成果对史前狩猎时代的模拟性复原。类似事件在史前时代的欧亚大陆北方可能是一种普遍的存在。没有文字记录的史前时代会是这个样子吗？前面的第四章已提及距今约5000年的红山文化遗址——辽西牛河梁女神庙，出土了当年崇拜者们所供奉的熊头骨。如果没有今天日本的阿伊努人文化中熊头骨的神圣符号意义，这座中国第一神庙的圣像组合还真没有直观的参照，难以做出解释。现在，暂时先把虚构的神龙请下圣坛，将考察的目光回到史前猎人身边真实的巨兽——熊，去重新认识失落已久的熊图腾文化。世界各地，包括西欧、北欧、美洲、亚洲其他国家都存在着关于熊的重要神话。英国人类学的早期经典大著、弗雷泽爵士的《金枝》就专门讲到若干民族有关熊的田野报告，作为万物有灵和交感巫术现象的例子。今天中国东北地区生活的鄂伦春族称公熊、母熊分别为“雅亚”“太帖”，意为祖父母。鄂温克族人也是如此以熊称呼祖父母，公熊为“和克”，母熊为“恶我”。这些狩猎民族曾经把古老的生活方式保持了千万年。如今号称中国鄂温克族最后一位女酋长的玛利亚•索已经年过八十，她仍然保留着狩猎民族最初的生活习惯，但是这种古老的生活方式在新观念的冲击下已经濒临消亡。只有在长白山另一侧的韩国人，还保留着标准的熊图腾建国神话：熊母亲生下的檀君开创民族国家的王权初始记忆。

试做想象，一万年前的图腾崇拜景象，经过岁月的涤荡还会给今人留下多少依稀的痕迹？还有谁会有点滴残存的关于熊祖的记忆？历经数千年的沉淀，到今天经过不断的整合与建构，华夏民族主体之一的汉族的文化祖根被遗忘之多，可想而知。号称炎黄子孙的十多亿人中，有多少能够道出“有熊”圣号中的含义呢？

笔者完全没有打算否定龙的企图，虽然它是虚构的，在自然界中并不存在。一种追根溯源的念头反复在脑海中萦绕：怎样才能以科学的态度尝试恢复更为久远的史前文化大传统，更确切地认识3000多年来由文字生成的小传统。以熊为图腾祖先的说法绝非向壁虚造，它可以被视作华夏图腾的早期根脉之一。甚至可以说，熊图腾在这片大地上不但曾经真实存在过，而且其发端甚或早于农业社会的起源。谈到“图腾”，这是一个外来词，来自印第安人的语汇，自有其本义。中国人可以把它理解为祖先崇拜的一种最古老形式，熊图腾不是一般的熊崇拜，而是将熊认作自己族群的血缘祖先。图腾的核心内涵大致有两点：一是祖先崇拜，二是这一崇拜要有具体的物事为象征符号。崇拜者对图腾则无比虔诚，他们把图腾作为自己群体的标志，来提示本族的来源，划分不同族群。图腾最初是为了区分不同血缘的族群，对于中华民族这样的多民族不断融合的文化共同体，显然，如果存在图腾的话，到今天它们要么消失、被融合掉，要么变形、化合为新的图腾——精神象征。

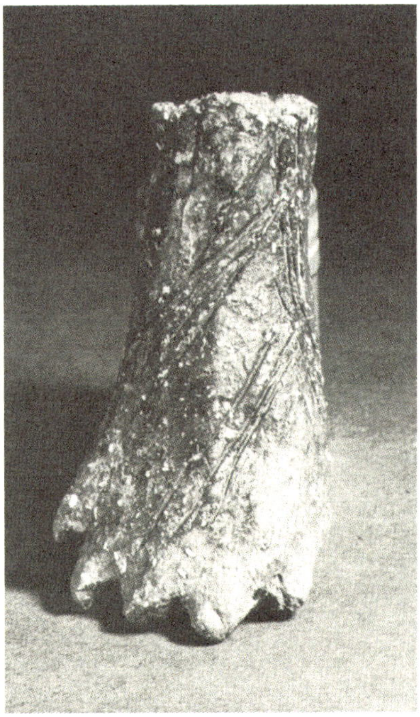

◆欧洲温加文化出土陶塑熊爪，距今约8000年

要承认华夏大地熊图腾的起源想象就需要证明。现代教育体系已经培育了公民注重科学证据的理念，在中国传统的学问研究中，同样讲究证据，而且还要求多样的丰富的证据，国学中的考据学就把证据加以分类为理证、书证与物证。今天的人们拥有更多的资源、线索以及新发现，把它们综合起来足以获得前人无法得出的认识，向历史的纵深去探明那些早已经失去记忆的文化根脉。

以下便尝试利用多种证据，重新解读鲧禹化熊神话所透露的远古图腾的信息，探寻早已被遗忘的夏代的国旗形象。

第一重证据：鲧禹启三代的化熊与熊化

中国历史留下了令世界艳羡的宝贵文献资料，在这些文献资料中，所谓古史传说时代的第一个王朝是夏，在有关夏的创始人祖孙三代鲧禹启的叙事中，都若隐若现地留下了神熊的身影。这究竟是为什么？

考据最看重“书证”，即是第一重证据（传世文献）。早在20世纪20年代，一位来自浙江海宁县的清末秀才、清华大学四大导师之一的王国维，提出了二重证据的研究方法。那时已经发现地下出土的商代甲骨文，多数学者对此持怀疑态度（也难怪，甲骨这些东西当初不过是放在中药铺里售卖的龙骨药材），王国维却坚信这类从地下新发现的文字记载对古史研究的重要价值，将它们作为传世文献之外的历史考证依据，称为“二重证据”。这是国学2000年来在研究视野和方法上的一大突破和拓展。

关于鲧禹启祖孙三代人的记录，分别见于多种古书之中，这里要关注的是他们祖孙三人“变形记”的奇幻内容。或者说，就是人变为熊，熊化为人。说到这种变形记，即人变动物的想象叙事，是世界文学的一个普遍主题。先来看爷爷鲧化为熊的记录。《左传•昭公七年》记载，过去尧治理国家的时候，在羽山这个地方把鲧杀死了，鲧的亡灵化作黄熊，成为后来夏代的祖先，受到夏人的祭祀。类似的内容在《国语•晋语八》里也有记载，《山海经•中山经》注和《述异记》等的记载也都大同小异。不过这些说法历来都没有被当作信史，古人无法猜到人兽之间的相互变形究竟有着怎样一种深层寓意。

还有的记载说，鲧因治水失败被杀于羽山后化作黄龙。如一部叫《开筮》的失传古籍，就留下这样的说法：“鲧死三岁不腐，剖之以吴刀，化为黄龙也。”对照之下，问题就来了：若说龙一直被当作封建王朝的皇家象征，后来更成为中华民族的始祖图腾，那大禹的父亲化为黄龙，也不难理解，毕竟大禹是夏朝的开国君王，可是化熊说应该怎么解释呢？古代的注释家们就此做过解释，他们说这个“熊”

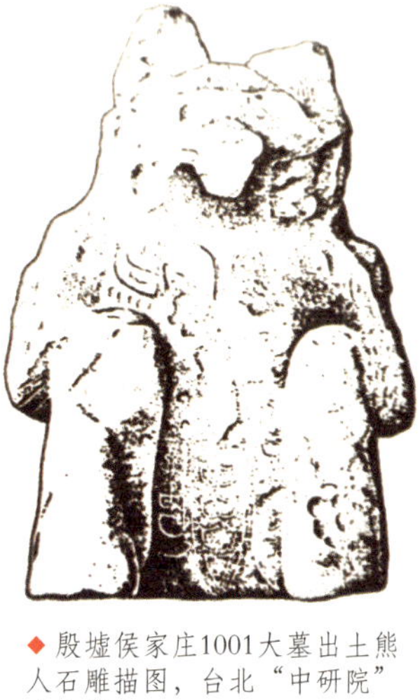

◆ 殷墟侯家庄1001大墓出土熊人石雕描图，台北“中研院”文物馆藏

字与“能”字相通。而“能”既指熊，也可以指另一种象征长命的动物三足鳖。鱼鳖类不是也与水有关吗？因此，今天有学者认为这里的熊不是哺乳动物的“熊”，而可能是代表三足鳖之“能”，之所以写作“熊”那是错讹的缘故。单从传世文献本身来讲，真的无法确认“熊”究竟是哪一种生物。

◆ 河南登封启母阙汉画像石：禹变熊

从神话叙述的象征层面看，鲧所变化的究竟是黄熊还是黄龙并不重要，最为关键的是，“化”完成了再生的过程。也就是说，鲧并没有真死，而是以另外的一种形式重生了。人类学、神话学的研究表明，某个时期某些水族的代表龙蛇和某些陆族的代表熊都是拥有复活能力的图腾。进一步说，也许不同族群的图腾神话在融合中留下了各自的痕迹，并被记录到文献中，所以仅仅试图因为一种而否定另一种的存在，意义不大。鲧的再生暗示着他可以不用两性结合的方式，而是能独立完成生育后代的使命。

《归藏•启筮》中还记载，鲧被杀死后，三年也不腐烂，后来有人用吴刀把他的尸体剖开，结果生出了大禹。这种让男性单独生育后代的奇谈，不正像古希腊神话之中，宙斯从头中生出了雅典娜吗？这样看，无论鲧化熊还是化龙，其实质在于他不用娶妻而直接化生出了后代。所以作为鲧之子的禹就完全可以视作由神熊（神龙）变化而成的生命，父子治水的事业得以前后相继。文献记载的这个化生神话的真正内涵就在这里，不论其本身情节是否合理、是否科学。换句话说，如果从儿子大禹的神话中也能看到关于化熊的记载，那就会使得鲧化为“熊”或“龙”或“三足鳖”的疑问，获得一种解答的旁证。

现在来看著名的第一代夏王——大禹。大禹治水，功垂万世，他自古以来就被视作华夏人民的伟大的先王。后来鲁迅先生在《故事新编》中作一《理水》，借大禹的旧事完成了对时世的批判。古文献有关大禹化熊的记录有《绎史》卷十二引《随巢子》：

◆禹州禹王锁蛟井石碑

> 禹娶涂山，治鸿水，通轩辕山，化为熊。

《楚辞•天问》洪兴祖注引《淮南子》：

> 禹治鸿水，通轩辕山，化为熊，谓涂山氏曰："欲晌，闻鼓声乃来。"禹跳石，误中鼓。涂山氏往，见禹方作熊，惭而去。

此记载大意是说禹治水来到轩辕山时，让妻子涂山氏听到鼓声就去给自己送饭，然后自己变成熊去打通大山，开辟水道。但是一不小心踩到鼓，涂山氏听见鼓声就去送午饭，正好看到大禹变成熊的样子，觉得十分羞愧，离禹而去。如果将父子两个人变化成熊的神话记述联系起来，这一图腾信仰的内涵就明显了。前面说到图腾的作用，一是人死后可以变化为图腾，这是再生的途径；二是人在困难时也可以化为图腾得到力量或护佑。可见，夏朝的两位始祖很可能就是熊图腾部落的后裔。有文献还记载鲧是黄帝有熊氏的孙子，其部下尤其以熊虎旗帜为标志的最有神威。《礼记•祭法》云："夏后氏亦禘黄帝而郊鲧，祖颛顼而宗禹。"这分明强调了夏人以黄帝后代的身份对其进行祭祀，这样从黄帝有熊氏那里也能得到鲧和禹化熊主题来源于熊图腾部族的旁证。

◆ 河南禹州禹王锁蛟井供奉的大禹像

根据现代考古学的理论，在史前时代，自约两三万年前的旧石器时代末期以来，人类就较为普遍地确立起一种女神信仰。正是从漫长的狩猎时代开始，女性的生产繁育被直接同大自然中的生物现象联系起来。人类女性的生理周期既成为时间观念的标记，也成为整个大自然生养能量变化的表征。初民设想，世间有一位伟大的母神，她拥有无比威严的神力，主宰着宇宙间的一切生命，包括植物和动物。大母神既掌管生育，也掌管死亡及再生，而联结生与死的中介就是能够发生变形和转化的形象。自然界雌性生物的生殖与复苏现象都成为人类膜拜的对象，陆生的哺乳动物熊、虎、鹿、兔、野猪，水生的鱼类，两栖的蛙、蟾蜍、蛇、鳖、蜥蜴等，都不约而同地加入到死而复生女神的化身之列。龙来源的主体是蛇，还有前面文献记载的熊或能（三足鳖），它们的相似之处正在于都有冬眠的习性，而冬眠恰恰在先民眼中是周期性的死而复生的象征。死而复生正是一次新的生命的开始——女神是不死的，她把“灵”附加到不同生物的形体之中，告诉人们永生的道理。如《山海经•中山经》说：

◆ 中国式“史前维纳斯”，内蒙古林西县出土兴隆洼文化女神石雕

> 又东一百五十里，曰熊山。有穴焉，熊之穴，恒出神人。夏启而冬闭；是穴也，冬启乃必有兵。其上多白玉，其下多白金，其林多樗柳，其草多寇脱。

这里指明了地点“熊山”“熊穴”，显然不可能再是指三足鳖“能”的讹误了。因为“能”（读“耐”）为三足鳖的说法始于先秦，见于《左传》《尔雅》《山海经》，《史记》也有记载。蜀地有古鳖国的存在都印证着这一观点，甚至对于金文的“能”字的解释也参照了后世的文献说法。值得警醒的是，后世的大一统是一个过程，是逐渐建构的，这就很难说是自始就高度统一的。《山海经》中既有水中三足鳖的记载，也有山中熊的记载，它们分布在不同地域。从熊穴中出现的“神人”究竟是人样还是熊样，没有具体说明，我们也就不得而知。在生物界，无论熊或鳖或蛇，都会经历冬眠的睡与醒、进与出的周期变化。这在先民看来当然是死而复生的“神圣”力量之作用，这种再生的特征基本都被新石器时代的宗教经验归结到女神—母神系统中。因为母体是生命的直接来源，宇宙自然的生命力也就被集中投射到大母神身上。被称作“史前维纳斯”的那些巨腹丰乳的女性雕像，就是当年受到初民膜拜与赞颂的至高精神偶像。

文献中夏启本身和熊并无直接关联，但是在他出生的故事背后，隐约闪现着神熊的影子。“启”是“开启”的意思，难道这位夏代国君因此得名？先看看文献中的记载。《山海经》和《墨子》中把夏启称作“夏后开”，今天听起来有几分滑稽。“后”不是指王后，在早期古书中国王经常被美称为“后”，“帝”是指天帝，是神。夏代的国君名叫启，是因为他是从开启的巨石中生出的。前面只讲到涂山氏羞愧而去，其实还有后话。涂山氏离开化熊的丈夫大禹，跑到中岳嵩山脚下，变成一块大石头。那时她已怀有身孕。大禹追过来大声叫道：“把儿子还给我。”这一叫不要紧，涂山氏所化的石头顿时从中央裂开，启就这样被生育出来。

◆河南登封启母石

看来中国文学中最早的石头生人记录并不属于孙悟空，4000年前的夏启就是这样降生世间的。古代神话叙述的目的不是为了营造奇幻氛围，而是传递神话思维时代所认识的道理。常人只承认龙生龙凤生凤的同类繁殖，可是神话却认为无机物也能有生育力。现实经验只承认人类是由两性来完成生殖过程的，可是神话却相信单性也能生殖。禹之子叫启，启是因为石头开启而出生的。这情节莫非是模拟着熊山熊穴季节性闭和启的神话？熊穴的开启不仅意味着老熊结束冬眠而出洞，而且意味着母熊带着新生的小熊来到世间。《淮南子》中也有大禹从石头中生出的记载，但是不详细。高诱作注说到，禹的母亲叫修己，受到神秘的感应而生禹。这也是中国始祖神话的经典母题，接近于单性生育，就像上帝之子耶稣由圣母玛利亚感孕而生一样，大禹母亲修己生他也是从胸口而出。修己胸口的开启，和启母石的开启一样，都可视为熊穴定期开启并带来生命的换喻表现。也就是说，初民讲述神话的背后动机在这，而不是编造故事，他们习惯于用形象而具体的说法表达神话思维。

神话用不同的名称讲述着同样一种终极原理。

鲧、禹、启这三代人的一系列故事，很像一个部族的繁衍公式，需要把每一代的人归入其中。鲧和禹化熊，禹和启石生，也许随着统一王朝的建立，这些曾经完整的套式被肢解成碎片，保留在文献当中，自然慢慢地就失掉了本来面目。毫无疑问，结合《山海经》“恒出神人”的熊穴，启也是有熊族的后代。有熊氏的先祖们把在山区看到的熊罴冬眠的经验用神话思维叙述下来，成为关于祖先的记忆。其中的文化内涵可以用神话学来做出解释，道理正在于此。熊穴在冬天闭合，夏天开启，同样对应着一年中季节的转换，正像“春秋”那样成为季节转换的标准符号，甚至化作经典的名字——相传孔子作的第一部断代史名叫《春秋》。杜预注解《春秋左传•僖公五年》说：“启，立春、立夏；闭，立秋、立冬。”其采用的就是这个意思。夏启作为有熊氏的正宗传人，其名称中就蕴含着古人开启生命门户的神话式隐喻。换一种说法，鲧和禹均有“化熊”的表现，启的出生则表现为“熊化”。

◆河南禹州禹王庙大禹像

以上是文献所提供的第一重证据：体现鲧禹启化熊或熊化的各种叙事，提供了考察夏族图腾圣物的重要线索，可以给究竟是龙还是熊抑或是三足鳖的疑问，带来一些启发。

如果不算鲧，夏代的纪年从禹到桀共有17代，471年。新中国的历史教科书一般采用的夏代年代是约数，即公元前21世纪到公元前16世纪。“夏商周断代工程”给出的夏代年表稍有改进：公元前2070年—前1600年。由于夏王朝没有留下自己的文字记录，关于这400多年的沿革情况，迄今所知也还是一些零散的后世传说。下面需要提示的新探索方向是：夏王朝如果是在中原地区建立的第一个中央王朝，那么她有自己的国旗吗？如果有，又是什么样子呢？

第二重证据：夏朝国旗是熊旗

这第二重证据就是前面所说的王国维开始使用的地下出土文献。随着时间的推移，新的地下文献的出土可能给古史研究带来更多全新的启发和证明，在2002年出版了上海博物馆馆藏战国楚简（简称上博简）的有关著作。这批简是从香港文物市场收购而来，其中有一篇记述古史传说的《容成氏》，里面有关于大禹事迹的较详细的记载。如讲到大禹听政三年，天下大治，迎来太平盛世：

> 禹听政三年，因民之欲，会天地之利矣。是以近者悦治，而远者自至，四海之内，及四海之外，皆请贡。禹然后始为之旗号，以辨其左右，思民毋惑。东方之旗以日，西方之旗以月，南方之旗以蛇，中正之旗以熊，北方之旗以鸟。禹然后始行以俭。衣不亵美，食不重味……〔《上海博物馆藏战国楚竹书（二）》，上海古籍出版社，2002年〕

昔日的古书中有关于“禹会万国”的说法，那显然反映着统治权力集中的过程。不过缺少详细说明，后人也不知其所以然。《容成氏》就说得很具体了。大禹之所以得到四方拥戴，是因为他以德行垂范天下，如同今天所说的以德服人、以德治国的楷模。这里的关键在于禹立五方旗的叙事。大禹的德行使得天下四方的方国、部落闻风而来称臣纳贡，就在这样的背景下，大禹开创了五方旗的制度，以五方旗帜的不同来区分不同的民族、部落，让百姓不至于辨识不清外来人口。人们知道清代的八旗制度，但对4000年前的五旗制，恐怕鲜有人知了。若不是新问世的战国文书《容成氏》，我们恐怕永远也不明真相。从夏初建立的这种五方旗制度，可以看出“中国”观念的最早来由。“中”字的原型就是一个上面飘着旗帜的旗杆，表示人群围着祭祀的中心，引申为空间的中央之义。这就是后世人们熟悉的中央与四方关系的简明表

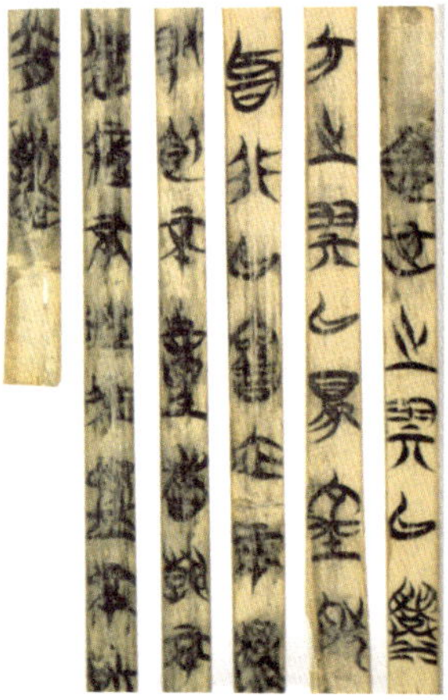

◆ 战国楚简《容成氏》所载禹建五方旗叙事，上海博物馆藏

◆四方与中央——西周双面神人四铜足器座像，摄于洛阳博物馆

达。五方，除了东西南北四方，还有中心，就是中央一方。中央与四方是相互依存的，没有四方就没有中央，反过来也是这样。“中国”本义为中央之国，四方各国的承认和拥戴，是中国成为中央之国的一种条件。

《史记》中记载，明确四方与中心的观念，其初衷是具体现实的，不是抽象的，即中央必须处于正中心，那就是要使来进贡的四方各国在路途上能够相对均等，体现出一种“待遇均等”观念的来源。这样，国家的外交和统治都能保持在平等与和谐关系中。

我国历代中央王朝的意识形态都强调五方空间的“政治地理观”，这就体现在《山海经》“五方山”“四方海”的模式和《禹贡》“五服制”的朝贡体系。看大禹五方旗制度，终于可以明确夏代建构的五方象征系统，这正是《山海经》《禹贡》记载的地理空间观的源头。文献记载中还有一些更早的相关例子，如黄帝发明指南车从而辨识四方的传说。这就道出了“轩辕”雅号的得名原因。无论“轩辕”名号是指天上的指北之车即北斗“帝车”，还是指地上的指南车，道理都是一样的。战国时记载的夏禹中央之旗是熊旗，而汉代记载的黄帝中央之旗则是龙旗。这期间发生了什么变化呢？显而易见，大一统的观念和新老图腾的交替发挥了作用。

如《汉学堂丛书》辑《河图稽耀钩》：

黄帝之生，先致百狐。有蚓长十二丈。幼好习兵，长善攻战。问之于风后曰：“夫帝之旗何如乎？”风后曰：“予告汝，帝之五旗，东方法青龙，曰旗；南方法朱鸟，曰鼠；西方法白虎，曰典；北方法玄蛇，曰旗；中央法黄龙，曰常也。”

这则材料出现得比较晚，但是将上古的四象四灵系统确定为黄帝时代的产物，而青龙白虎朱雀玄武则分别代表了四方的旗帜。关键是其中的“中央法黄龙”的说法，又同上面鲧禹化龙或化熊的不同记录相似。黄帝化（乘）龙升天的神话与鲧死化黄熊的神话，不外乎都有一个曾经共有的熊与龙相互认同的思维来源，那就是死而复生的神话逻辑。

如果上面鲧禹启化熊是同一系统的神话套式，那么大禹和黄帝确立五方旗的同样的叙事置换，不也证明了一种前后相继的思维吗？旗帜是象征，代表着不同的内涵。军旗上的符号、图案象征着军队的不同职责与作战特点，清代的八旗军就是一套从名到实的“旗语”——符号标记。这些都是自远古时代即已产生的划分族类的方式，汉字“旗”和“族”都从一个偏旁，不是偶然的巧合，也可以看出“旗帜”的根源很可能就在部落的图腾产生阶段。

《汉语大辞典》释“旗”字：

古代画有熊虎图象的旗。《周礼•春官•司常》：“熊虎为旗。”《周礼•春官•司常》：“师都建旗。”郑玄注：“师都，六乡六遂大夫也。谓之师都，都，民所聚也。画熊虎者，乡遂出军赋象其守猛，莫敢犯也。”

◆ 河南方城县出土汉画像：应龙、铺首、熊

◆ 唐代四神铜镜，摄于洛阳博物馆

这里“熊虎为旗”显然不是“熊虎为师”，所以东汉儒学大师郑玄就解释说，这旗帜上画熊与虎的图案，代表着军队勇猛，使人不敢侵犯。但是单单从字面出发作解，经学大师的眼光似乎没有深入到更遥远的年代。实际上，这两种猛兽代表的是更早的、文字产生之前的图腾崇拜传统。比如楚国，这个在战国时期势力范围几乎达到半个中国的强大诸侯国，曾经拥有的实力甚至超过后来统一六国的秦国。它在商周时期就被称为“虎方”“熊盈”，这显然延续的是典型的以图腾命名的部落名号。楚国25代国君的名号中都有“熊”字，他们死后是要被放入宗庙，成为祖先受祭祀的，这就很明显地不是在旗上画兽图来威慑敌人。人类学的研究表明一个原理，初民们行事时一定有现实的目的和参照，背后有着神圣的观念，他们绝不会凭空抽象出一些规则、道理来，那些抽象的观念、理论都是后人在失去了同现实的联系之后做出的解释与归纳。所以说，“熊虎为旗”的周代规定中暗含着史前宗教神话信仰的信息，那就是中央政权给四方之一的虎方、熊盈之国确立其徽号标记，以便更好地识别。显然，以某一国族供奉的图腾为旗帜的原型，是方便易行的方法。

从夏代国家上推到黄帝之国，其地处中央，号称有熊国，该国又会使用什么样的国旗呢？从黄帝重孙大禹立中央熊（龙）旗开始，直到后世数千年中国王朝大都使用龙旗作为皇家中央王权象征，这种传承可以说是一脉相承的。现实中存在的动物熊，作为辽遥的狩猎时代遗留下来的图腾物，经历过与农业社会的其他生物图腾的交融之后，逐渐在演化过程中失落，转变为多种动物集合的非现实的生物图腾——龙图腾。到后来，龙反而成为彻底取代神熊而延续下来的“事实”。通过逆向思维可以知道，史前图腾物的发生，大都从实际存在的生物出发。美国人类学家亨利•摩尔根考察的印第安部落社会组织，就是以多种现实中的动物为图腾体系的，其中最主要的两种动物都是猛兽——狼和熊。从大禹建立的中央熊旗，直到清代皇帝的龙旗龙袍龙椅龙床，近四千年的“旗物”象征传统就是这样不间断地承袭下来的，其间最耐人寻味的一次转变就是神熊让位给神龙。

为了说明熊亦是龙的原型之一，或者说熊图腾在龙图腾崇拜之前（人的认识发展遵循着由简单到复杂、由单一到多样的规律），还可以举出不少的旁证。如司马迁在《史记•楚世家》中叙述作为黄帝后代的楚国先祖始于“穴熊”的王家系谱。地下新出土的文献还应该算上包山楚简中所记录的宗教祭祀礼仪“能祷”。这是出土于湖北荆门市包山的战国大型楚墓中的竹简上的内容。汉字中“能”是“熊”的本字，加三点成为“三足鳖”，加四点可以表示熊，可见这是不同地区对实际生物的标示命名。看一看金文中的“能”字写法，就是象形的一只“熊”。现实动物熊与非现实的动物三足鳖都用“能”的象形表示，后来添加笔画指示二者的区分，再后来熊的意义变得现实，反而三足鳖成为奇异的神兽。先民造字取象来自现实生活，源于实际观察的经验，而且是因地制宜的和多元化的。楚国当地的“能祷”不正是祭祀时向自己远古祖先图腾祈祷的仪礼吗？与其对应的就是楚人早期的国号“熊盈”。

◆ 熊转化为龙：殷墟妇好墓出土玉雕熊龙

人类学家们早已识别出以不同图腾区分身份之间的功能性联系。旗帜正是来源于早期图腾崇拜的社会划分需要，直到今天旗帜都是每个国家必备的象征。一个新生的国家必须确定国旗；伴随国旗的仪式也多种多样，最简单的就是立定，行注目礼，这都象征性地表现对国家威权的认同。这样看来，我国5000年前的黄帝号有熊和4000年前的大禹中央熊旗，不是恰好体现出从图腾象征到国旗的一脉相承的完整线索吗？

◆ 三门峡出土汉代陶熊偶像，摄于三门峡博物馆

今人所能看到的黄帝传说，主要来自司马迁在民间采集的口传叙事，这些材料可以看成第三重证据，只不过当年的口传材料已经被后世当作传世文献。从这个角度来看，可以把《史记》的某些取材当作民族志材料对待。前述出土的楚简《容成氏》中对大禹建五方旗的情节叙事之详细，几乎可以借此构拟出直观的图像来。重要的是图像叙事可以作为复现史前文化的第四重证据使用，这就将先民口传文化所留下的关于有熊氏的图腾记忆，与图像象征叙事的夏代中央熊旗，用人类学揭示的“图腾旗帜”理论贯穿在一个文化整体脉络之中。

前面的探究已经提示出这样一种联系：从黄帝到夏禹和夏启，再从夏族到楚族，都一脉相承着那个来自史前熊女神崇拜时代的图腾偶像。上博简更是通过夏禹立熊旗的叙述，从整体联系上将黄帝有熊传说的可信性大大提升。夏禹的时代，还没发现有华夏中心主义所建构的“蛮夷戎狄”的四方人群专名指代系统，但是五方旗帜的象征系统包括日月两种天象和蛇、鸟、熊三种动物，其中也许包含着后代四方蛮夷观念的雏形。比如南方以蛇为标志，对应着表现蛇象征的“蛮”“巴”“蜀”“闽”等带有南方特性的文字，这种蛇图腾崇拜的符号也成为文字的来源之一。人们熟悉的龙，实属神话建构，但是它的原型也正是陆地走兽熊、天上飞禽鹰鸮和水陆两栖动物蛇三位一体的拼接。直到后代的神龙形象，不是仍然可以清晰地辨认出熊头蛇身鹰爪的局部特征吗？就连升天入地下水的三栖功能也被保留下来，在合成的过程中还加上鹿角等多元要素。

◆ 海陆空三栖的神话动物龙：马王堆一号汉墓棺画二龙穿璧升天图

从鲧禹启的传说中，从黄帝的记载中，还有楚国国君的称号中，多重证据已经初步显示，熊很可能是华夏文化中更早的神圣象征。神熊位于四方之中的图像叙事传统，也是有线索可以查验的，直到汉代的图像材料中，依然保留着这样的案例。2001年在陕西神木大保当新发现的东汉画像石，神熊的形象突出地表现在画面中央，边上有着神仙世界里的重要神祇和象征：太阳、东王公与月亮、西王母。毫无疑义，这一画面昭示着永生的内涵，舞蹈着的神熊自然是核心中的核心了（见封底上图）。

汉代是汉人汉民族真正确立的时代，但是汉政权的建立者是来自今江苏一带的楚人，楚文化的来源又接续着来自东方的商代文化，可见中华大地上的民族融合与迁移的复杂性。可是若加以仔细审视，其中的联系还是能够寻见的。在那块陕北汉画像石里，居于中心位置的是舞蹈的神熊，象征着永生。难道中央与神圣祖先观念的表现还不够明显吗？那正是自黄帝以来的文化认同之记忆。在南阳、许昌、徐州、临沂等地出土的汉画像石中较为普遍地出现了熊神形象，这绝不是汉代艺术家的凭空构想。随着大一统观念的确立，来自史前狩猎社会的深远图腾观念也就随之而被发达农业文明遗忘殆尽了，取而代之的是多元合成的新神话动物以及被高度抽象化的观念。

◆ 新郑黄帝故里门前石雕神熊

第三重证据：地方性的民间叙事

第三重证据指汉语传世文献和出土文献之外的鲜活的参照材料，包括民间口传叙事、仪式、礼俗，就是民俗学、民族学提供的跨文化材料。我国东北地区的多个狩猎民族至今流行的熊图腾信仰，是能够参照还原与重新理解四五千年前“有熊国”至夏代熊图腾的活化石。黄帝作为有熊氏，又是鲧禹的先祖，前面说明了黄帝以熊为祖先的证据，这就顺理成章地为夏代熊崇拜的复原理清了脉络。

相传鲧又叫崇伯鲧，这个“崇”就是嵩，因为据说鲧是中岳嵩山一代的部落首领，所以人们称呼他“崇伯鲧”。现今的中原地区——河南登封至禹州一带，普遍流传着鲧及禹的故事。登封的嵩山下有启母石，有汉代所立启母阙，还有禹洞及与之相关的民间叙事。这里的民间文化所表现的民族记忆，多围绕着鲧、禹治水的核心神话。在禹州的禹王庙里，分明可以看到大禹化熊的图像叙事。而在登封启母阙中的汉

◆ 禹王庙禹化熊图

◆ 新郑黄帝故里新铸的熊足大鼎

代画像石上，也留下了2000年前石刻的大禹化熊浮雕。在今天，它们已经成为民间信仰的“圣地”，可是在当初却并非普通百姓所能接近的，这正可以说明祖先崇拜由皇家神圣仪礼到民间信仰的走势。信仰者关注的内容不同：对于皇家而言，注重的是说明自己的神圣血统之正宗起源；对于民间来说，则是获得神灵超凡力量的保佑。这些古老观念都依赖于民间保留下来的神话记忆。华夏民间传承至今不断，生命力融于日常的生活习俗的积累传承中，如形意拳中的模仿熊的动作、华佗五禽戏中的熊戏等。这些民间活态的文化记忆可以作为旁证，帮助说明鲧、禹化熊情节的古老内涵，足以补文献记载之不足。

还有一些十分具体的民间口传神话，讲述着大禹出生的情况，如登封本地人赵国鼎讲述的《始祖山·大禹出于洞熊山》，其中说到“大禹出生在洞熊山。洞熊山在玉山（嵩山）东75公里，今具茨山西坡，姬水河源北侧”。这就把古文献中关于“熊山”“熊穴”的神话和大禹出生的神话完全结合在一起了，再度透露出夏代君王与神熊的内在关系。

在今天河南省，与登封和禹州距离不远的新郑，相传就是黄帝故里。黄帝号有熊氏，所建古国为有熊国，古人对此也同样不知所以然。结合前述现代文化人类学知识，可推知这是黄帝族崇奉熊图腾的符号表现。黄帝故里有一个村庄名“熊庄”，因为今人听起来不雅而改为“能庄”。当地人对黄帝熊图腾的记忆，促使他们在黄帝故里纪念广场建立起一个熊足大鼎，依稀地暗示出熊图腾问鼎中原的想象场景。据说此地村民是数百年前从外地迁移而来，当时此地早已不是荒漠，自然他们无论是吸收先前本地相关传说还是从原住地带来祖先故事，关于黄帝与熊的神话都是文化记忆在民间传播的体现。

当代考古学家将民间文化记忆提供的第三重证据作为和考古发掘相互印证的对象，试图在中原地区寻觅出夏文化的脉络。河南省文物考古研究所编的《禹州瓦店》一书就认为：

> 河南嵩山南北地区是夏人立国前后的主要活动地域。传说中的禹之居阳城、启之都阳翟、太康之都斟寻就在嵩山南北的登封、禹州、巩义或偃师境内。因此，嵩山南北地区的河南龙山文化（王湾三期文化晚期）和二里头文化成为我们探索夏文化上限的主要对象。其研究目标为：通过对嵩山南北地区河南龙山文化（王湾三期文化晚期）的分期，建立起比较详细的考古编年序列，并利用碳十四测年确定其年代。通过文化因素分析，探索河南龙山文化（王湾三期文化晚期）与二里头文化的关系，指认出夏文化，进而大致确定夏文化的上限。

◆ 华夏文物中的神熊记忆：徐州狮子山楚王墓西汉金带扣

文献记载与考古发现相参照的对比思路，也促使了多重证据的思考必然会改变过去学者偏信文献和单纯依赖文献的习惯。提供多重证据，要求学者走出书斋，到实地去考察和搜集证据。河南登封王城岗、禹州瓦店、偃师二里头文化，还有它们与河南龙山文化的源流关系，是迄今探究夏文化发生期的重要线索。贯通这些信息的前提是需要人们跳出中原中心观的束缚，进一步联系晋南的陶寺文化和西部的羌戎系齐家文化，结合史籍上一再述说的“禹出西羌”的线索，这对于夏文化来源的认识会拓展出更加开阔的局面。史前文化研究尤其重要的是不能拘于一时一地，要广征博取，才能复现被遮蔽起来的远古线索。黄帝有熊同鲧禹化熊以及夏启的熊化，也许没有人能够证明其确实发生过，甚至这些祖先人物的存在都无法得到客观实证，但是他们所代表的文化记忆、文化来源与生成机制仍然未曾中断地保留下来，值得后人去探索和认识。把民间还在讲述的神话传说仅仅当作文学来分析和欣赏的流行做法，需要加以改变，将活态文化传承的口述材料，提升为考察上古神话历史及其观念传承的重要参照，此是为上策。

◆ 湖南长沙出土西汉龙凤熊玉佩，采自《中国出土玉器全集》（第10卷）

第四重证据：神熊偶像传统8000年

第四重证据指考古出土和传世的文物实物及其图像。

无论是黄帝还是鲧、禹、启，关于他们有着众多的文献记录和民间传说，可是传统的史学家并不将其作为可以采信的史料来书写历史，因此在人类学产生或引入中国之前，一般是把这些作为虚构的成分加以排斥的。但考古出土的实物不同，往往被作为最“硬”的证据，因为这就是所谓的物证。理证需要控辩双方具有基本一致的、都可以接受的逻辑原则，书证还要考虑书写之人的主观因素。物证被普遍认为最具有客观性，东西在那摆着，由不得你不信。把第四重证据的重点放在考古实物与图像的物证上，可以给出“事实胜于雄辩”的证明。

自新石器时代以来，熊神偶像普遍存在于世界各地。西方的考古学家在欧亚大陆确认出的熊神偶像制作传统约始于一万年前。文献记载所暗示的中国夏代及黄帝时代的熊图腾线索，并不意味着那就是东亚大陆熊图腾的开端，晚近的考古发现足以将我们探考的目光引向更加深远的史前时代。

本书一再提到的20世纪80年代辽宁建平县牛河梁女神庙出土的真熊头骨与泥塑熊头熊爪，这会让专业工作者联想到欧洲尼安德特人的洞穴中端正摆放的熊头骨。对照之下，约五六千年前的红山文化先民崇拜熊神的事实就变得清晰起来。笔者2006年在内蒙古林西县博物馆辨识出更早的兴隆洼文化石雕熊像，这一巨兽形象与女神石像同时出土，所用石料也一致，年代距今约7800年。这就完全呼应了欧洲新石器时代考古学所揭示的史前女神宗教情况——熊为女神化身或动物象征。对应的民族学现象，即狩猎民族称呼熊为奶奶或老祖母。

2004年出版的内蒙古自治区文物考古研究所编《白音长汗》一书，也展示了同期文化的出土石雕熊形象：用两个小圆坑代表两只熊眼，嘴部向前凸。要知道在中国北方，熊也被称为狗熊，这正是因为熊是由类似于犬的祖先进化而来，在动物学上属于犬科进化道路上的一个分支，所以那嘴部前凸的特征就是明显的生理标记。从兴隆洼文化的石熊造型到红山文化女神庙泥塑熊神，经过大约4000年前夏家店下层文化贝雕熊偶的过渡，熊图腾偶像制作的传统进入到商周时代，使得玉熊形象的生产脱离了图腾崇拜的原始土壤，一直延续为华夏神兽造型的一类，至今还在传承之中。摆脱先入为主的龙形想象，回到现实，这些熊偶的出土才真正反映了史前文化信仰的“真实面貌”。

由辽宁省文物考古研究所专家孙守道等编撰的《红山文化玉器新品新鉴》（吉林文史出版社，2007年），封面上就采用了新发现的红山文化玉雕熊像。孙守道、郭大顺等牛河梁遗址的发掘者也都曾著文提出约5000年前的红山文化人乃是拜熊之民族，牛河

◆ 牛河梁女神庙出土红山文化泥塑熊头、熊爪

◆ 四川巫山出土汉代神熊骑蟾蜍红陶灯座，摄于重庆三峡博物馆

◆ 战国四神熊舞蹈铜镜，采自《欧洲所藏中国青铜器遗珠》

梁积石冢出土的玉雕龙形象实为熊龙形象。还是那句话，玉雕龙的“龙”是谁命名的呢？当然是后人。没有人能拿出证据说牛河梁的红山文化先民当时就有和后人同样的“龙”观念。再仔细看一下牛河梁出土的“玉猪龙”，猪耶？龙耶？熊也！实际存在的熊崇拜才是真正的物证。至于后来多民族的相互融合、文化的相互传播产生了中央观念、四方意识及其象征的由实向虚的转化，那都是后话。对传说中五帝时代的探索，较为可信的材料出自考古发现，而且应该与红山文化发现的宗教崇拜物联系起来。结合安阳殷墟妇好墓出土的玉熊与玉龙形象，可大致说明熊龙的合二为一过程，自红山文化进入华夏历史的脉络问题，及其与商周青铜器兽面纹、饕餮形象起源的关系。对此，还要在下面一章结合二里头出土的兽面形象再做深入探讨。

2008年4月，笔者走访台北故宫博物院，看到该院器物组主任邓淑苹女士从文物市场所购藏的红山文化圆雕玉熊神偶像，一共有两件，其一为“购玉编号555”，高6.6厘米，和熊神并列的还有兴隆洼文化白石雕女神像。下面是邓淑苹女士撰写的专业解说词：

玉熊神，红山文化晚期，约距今5500—5000年。

◆ 台北故宫展出红山文化玉熊与兴隆洼白石女神像，2008年摄于台北

高大勇猛的野熊出没于辽西的森林草原上，人们对野熊又敬又畏；巫觋们既要敬拜熊神，有时也披戴着熊皮伪装野熊，希望能借助熊的灵性与其他神灵对话。

这件黄玉雕像，虽然有着人的体躯，却带着些许野兽的特征。腿似微蹲、双臂加紧，弯肘，两手抚于胸前；更特别的是五官不清楚，却明显地长了两只圆浑的熊耳。后颈上钻了一个横穿，由孔壁上绳索的磨痕方向推测，可能是因为要将这件雕像安稳地供奉于祭坛，而长期将它穿绑固定于长杆上。由这些现象推测，在红山居民的心目中，它可能是玉雕的熊神，也可能是带着熊头的巫觋。

◆ 台北故宫红山文化玉熊之一

台北故宫为什么要从文物市场上购买史前玉

◆ 夏代圣王的纪念性建筑——禹州古钧台，2007年摄于禹州

器呢？原来1949年从大陆辗转运到台湾的北京故宫珍宝中，并没有很多史前期文物。为了将馆藏器物的历史深度向上延伸，但无法到大陆来进行挖掘，就只有靠外购这一途径。台北故宫打出“8000年文物传承”的对外宣传标语，原来就是根据从古物市场购买的兴隆洼文化和红山文化器物。对红山文化熊神、熊龙的当代辨识，就这样从大陆扩展到台湾，成为华夏子孙在学术上寻根问祖的共同目标。

至于邓女士对红山文化玉熊雕像的解说词，如果参考欧亚大陆史前普遍出现的熊偶形象的情况，还是将其理解为再生女神的主要动物化身或象征，似乎更为稳妥。从祭拜者模仿其崇拜对象的意义上，其“带着熊头的巫觋”之推测，也是不无道理的。

这样将四重证据一一罗列出来，《山海经》所记“冬闭夏启”“恒出神人”的熊穴神话，可以充分说明，冬眠之熊是怎样在先民心目之中成为死而复活的神圣生命力体现的，而死而复生的信念又是一切重要的宗教和神话的核心观念。对保存下来的线索，应该分析其中的神圣信仰来源，这就可以从蛛丝马迹中寻觅到史前文化在后代记忆中的残存线索，进而整合出相对完整的“原貌”。熊神信仰在文明历史中的逐步衰落和被遗忘，正是和这个再生象征的替代者——另外一种能幽能明、能升天能潜渊的神话意象——神龙的信仰成反比关系的。这一过程可以概括为“龙进熊退”。由于历史久远，后人无法理解曾经存在的熊神时代，所以屈原要对天发问。想想他所生活的年代，距离熊神信仰与崇拜已经有数千年之久，对于再过2000年的后人而言，只有利用多重证据的立体释古，才会解开更多的文化之问。

以上对夏代国旗和鲧禹启化熊叙事的神话阐

释，虽然只是一个研究案例，却也试图阐明一种研究的方法论。换句话说，没有方法上的扩展与更新，要对传说时代做出超越古人的新探索，是难以展开的。神话研究乃至古史研究如何走出语言文字研究的老套路，一直是学术界极具争议的话题。重要的是，新的方法要尽量符合科学、可信的原则，更要深入民族文化心理，才有助于接受和普及。因此，借助于文化人类学的宏阔视野和跨学科知识系谱，充分利用古人所无法见到的民俗学、考古学新材料，获得多方参照和交叉透视的“打通”效果，使得传世古文献中遭到误解和无解的难题获得重新审视的契机，这是一个值得继续尝试的摸索方向。“四重证据法”的命题，希望能够通过本章的研究实例，得到进一步的充实完善，为发掘民族文化的深远根脉和深厚内涵，提供行之有效的工具。

◆北方满族萨满教木雕熊神偶像

>> 绿松石青铜诉传奇

>> 金玉结缘：新老圣物组合的秘密

>> 绿松石铜牌图案辨识

>> 铜牌配铜铃：王巫一体的通神法器

第七章 神圣绿松石：二里头铜牌之谜

每个民族都有自己质朴率真的神话时代，亦如每个人懵懂的童年岁月。人到中年以后，儿时的记忆总是如水中的涟漪，若隐若现；几千年过去，一个民族的神话记忆也如渐行渐远的影子，变得扑朔迷离。然而，无论是对个人还是对社会群体而言，世间最美妙的恰是那份对于过往的追忆。既然老人会在昏黄暮色中努力找寻童年的点滴，后代人自然也会追问鸿蒙之初的真相，就像大诗人屈原那样发问：“曰遂古之初，谁传道之？上下未形，何由考之？……”

本章承接上一章探讨的夏文化谜题，以二里头出土的绿松石铜牌的解读过程为主线，继续展开知识上的追问与寻踪之旅。

绿松石青铜诉传奇

2010年初秋，北京又迎来一年之中最宜人的旅游旺季。闭馆多年的国家博物馆尚未整修完毕，大凡重要的国家级文物展照例在位于北京西长安街上的首都博物馆举行。继2009年庆祝新中国成立60周年的“考古与发现展”“早期中国展”等，这一年首博又举办了一场名为“考古中华”的大型展览。这是纪念中国社会科学院考古研究所建所60年的杰出成就展，展品时间跨度很大，从约25000年前的旧石器时代，到封建社会鼎盛的唐宋时代，拿出的珍稀藏品琳琅满目，总数超过400件。对于爱好历史和文物收藏的全国参观者来说，这无疑是一场不可多得的知识盛宴。许多平日深锁在考古所文物库房的出土国宝，这一次都集中亮相，足以让有心的来访者叹为观止。很多人也许并没有留意，这次内容丰富且意义重大的展览的“形象代言者”，竟是一块小小的铜牌——一块只有成人手掌大小的绿色牌子。

在博物馆正面挂出的特展广告牌上，这件绿色牌子的形象显得格外醒目，但懂得其中文化含义的观者并不多。一般的观众面对这个形象难免会纳闷，这块绿色牌子什么来头，价值几何，为什么策展人要用它来做Logo?

在暗色的展厅中，出土的神秘绿色铜牌原件摆放在“王朝崛起”单元。那里集中展示的是考古所在地河南偃师的二里头工作队多年来探寻华夏文明早期王都的发掘成就。铜牌外形长14厘米左右，宽约5厘米，薄薄的一片，通体包裹着温润细腻的绿色矿物色泽，辉映着淡色的射灯，散发出幽幽的蓝光。由绿松石组合塑造的动物形象，长着一双凝视的凸起眼睛，如宝珠一般，似乎向人诉说一件尘封千年的如烟往事。本件文物被专家定名为“镶嵌绿松石铜牌饰”。三四千年时光的土埋水浸似乎并没有损毁它的光芒与灵气，这些绿色依旧流溢，铜底依然坚硬完好如初，纵使它守护的墓主人早已尸骨腐朽，化入尘埃。

◆ 以二里头出土绿松石铜牌为标记的“考古中华展”，2010年摄于首都博物馆

聪明如你一定也有很多疑问——这件铜牌从哪里来？它有什么用处？那铜牌上的动物图案究竟要表现什么？制作人为什么不惜工本地切割数百块细小的绿松石，打磨光滑后拼接镶嵌到铜板上？当年能够拥有它的主人又是谁？

别急，让我们像现场发掘者一样耐着性子，用毛刷慢慢地刷去时空的灰尘，一睹这铜牌神秘的真面目。通过它，也许会看到一个与以往想象概念里不同的过去，一个足以让任何一个炎黄子孙惊异的夏代国徽的影子……

认为二里头出土的铜牌可能代表的是华夏王权早期建国之国徽，是笔者尝试用人类学的民族志材料去解读史前中原文物的推测结果，笔者将分析过程写成专业论文，刊在《民族艺术》杂志2008年第4期。2009年春在中国台湾任教期间，在台东的史前文化博物馆遇到中国社科院考古所二里头工作队的队长许宏研究员，向他了解到一些当地考古发现的新情况，尤其是2002年春在3号宫殿3号墓（编号02VM3）出土的巨型绿松石龙的造型，是考古工作者多年梦寐以求的，在某种意义上说又是可遇而不可求的。听他介绍后，很想亲自去考察一番，找到一种现场的体验感，却总是没

◆ 二里头出土镶嵌绿松石铜牌，2010年摄于首都博物馆“考古中华展”

有找到前行的机会。一晃两年过去了，为了进一步深入探讨铜牌等文物的出土背景，2011年3月13日，笔者第二次叩访这个洛河边的小村庄，到中国社会科学院考古研究所二里头工作站做学术调研。还记得第一次来这里是十多年以前，随着大象出版社《寻根》杂志创刊会议的专家来考察的，组织者为大象出版社社长周常林先生，同行者有《寻根》编辑部主任周雁女士、复旦的葛剑雄教授、西南师大的王泉根教授等。那时虽然也研究神话历史，却没有充分注意到这个中原小村的文明“寻根”价值，主要注意力被吸引到嵩山和少林寺去了。当时的考古作业也还没有发掘出王城的绿松石作坊。后来周雁女士寄来她任责编的一本考古访谈录《手铲释天书》，里面有许多专家对夏文化的探源工作发表高见。这方面未解的难题是：后代文献上记载的夏代能不能在考古学的意义上得到证实呢？从许宏队长的意见看，二里头遗址究竟姓“夏”还是姓“商”的疑问，还是留待后人去解决为好。

◆ 中国社科院考古所二里头工作站

真不曾料到，笔者十多年后还会带着同样的难题，专程前来朝拜和调研。因逢3月春假，工作队里只有一名女性技工在值班。她引导我们观看了二里头文化各期的出土陶器情况，并给予专业性的讲解。出于安全考虑，这里所有的出土青铜器和玉器都转移到洛阳、郑州和北京。留在工作队的只有陶器，从一期至四期，并一直向下延续到商代，大约千年之久的文化繁荣，从陶器类型的演变中就清晰可观，没有过中断。此外还有一筐一筐的碎陶片堆积如山，放满了库房和楼梯间。

两个多月后的6月2日，笔者借道第三次来这里访问，希望探明绿松石来源之谜。这一次在工作站驻队的是从中国社科院毕业不久的研究生赵海涛。在访谈中得知目前已经查明二里头宫殿区有绿松石作坊，出土了许多绿松石原料和半成品，但笔者追问这些绿松石的来源，小赵的回答依然是待考，只知道不是本地出产的，因为整个豫西地区就没有绿松石矿藏。较大的可能是来自河南、湖北、陕西三省交界地区，那里有著名的绿松

◆二里头一期至四期陶器，摄于中国社科院考古所二里头工作站

石矿。小赵带我们一行人看了宫殿遗址发掘现场，指明了铜器作坊和绿松石作坊的位置。

通过分析解读文物寻找文化信息，是晚近的社会科学研究潮流所向。只要将豫西的二里头与豫南的南阳一带画上连线，一条史前的绿松石之路就呼之欲出了。只有远距离的开采和运输促发的跨地区贸易交往，以及由此而来的物流、人流和文化影响，才有可能将小国寡民的史前部落社会带入国家和文明起源之途。小小的绿色矿石，原来和我国中原王朝的统治权、行政权之最初崛起密切相关。这就是笔者三番五次来这里探访的主因。由于意识到绿松石原产地和消费地之间的覆盖范围，很可能就是中央王权的覆盖范围，对于史前玉石之路的关注兴趣，就一下子超出了司马迁以来的书本文献。

绿松石作为中国人熟悉的四大美玉之一，一直以来受到历代王公贵族们的崇奉和追捧。清代以来因为新疆和田玉的大流行，绿松石的崇高地位只在藏传佛教地区的宗教宝物和法器上还一成不变地保留着。和绿松石相关的文学艺术想象，也是在当代藏族文学中依然获得突出的表现。二里头出土的早期中原王朝绿松石制品，也许会重新唤醒我们关于古老的绿松石信仰和神话的意识，再度重视这一笔宝贵的物质和精神之双重遗产。

金玉结缘：新老圣物组合的秘密

河南洛阳是世界著名的古都。在洛阳东面有一个偃师县，县里有一个叫二里头的普通村庄。从外表看上去，好像再平常不过了。可是就因为在20世纪后期发掘出三四千年前的城市和宫殿遗址，于是一夜间变得举世闻名。二里头位于豫西平原，是黄河的支流伊洛河所形成的冲击平原。这里地势坦荡，良田广袤，不远处巍峨高耸的中岳嵩山，诉说着华夏中原的天然地标故事，也见证着古往今来“得中原者得天下”的征战杀伐和改朝换代。村庄看上去和许许多多中国普通村落没有太多的区别，但是如今，这个看似平凡的村落，竟然戴上了一顶令人惊奇的豪华冠冕——“华夏第一王都”，多数专业人士认可的夏朝王都遗址就在这里。

可以想象，这个寂寥的村落在几千年前是何等的繁华，何等的恢宏！根据发掘遗址而复原出的宫殿模型，出现在当代的各种报告和展览中，这不禁让今人遥想当初，有多少骁勇之士在这里挥洒忠诚，又有多少美女歌姬在这里向帝王权贵们翩然起舞，还有数不清的智者在波诡云谲的宗教政治风云中出谋划策。在这里发现了中国境内最早的车辙，最早的铜器作坊，最早的绿松石作坊。根据此地为王权级别的宫殿区的情况，可知此类作坊均不是民间工匠所为，而是类似清宫造办处一类的官方手工业工场，代表着当年全国最领先的工艺水准和制作技术。这里出土的铜爵、铜鼎、陶鬶、玉圭、玉璋、石镰，各种祭祀和生活用品一应俱全。在这里我们还能清楚地认知到，小麦、水稻、大豆、黍、粟这些与华夏民族唇齿相依的农作物在4000年前的中原已经相继获得栽培。虽然二里头文化还不是最早的夏代文化，而这一项一项的农业和手工业技术结晶已经令人刮目相看了。也正是在这片充满神秘未知又宁静的洛阳东郊的黄土之下，还有等待发掘的玉器、铜器以及类似绿松石铜牌饰的珍贵文物。

◆华夏第一王都石碑

了解到这块史前工艺品铜牌的诞生地情况——

文化和技术的四方荟萃，还需要交代一下绿松石铜牌的发现经历，然后说明老圣物绿松石的切磋琢磨与新圣物金属铸造是怎样在二里头被组合创新，开启一种新的工艺制作传统的，最后再对铜牌上的形象符号做出解释。

首先要说明，这样的绿松石镶嵌铜牌饰并不是唯一的一件，目前能够确认的同类工艺品约有十多件。其中在二里头遗址正式发掘出土的有四件，其中一件损毁不计，还有三件，是中国社科院考古所二里头工作站分别在1981年、1984年和1987年从遗址的高等级陵墓中发掘出来的。目前多数学者认为它们应属于夏代遗物。这次首都博物馆展出的正是1981年发掘的那件，其制作的精美程度最高，保存的品相也相对较好，所以能够代表新中国考古60年来最有价值的发现。

另外八件同类器物都是早年被不知名的文物商人贩卖到国外，流散到各地博物馆。比如哈佛大学赛克勒博物馆藏有三件，檀香山艺术学院收藏有一件，英国伦敦埃斯肯纳齐古董行有一件，日本滋贺的美穗（MIHO）博物馆也藏有一件。原来各博物馆和收藏人都不能确切知道此类铜牌的制作年代，一般误判为商周时代。直到1981年，考古工作者在二里头一座编号为M4的墓葬中正式发掘出第一个镶嵌绿松石铜牌饰之后，相关报告一经发表，世界各地的博物馆和收藏家们才恍然大悟，终于得以弄清自己的绿色美石铜牌竟然是来自中国商代之前的古老王都的文物，而且佩戴这些铜牌的人，一定属于当时社会阶层很高的王室祭司阶层。

无独有偶，后来考古学者在四川广汉三星堆和甘肃天水出土文物中也发现了共四件镶嵌绿松石铜牌饰。广汉和天水虽然与洛阳二里头相隔甚远，但是出土器物却风格相似，被看作是二里头文化向外传播的产物。这就意味着，商朝建立之前，中原王都二里头的影响已经远及巴蜀和河西。如果将三星堆诡异的铜

◆ 二里头玉璋，2010年摄于首都博物馆“考古中华展”

◆ 二里头遗址1984年出土的镶嵌绿松石熊形铜牌

◆古埃及伊西斯女神金像：身体为绿松石，羽翼和头发为青金石

面具与这些绿松石铜牌饰放在一起思考，那么发挥想象的空间就更加广阔了。

这十几件铜牌形象不尽相同，有的损坏严重，有的保存得比较完好（比如首都博物馆展出的那件），但它们都有一些基本的共同点。铜牌饰几乎没有例外都加工出四边上的纽孔，表明它们是可以穿绳佩戴在身上的；它们都是在青铜制成的底面上嵌着绿色的矿物。这种矿物就是绿松石，英文名叫turquoise,直译为“土耳其玉”。欧洲人可能主要是通过土耳其得到来自东方的绿松石的，所以这种东方美石就有了“土耳其玉”之名。在古埃及神话里，著名女神伊西斯又叫“绿松石女神”（Mistress of Turquoise），可见这种玉料本身就被早期文明视为神圣，并且被进一步神话化。通过古埃及法老王陵出土的精美绿松石加黄金文物，今人可以对绿松石这种材料在古人心目中的神圣性

◆伦敦古董行收藏的镶嵌绿松石铜牌

质，有所体会。据民间信仰所说，这种绿色的坚硬美石因为能够代表神力，具有极强的驱邪和护身作用。东西方文明的绿松石工艺有一个惊人相似处，即将石材切割成小碎块，数以百计的碎块被拼接为整体，镶嵌出各种类似马赛克的美丽图案。二里头的铜牌图案大都是呈匍匐状的动物模样；每个铜牌的纹饰都是一张脸，有嘴，也有那最令人印象深刻的奇妙的眼睛。这些脸有的诡秘，有的稍显狰狞，有的憨态十足，似乎那图案纹路之间暗含了古老的咒语。那么这些怪异的面目刻画的是谁呢？是远古圣王的图腾面具？是国都守护神兽的面容？还是来自天外来客留下的自我刻画？

◆ 山东青州出土的商代镶嵌绿松石玉柄形器

◆ 殷墟出土镶嵌绿松石神兽面，台北"中研院"文物馆藏

有一点能够肯定：二里头遗址贵为文明发生的王都区，随葬玉器和绿松石器物的墓葬却很稀少。考古学者将已经发掘过的二里头墓葬分为四个等级，在三级和四级墓葬中发现陶礼器、玉器和铜器的概率居然为零。显然，绿松石绝不是一般平民百姓所能享有的奢侈品。相对而言，在二里头文化中，玉矿材料最为稀有，其次是绿松石矿和铜矿。它们三者都是足以代表神圣身份和权力身份的符号物。在二里头文化一期，这三者都还不见踪影，出土文物唯有陶器。在二里头之后兴起的二里岗文化，属于典型的商代早期文化，铜器的数量比例大大增加，而绿松石奢侈品的数量却大为减少，几乎到了"惜石如金"的程度。其中的原因或许是王权的统治区域发生了变化，原有的绿松石矿来源被切断或耗竭吧。而到了殷商晚期的王都安阳，国王和王后级的大墓中也还延续着镶嵌绿松石工艺，有镶嵌于骨器上的，也有镶嵌在玉器上的，同样用于神话观念所支配圣物的制作传统，不宜按照今人的世俗观念简单化理解为一般审美需求的装饰品。

◆ 殷墟出土的铜柄镶嵌绿松石玉刀，台北"中研院"文物馆藏

为了有助于今天的读者体会史前期绿松石文化传统的宗教信仰背景，让我们看一下人类学家描述的文明起源期玉石崇拜现象，以及由此驱动的跨地区贸易情况。人类学家费根所著《地球上的人们——世界史前史导论》（世界图书出版公司，2011年），讲到美索不达米

亚文明发生期的情况。最初的远距离贸易现象是怎样出现的？伊拉克北方特尔哈拉福居民接受土耳其西南地区发明的彩陶文化，建立起最为光彩夺目的彩陶生产。“哈拉福人的生活方式与其先辈们相差无几，没有做出什么惊人的农业改进或技术发明。但是他们在相距数百英里的村庄之间建立了新的广泛联系，从事黑曜石、半宝石和其他奢侈品之类商品的贸易。”黑曜石的用途主要在于生产工具的制作。但是也有证据表明黑曜石作为非工具性的奢侈品原料的情况，在古文明中不是孤例。如南美阿兹特克文化中，有黑曜石雕刻而成的精美神圣面具。“在大约公元500年的顶峰时期，特奥蒂瓦坎主宰了历史学家称之为中美洲古典时期的一段繁荣期。商人们向北旅行到达墨西哥高原，向南则到危地马拉。他们用陶器、花瓶、香料以及黑曜岩制作的工具进行交易，然后带回佩滕丛林的翡翠、美洲虎皮和可可豆、墨西哥西部的土耳其玉和绿玉，以及太平洋和墨西哥湾海岸的海螺壳。”“所有的中美洲民族都认为绿色原料比其他任何原料都珍贵，他们使用翡翠、土耳其玉或者大咬鹃绿色的羽毛。科尔特斯很快就发现了这一点，他用绿色的玻璃珠子与阿兹特克人交换，以得到黄金。”绿色石头“土耳其玉”不是别的，正是美洲当地产的绿松石。在供应不足的情况下，就用人工制作的绿色玻璃来替代，后者居然能够交换黄金。这种情况就像天然矿石青金石的替代物——深青色的琉璃在古埃及和印度那样，在神话观念的支配下，某一种美石会变成驱动人类欲望的“疯狂的石头”。

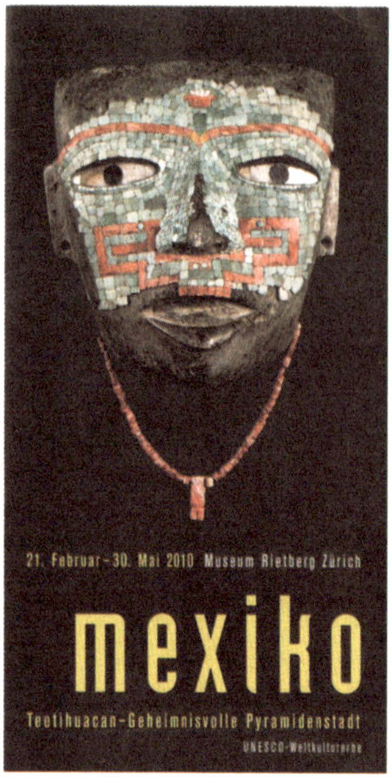

◆ 墨西哥古文明展的镶嵌绿松石神面具，2010年瑞士苏黎世博物馆特展宣传画

如果简明扼要地说清其“被疯狂”的原因，那就是，美石首先被神圣化了。文明初始期的社会群体中不会有一个无神论者。追求神灵和永生的人们，必然将其内心的欲望和情感向外投射到某种物质上。绿松石和青金石，还有美玉，就这样承载着人类赋予的太多太多的价值和太多太多的联想。“我为石而狂”的现象在四大洲不约而同地出现了。

在阿兹特克神话观中，有“神的化身”之类信仰，如“神圣的包裹”（简称圣包）。这是中美洲宗教和一些北美土著信仰的共同特征，他们都尊奉“圣包”（Sacred Bundles），圣包中包含着表达对一个特定神灵崇拜的神圣物品。阿兹特克人圣包里可能有神的斗篷，据说是过去神为给世界带来生命牺牲自己时，传给后继者的信物。此外还有翡翠、珠宝、蛇皮、虎皮以及其他一些圣物。这些圣物由称作“神的代言人”的祭司收藏，他们通过这些圣物可以获得特殊的力量，并能揭示预言。

从以上记述中可以看出，对于阿兹特克人来说，翡翠玉石之类的圣物乃是人神之间信息沟通传递的中介物。它们的功用不仅是代表神灵给人间传达神圣的法力，而且还能够兼具传达神谕，即“揭示预言”的效果。这些描述基本吻合世界各主要文明的玉石信仰的普遍特征。

埃及文明古王朝时期的一个故事表明了绿松石在当时的神奇价值。法老为了解除精神压力，让20名盛装美女在宫廷的湖中荡舟。其中一位美女在划桨时不小心将头上戴着的一个精美绿松石头饰掉进水里，她为此懊悔不已。一位名叫Zazamankh的宫廷巫师有能力通过他的法术对此做出补救。他口中念诵一段法力强大的咒语，那绿松石竟然从水底升起来，漂浮到水面上，美女将它捡起来，重新戴到自己头上。通过这个王族首饰的故事可以看出，今人所谓装饰品并不仅仅是装饰品，其承载的美学价值和身份等级、财富炫耀意义是后起的、次生的或派生的，其信仰的巫术魔法价值，才是原生的意义所在。

古埃及人确信不同种类的宝石都具有特殊的护身保佑作用，他们将这些美石组合到自己的项链上，以便获得抵御外来邪魔侵袭的神力。通常的美石有绿松石、红玉髓、青金石、玛瑙、紫水晶、绿宝石、金珠、银珠、琉璃珠、陶珠等。为了增强这些首饰的辟邪神力，还要将小型的神像和神圣动物像加在

◆阿富汗出土御龙者神话形象——黄金镶嵌青金石、绿松石，阿富汗国家博物馆藏

◆ 图坦卡蒙墓葬出土法老像：黄金镶嵌青金石、绿松石

各种宝石之间。即使在木乃伊和木乃伊棺木上，也会模拟性地绘制出装饰有此类珍贵玉石、花卉等图像的项链或项圈，以做护符。法老级别的最高等文物一般用珍贵的黄金镶嵌绿松石和青金石，使得老的美石神物加上新的金属神物，以求最大的法术力量。参照其他古文明的玉石信仰情况，再看中国史前绿松石饰品和工艺品的制作和使用传统以及绿松石和青铜金属结合制作圣器的情况，其原有的通神和辟邪护身意蕴也就容易得到还原和理解了。

如果向上追溯绿松石进入史前中国文化的源头，则要一直追到距今约8000年的裴李岗文化。那是东亚大陆上迄今所能看到的最早的一批绿松石器物，以小件的珠、管和坠饰品为主，简陋而单纯，没有精雕细琢的痕迹。值得注意的是，裴李岗文化的地点不像史前玉器的起源地那样位于中原地区之外，而恰恰就在中原的河南省境内。在此后的仰韶文化、大汶口文化、红山文化、夏家店下层文化和齐家文化中，可以看到史前绿松石工艺模式的缓慢进化：从珠管坠加工技术到粘贴、镶嵌等复杂工艺，依次出现并日臻成熟。类似二里头出土绿松石龙的那种粘贴法技术，在中原仰韶文化后期的庙底沟二期文化和西北的齐家文化中均有出现，用于加工制作复合型绿松石饰品。至于西北和中原的绿松石拼接粘贴工艺孰早孰晚，谁影响谁的问题，目前学界还有不同认识。例如青海宗日遗址M322墓主人左手腕的绿松石饰物，采用大小形状各异的几十块绿松石片粘贴在提前制作成型的骨质有机物上，以此制作成雍容华贵的精美饰品。也有把绿松石粘贴在岩石板上，将两者结合为一体制作饰品，如宗日遗址M130墓出土的绿松石块饰，即用此方式做成。

但也有来自中原地区的报告，如山西临汾下靳遗址，即属庙底沟文化晚期（约公元前2500年）。在一男性墓主的头骨和左肩胛骨上镶嵌有绿松石的饰物，在两位老年女性的手腕上各有一件镶嵌绿松石的手镯，镯为黑色胶状物，上面贴有数十片绿松石碎片，等距离镶嵌

◆ 山东大汶口文化出土镶绿松石骨筒，摄于山东博物馆

◆ 拼接黏合的绿松石嵌贝手镯

三个白色贝。镯周长30厘米，宽9厘米。另一件手镯外径9.5厘米，内径5.3厘米，在黑色底上贴附绿松石20多片，拼合为一体。这说明约4500年前的社会已经分出明显的等级。绿松石作为神圣象征物，只能为社会的领袖（很可能兼为宗教领袖）人物所拥有。

在比庙底沟文化稍晚的山西陶寺遗址，考古工作者发现已经散落的绿松石镶嵌饰片900余枚。由玉饰件、绿松石嵌片同骨质组装而成的头饰颇具特色，为同类饰物中迄今可确认年代最早的一群标本。这种组合共发现24组，分别出于24座墓中，其中10组曾镶嵌绿松石饰片，由十数枚至60余枚不等。一些绿松石底部也见粘有黑色胶状物。 这些都表明二里头的绿松石铜牌的出现，是古老的玉石信仰结合金属加工新技术所催生的艺术精华。

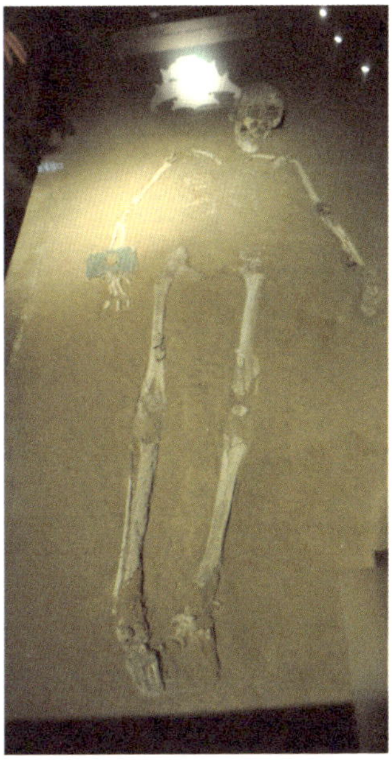

◆ 山西临汾下靳庙底沟二期文化出土佩戴绿松石的女性，摄于山西博物院

地质学家章鸿钊在《石雅》一书中认为，“琅玕”为古代绿松石的别称，至少在先秦时期这个别

名就已经见诸文献记载了。《尚书•禹贡》就提到琅玕是雍州的贡品。现代矿物学的发展表明，我国绿松石的产地分布远非古时的雍州（约今陕西、甘肃等）一处。陕西之外，还包括湖北郧县、竹山，河南淅川，青海，新疆和云南等地，尤以湖北北部和陕西南部的蕴藏量为大。二里头文化所波及的南端到达河南南阳一带，恰好与上述两地接壤。从南方运来的绿松石矿和铜、锡等矿石，按照同样的南北路线运抵中原洛阳盆地，这就使得王都宫殿区设立官办的绿松石作坊和铜器作坊成为可能。早期中央政权用来装点门面的神圣图腾意象，就这样通过金玉组合的方式，被史无前例地打造出来。

2002年在2号宫殿区出土的大型绿松石龙形饰，用了2000余片厚0.11—0.12厘米大小各异的绿松石片，拼合粘贴在一有机物上，组成长64厘米、最宽处4厘米的大型绿松石龙蛇形象，动感十足，耐人寻味。后来在商周时代得到普遍使用的绿松石镶嵌工艺，应该与早期的粘贴工艺有着渊源和发展的关系。

郝炎峰《二里头文化玉器的考古学研究》总结二里头文化玉器整体特征，其中的一点是：二里头文化的绿松石器显然没有玉器那样稀缺，是作为较玉器次级的替代品出现的。而在青海省文物管理处等发表的《青海同德县宗日遗址发掘简报》中，可以看出西部史前文化的绿松石制品繁荣的情况。出土各类玉石饰品276件，包含绿松石块、珠、玉璧、水晶石坠、玛瑙珠等。其中绿松石块（片）79件，多为灰色板岩的一面附有一层绿松石，少数是用纯绿松石片穿孔而成的佩饰。还有大量绿松石珠，多与骨珠相间串成链饰。宗日文化是青海新石器时代考古学文化目前所知最早的遗存，距今约5500年。这些遗址中所见绿松石是西部先民最早使用绿松石饰品的证据，其年代大大早于二里头文化和龙山文化。

继宗日文化之后，西北地区的众多史前文化（如马家窑文化、齐家文化、辛店文

◆2002年二里头出土的绿松石龙（蛇）形器与铜铃

◆ 二里头遗址出土绿松石龙（蛇）面部

化等）皆有绿松石制品出土，这显然是一脉相承的工艺技术传承。如果能够更加细化地鉴别出其绿松石矿的产地来源，则可勾勒出史前西部的“绿松石之路”及其对中原之影响，并作为玉石之路的整体考察和文明起源的重要线索。若要寻找与夏朝年代相当且批量生产玉礼器和绿松石器的史前文化，则应以齐家文化作为首选目标。经过正式发掘的齐家文化绿松石器虽然不如玉礼器体系那样显赫，但是在古玩收藏界却经常看到齐家文化风格的镶嵌绿松石文物，这里面或许透露着一些有趣的历史信息。

绿松石铜牌图案辨识

回到二里头出土的铜牌上面的镶嵌绿松石图案形象，有人认为，这些绿松石拼出的面孔图案就是最早的龙面。这些铜牌刻画的如果真是龙的形象，那就恰好提示了相当于夏朝时代的先民心目中龙是如何表现的。然而，2002年发掘出用2000多块细小绿松石片（每片厚度仅为0.1厘米）拼合粘贴而成的龙，其龙面为方形，龙眼为白玉质地圆凸形，龙鼻为两个白玉柱和两个绿松石柱拼接而成。这一龙面形象显然和铜牌饰上的神兽形象截然有别。过去也有学者认为，铜牌饰上的面纹来自于传说中饕餮的面容。汉代奇人东方朔所著的《神异经·西南荒经》中说："西南方有人焉，身多毛，头上戴豕，贪如狼恶，好自积财，而不食人谷……名曰饕餮。"通俗地来说，饕餮也就是传说中非常贪吃而又食量巨大的怪兽。然而，如果仔细辨识，可看出铜牌上看似怪异的形象不属于上面所说的那些想象中的非人间物，而是取自平常人都见过的几种动物。换言之，三个铜牌饰上的三种形象都有现实的动物作为原型。首先是虎，其次是鸱鸮，最后是熊。三者没有一个是凭空想象出来的，而是各有其悠久的史前崇拜传统。

第一，虎纹。

这件铜牌于1987年出土，保存良好，属于二里头文化的四期。此块铜牌的制作工艺较特殊，是已知所有铜牌中唯一在铜框架上镶嵌绿松石的，背后没有铜底依托。这样的精湛技艺竟然出现于3000多年前，有承前启后和后来居上的意义。铜牌上的虎面特征颇为明显。仔细看，这虎的头部呈现为圆形，圆圆的"虎目"，两目之间有笔直的"虎鼻"。特有的三对须状造型，不正有虎头虎脑的感觉吗？奇怪的是，它身上的绿松石块围成了12个鳞状图案，这就容易引发人们关于龙蛇之类鳞甲动物的联想。有的专家认为这是一种结合多种神灵特征的体貌，既有虎的面目，也有龙的身体，隐约预示

◆ 二里头1987年出土镶嵌绿松石虎形铜牌饰

着后人所说的龙虎精神。但是不管这身上是龙鳞或是其他，铜牌上的兽面为虎面特征还是清楚的。关于虎图腾的史前传统，可以在夏禹之前的舜帝号“有虞”中找到根源。从“虎”的“虞”字本身就可以作为虎的代称，更不用说神话动物“驺虞”即指白虎了。在湖北天门石家河文化玉器中，虎的形象较为多见，这也和巴人以虎为图腾的信仰有相互联系的线索。二里头文化和陶寺文化中都发现了来自石家河文化的玉器形式，看来史前的南北文化交往情况远比我们想象的要复杂。至于二里头镶嵌绿松石虎形铜牌的造型和工艺流变发展情况，可以在殷商晚期妇好墓出土的镶嵌绿松石和白玉身的青铜虎形象上，看得格外分明。

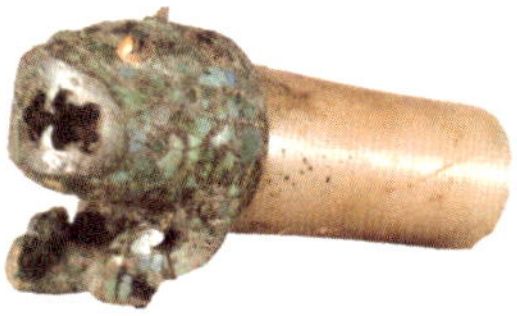

◆殷墟妇好墓出土镶嵌绿松石及白玉身青铜虎

第二，鸱鸮纹。

这件出土于1981年的铜牌，也就是此次首都博物馆展览作为标志的那件。它应该是所有铜牌中品相最好的一件，年代也最早，属于二里头文化二期。由于在此之前的一期，迄今尚未发现玉器和铜器。人们不禁要问：为什么二里头先民一开始创造就造出最为精美的一件铜牌呢？那些嵌在青铜底上的200多个绿松石小块，个个呈现温润的绿色，似乎饱含水分，有沁人心脾的光泽。绿松石块组成了一道道线条圆润的勾云纹路，特别是那两只又圆又凸的眼睛恰如明灯，似乎透露着智慧，使整个铜牌形象灌注了灵气。

是什么样的动物需要特别突出刻画其眼珠呢？一般人难以料到这件铜牌的面容竟是属于一种现代人看来非常诡异的动物——鸮。

鸮，也就是今人常说的猫头鹰。它在古代民间有许多种名字，比如姑获、鬼车、鹏鸟等等。猫头鹰最大的特点恐怕就是那双大得出奇的眼睛了，而这件铜牌最引人注意的不正是那双圆溜溜的，宛如宝珠似的眼睛吗？而两颗眼珠的外面居然还有大大的眼圈，这不是猫头鹰的脸又是谁的呢？铜牌的嘴是尖尖突起的，只有鸟喙才会长出这样的特征，而不是野兽。龙和狐狸都不可能有这样的面目特征。这形象让人很容易联

◆殷墟出土商代大理石鸮（俯视图及正面图）

想到：古希腊的智慧女神雅典娜不是以猫头鹰为象征吗？猫头鹰那会旋转的眼睛足以穿透夜间的黑暗，这是初民对其视力中的神力刮目相看的原因，也是鸱鸮被神话化的原因。

在荒野，猫头鹰的叫声恐怕是真能吓坏人的。人们如此害怕猫头鹰，应该是因为它们不仅只在晚上活动，而且经常出现在坟地，叫声凄厉诡异，让人毛骨悚然。汉代的贾谊有篇《鹏鸟赋》，描写的就是猫头鹰不请自来进入他的房屋一事（贾谊写完这篇文章之后没多久就逝世了）。人们不禁会疑问：这样向来以怪异著称，甚至往往和死亡相伴而来的大鸟，二里头的王室贵族们为什么还带着它们的形象一起魂归地下？难道这样的夜间猛禽能保护铜牌主人的灵魂？

在远古时代，猫头鹰并不是现在人心中的带来灾难的恶鸟，而是神灵一般的“天鸟”，甚至可以说就是神的化身。现代的人惧怕死，认为带来死亡的东西就是污秽不净的，代表死亡的猫头鹰也就被人讨厌。但是3000年前的初民可不是这么想的，在他们的“原始思维”里，生和死像一对孪生兄弟一样不可分割，也是相互转换的。神话观念认为，人的灵魂寄居于肉体之中，肉体可以枯朽，灵魂或者是精神却永远不灭。当一个身体朽朽老矣，就该脱离这个身体，转生到另外一个充满生机与活力的年轻身体里去。于是，生和死之间是相互转换的关系。死即是再生的准备。生生死死，往复不息。猫头鹰在夜间出现，属于沟通阳界和阴间的神鸟。换言之，它们的身份是兼为死神与再生之神，史前人类普遍地崇拜这种“神鸟”也就不难理解了。新出土的红山文化的绿松石鸮（见第一章图）、仰韶文化陶鸮面等文物形象，表明比二里头文化早得多的时候，先民就已经奉鸱鸮为神圣了。

◆ 仰韶文化陶鸮面，摄于北京大学赛克勒博物馆

对猫头鹰的崇拜绝不仅仅局限在华夏民族，而是普遍存在于整个欧亚大陆。古老的埃及陵墓中就出现了猫头鹰的浮雕。猫头鹰不仅是使者，也是远古女神文明中女神的化身——司职死亡与再生的大女神！明白这个道理，你就不会奇怪古希腊智慧女神雅典娜的头顶上为什么会站着一只猫头鹰了。

而近些年来，因为各种复杂的社会、文化因素，猫头鹰逐渐成为各种艺术媒体的新宠儿。有部电影叫《猫头鹰之城》，有一个流行乐队叫owl city（owl就是猫头鹰的意思）等等。这些有趣的文化现象暗示出：猫头鹰作为古老的文化元素在当代文化寻根运动中正在得到复苏和再造。

第三，熊纹。

上面关于虎形和鸮形的铜牌已经说了很多，但是要知道，在已知的12件铜牌中，虎面纹和鸮面纹的铜牌各只一件，剩下十件的纹路特征有许多共同点，基本可以认定属于同一种神兽形象。占绝对优势的数目只能说明一个问题，那就是这个兽面在夏代祖先那里曾被一致认为是尊贵和神圣的、拥有至高权威的。前一章的讨论已经揭示出：或许熊就是占据万神殿中央位置的大神，或许就是被膜拜的图腾祖先的形象……

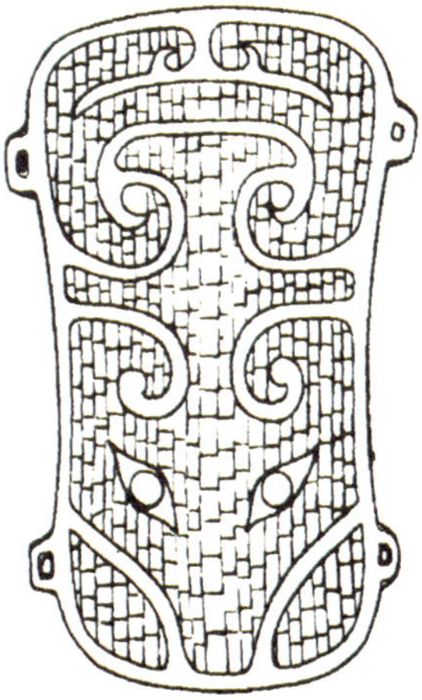

◆ 二里头出土镶嵌绿松石熊形铜牌饰线描图

是的，在铜牌饰上出现最多的形象不是神龙，不是凤凰，不是麒麟，也不是什么饕餮，它不属于华夏神话中任何的虚构生物，而是属于一个陆地猛兽——熊。

◆山东临沂汉代石雕熊神，摄于临沂孔庙

猫头鹰看上去很诡谲，但是看上去并不笨，要不然它也不可能会在著名的智慧女神雅典娜头顶上安家了。但是熊呢？农耕社会中一向笑话熊为“熊瞎子”“大笨熊”“大狗熊”，好像熊这种原本粗野有力的动物是天生的蠢货。也难怪，熊这种动物憨头憨脑，身子肥胖，不觅食的时候懒洋洋地趴着不动，动起来的时候身子一扭一扭，晃来晃去，分明就是一个毛茸茸的傻小子，它能让动物园或马戏团的参观者捧腹大笑。现代社会中这样一种供人娱乐的动物，怎么会被突出刻画在几千年前的神圣而稀有的青铜加绿松石牌上呢？

原因其实很简单。当年神圣的熊，如今彻底失落了其神性。远古时，从旧石器时代起，熊可不是供人围观取乐的小丑，而是神的化身。可以说，貌似笨笨的熊瞎子，曾经是华夏共祖黄帝有熊国的公共“图腾”！熊的形象当然也能成为夏代君王们认祖归宗的符号。

这不是荒谬无边的幻想，细细地分析古老的神话，你也许就会同意，龙的传人说背后，掩盖着“熊的传人”之信念……

《左传》也说到：“昔尧殛鲧于羽山，化为黄熊以入羽渊。”传说中，大禹的父亲鲧的尸体三年不化，将他烧死的火神祝融就拿刀剖开他的尸体，大禹从中诞生，而鲧的身体化为黄熊，飞天而去。这在大诗人屈原的《天问》中也有所载。我们是否可以认为，鲧死后，精神不死，也就是黄熊，再投入到大禹的身体里呢？现代人看待这事绝对觉得是荒诞不经的。但是在几千年前的古人脑子里，灵魂从一个身体转入另一个身体，这是自然而然的事情。那么黄熊也就是上古圣贤们的灵魂归处。这灵魂永生不灭，只是不断地从一个虚弱的躯体转入下一个强力的躯体，继续履行生命的循环旅程。

你看，熊每逢冬季的时候跑到深洞里蛰伏上整整一个冬天，春天冰雪消融的时候才出来觅食。它消失的时候，大地万物凋敝，死气沉沉；它活动的时候，大地生机盎然，草木繁盛。这个生物的出现与神妙的大自然活力的复苏是那样巧合。质朴的初民们并不知道这些大家伙到冬天是去冬眠，而以为它们死去，去脱胎换骨，投入下一个强盛的躯壳之中。熊于是成为自然神的使者。熊复活了，大地就复苏了，树木要开花结果了，地里可以生长粮食了，年轻的男孩女孩都开始情意绵绵了……当熊离开了（原始人认为它是死了），这个世界就都死了，大地寸草难生，毫无生气，人们在寒冷中死去，于是人们就祈求着熊的复活。只要这位神的使者再临，美好的日子就会不期而至。只要熊神在人们面前出现，就会冬雪融化，植物繁茂，牛羊交配生殖，青年男女们也要去谈情说爱、结合生子了。

知道以上的观念，十件铜牌上都绘制了熊的面纹也就容易理解了。但是时间绵延到现在，关于熊图腾的记忆，已经被无数重历史的铁锁严密地封存了。这些被遮蔽了数千载的真相在现代人听来，反而成为难以置信的“奇言”。

结束了对铜牌图案的探索之旅，还有些问题必须追问：二里头人用刚刚学会的金属冶炼技术，费尽心思制作出这些工艺复杂的铜牌是做什么用呢？它们像老北京人手中的鼻烟壶或者扳指那样，仅是供人把玩吗？它们是美丽的装饰品或是身份的象征，如同古代君子们身上佩戴的叮当作响的玉饰？它们是王族或者都城的标记，就像佛罗伦萨城徽上的紫百合吗？它们就是些好看的随葬品，伴随着主人的灵魂上天入地或重返人间？那么，生前和死后拥有此类铜牌的人，究竟是些什么人呢？

铜牌配铜铃：王巫一体的通神法器

1981年的某一天，当中国社科院考古队二里头工作站的考古队员们充满紧张期待之情，小心翼翼地打开一个埋藏了3000多年的中原古墓时，他们清楚地看到，一件绿色的牌子在黄土中纹路奇特，色彩夺目。这件绿色牌子安安静静摆在墓主人的左胸前，忠诚地伴随他度过了黑暗的3700年。

二里头铜牌饰，这些神秘的古代器物绝不会仅用于审美而无实际功用。如果仔细观察出土铜牌饰上位于四角的纽孔，就会发现纽孔上都有摩擦后形成的光滑痕迹，专业人士据此推测它们不是为了葬礼而赶制出的冥器。在史前和商周玉器中有些确实就是专为陪葬而制作的，那些器物边缘往往呈现毛茬口或者刃状，表明墓主人生前并没有佩挂或把玩过它们。二里头铜牌饰与此类冥器不同，它们是墓主人生前就拥有和使用过的圣物。

要知道，这些铜牌的制作者可是这个史前国都成就最高的手工艺人，他们服务于这个国家最高的领袖！铜牌所用的材料，是当时稀少而珍贵无比的圣物。不论是最宝贵的金属材料铜，还是绿松石，都不产自当地，而是远距离贸易的结果。想象一下吧，在人类还没有脱离石器时代多久的夏代，铜会具有什么样的地位！除了整个国家的最尊贵者，谁还配拥有这种金属？另外，这铜牌上还嵌满了极具显圣和驱邪作用的绿松石。不仅我们的老祖先，世界上还有很多民族喜爱这种石头，比如5000年前埃及皇后的手臂上就有四只精美的绿松石包金手镯。在出产青金石的圣地阿富汗，公元1世纪的顶级墓葬中也出土了精美的黄金镶嵌绿松石艺术品。通过参照和比较，关于铜牌饰的深远意蕴，你也许能隐约地感觉到一些非同寻常的性质。

不错，这些铜牌是相当于夏代的王室大巫师们占卜、祭祀时用的法器。通过这些铜牌，大巫师们不仅可以呼风唤雨，生雷制电，还可以祈求上天保佑远征的战士、待产的母亲，更能与天地通灵，与鬼神畅

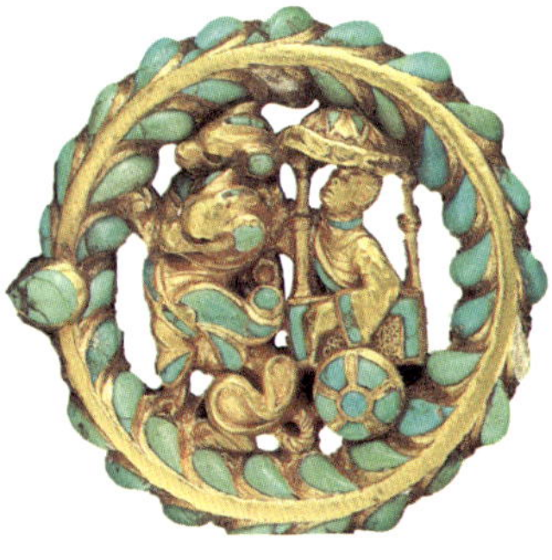

◆ 公元1世纪黄金镶嵌绿松石御龙车神话形象，阿富汗国家博物馆藏

言，获得神谕和神力！

大多数人无法想到的是，我们华夏第一王国——夏代的开国之人，鲧、禹、启祖孙三代人，也是整个部落联盟的精神领袖——大巫师，而不仅是传说中的圣贤和治水的英雄。道教中的法师步法能够称为“禹步”，也许是禹身兼王与巫双重身份的极好说明。

◆ 二里头玉钺，2010年摄于首都博物馆“考古中华展”

这得再次说到大禹化熊治水的神话。现代的神话学研究表明，大禹化熊不是无厘头的乱想，更不可能真的出现活人大变成熊的事，而是作为大巫师的禹戴上熊皮帽，披上熊皮衣，装扮神熊的样子跳舞。大禹这样跳舞，可不是现代舞池中的发泄行为，或者是唯美的艺术形式，而是祈求上苍，寻求力量，以获得天意的重要途径，是具有“神性”的祭祀舞蹈，即跳大神。在我们祖先们的心中，当大巫师跳舞之时，他就会被神灵赐予无比的力量，就具备了改变天地的能力，自然也就能够改变天气状况、山川地貌，从而拯救万民，大禹也因此能击退史前的大洪水。只是过了太久的时间，人们已经忘记了大禹化熊的真相，反而被字面意义蒙蔽，以为大禹的身体真的变成了熊，继而将之认作是不可能发生的荒谬之事。

◆ 二里头铜铃，2010年摄于首都博物馆“考古中华展”

证明二里头铜牌饰是王室大巫师的法器的另一个有力证据，就是在发掘出绿松石铜牌的高级墓葬中，总有一个铜质的铃铛，其铃铛舌由白玉制成。人类学的研究发现，铃铛是萨满巫师必备的通神用具。人们或许知道，统治了中国近300年的满族崇信的就是传统的萨满教。这种宗教绝不是只有这个中国北方少数民族才信仰，它是一种世界性的古老宗教。萨满教通行于亚欧大陆和北美大陆的众多民族之中，甚至欧洲北部与非洲也有它的踪影。萨满教的领袖叫作萨满，也就是我们常说的巫师。在我国的历史文献中，习惯将萨满教的首领萨满称作“巫”。他们往往是整个部落的首领、精神领袖，掌控着整个部落的驱魔、占卜、祈福、主持红白喜事等活动。

当代人类学研究成果表明，萨满教是原生性宗教，不是创生的，早在史前社会就存在了。古希腊大哲学家苏格拉底极可能就是一个大巫师，因为柏拉图几次描述到他进入萨满教才有的“出神”状态，有一次出神竟达24小时之久。

◆ 二里头铜铃中的玉舌，2010年摄于首都博物馆“考古中华展”

二里头墓地中铃铛的舌是由中华文化中极具神圣性质的玉制成。在后代的北方萨满墓葬中，铜铃和铜牌成为最常见的随葬法器。这些旁证能够帮助我们确认二里头铜牌的墓主人具有巫觋法师的尊贵身份。既然这些高等级墓葬坐落在王室的宫殿区，那么这些掌握着当时最高等级圣物的巫觋就不是一般的民间小巫，而应是直接为王权服务的“大巫”。铜牌饰被小心翼翼地放置在墓主人胸前，莫非是希望他们到另一个世界后仍然保持呼风唤雨的作法能量？

可以想见，二里头铜牌饰多半是被用于祭祀、祷告或是占卜仪式的神圣法器。大巫师们生前曾将它们佩戴在胸口，穿着奇特的衣服，手里摇动金声玉振的铜铃，口中念着古老的咒语，跳着神秘的舞蹈，祝祷整个国族的昌盛与繁衍。民族学的材料显示出众多的同类例子，如土家族巫师在作法通神时，照例要跳起八宝铜铃舞，其歌词唱道：“铃声一响神就到！”这清楚地说明了铜铃的通神降神辅助作用，也反过来有助于揭示铜牌的通神功能。要言之，铜铃和铜牌的组合使用，是巫觋用听觉和视觉的双重驱动仪式行为，达到通神降神效果的物质保证。

◆ 石家河文化出土陶铃，距今约4200年

历史的盛宴，一次一次的喧嚣，一次一次的消逝，宛若轮回，总叫人有些伤感。虽然我们已经知道了这些铜牌的出处、纹路的原型、所起的作用，但是它美丽纹饰图像的意义，它在仪式中的使用方式，是由什么东西演变而来，最终又演变为何物，

◆ 二里头文化镶嵌绿松石大铜钺，摄于上海博物馆

种种问题难以穷尽，疑惑不绝。绿松石铜牌失去昔日的荣光，只能默默地等待自己的知音。可以确信，中国的文史专家及后来的爱好者们还会不断勤勉追索，使真相不被历史湮没，使祖先的荣耀不被彻底遗忘，使亘古的文化精神再放光彩。

铜铃铜牌组合，铜铃与绿松石龙形器的组合，再加上成套的玉礼器（钺、璋、圭、柄形器、刀等），青铜酒器（爵、斝、壶等），漆木器等等，二里头文化为华夏礼乐制度的文明化进程提供了极为难得的实证标本。可以说，这方面新的探索之门刚刚开启，未来的研究空间十分广阔，期待有识之士的共同参与。

>> 倾听远古鹗鸣

>> 史前神鸮再现

>> 神鸮被诬为恶鸟

>> 玄鸟复生

>> “漩涡眼”与“玄鸟”得名密码

第八章 玄鸟生商

◆民间布艺猫头鹰，2009年摄于陕西宝鸡民间艺术馆

“天命玄鸟，降而生商。”《诗经•商颂》中有一篇讲商代文化起源的诗，题为《玄鸟》。可是诗的开篇这两句，总共8个字，古往今来的经学家和注释家们花费了何止8万字，还是没有解释清楚，和商代人的祖先降生密切相关的玄鸟是什么鸟。

可以说，玄鸟是中华文明发生史上最神秘难解的哑谜之一。

本章尝试打破国学研究中这种书缺有间和死无对证的尴尬局面，充分发挥四重证据法的立体释古之能量，以玄鸟那“幽玄的眼睛”为切入点，希望穿透3000年的神秘感和朦胧感，恢复玄鸟的原型形象。并在文明发生史的深远大脉络上，找出这个神奇的鸟形象发生和演变的全程轨迹，给予贯穿全篇的解读。本章的第五小节，专讲红山文化神秘的勾云玉佩的解译过程，以及经由龙山文化玉器“漩涡眼”造型模式，再传到殷商时代变为神鸟“车轮眼”的秘密。

如果要事前将谜底加以提示，那就需要点明“玄”字得名的本义。“玄”意指旋转、轮转的意象，与猫头鹰那旋转的眼睛，有着一而二、二而一的关系。本章最后从所以然的层面，揭破“玄”名之由来，让三重证据即民间口碑材料中说的“轱辘鸟”和“鬼车”等这些猫头鹰的汉语方言别名，成为侦破此案的最关键证据。而贯穿全篇的丰富图像，不只是为了图文并茂的阅读效果，而是让图像所代表的实物发挥呈堂证供的物证作用。毕竟，在法庭审判中，确凿的物证，远比原告和被告的说辞重要得多。

◆鸮之标本，摄于荷兰莱顿自然博物馆

◆陶塑鸮，2009年10月摄于韩国首尔猫头鹰博物馆

倾听远古鸮鸣

1930年冬。内蒙古与辽西交界的广阔原野，万里无人，北风呼啸，刺骨的寒冷通天彻地。土层冻得像石头一样坚硬，苍凉冷漠，寂寂无语。

“嘎啦”一声，又一把镢头在漆黑的沙地上断成两截。握着残毁的镢头木柄，清瘦的学者无奈地一声叹息。广袤的荒原之上，一望无际的黑沙地在凛冽西北风的吹打下，已经化作了厚不可测、坚不可摧的黑冰铁壁。

这位清瘦的学者就是梁启超的次子梁思永。他刚刚从美国哈佛大学毕业归来，是第一批走出国门，接受西方考古学正规训练的中国学者之一。面对赤峰的红色山峦，梁思永朦胧意识到，在这个寒冷残酷的冬季，这片土地将拒绝任何人来挖掘它的秘密。

这是一块神秘的土地，曾在24年前吸引了日本著名人类学家鸟居龙藏，也曾在12年前吸引了

◆铜塑猫头鹰，摄于荷兰乌特勒支艺术馆

◆自智慧女神雅典娜崇拜以来，猫头鹰在西方是知识的象征，2007年摄于新西兰但尼丁市古董店

法国神甫桑志华，他们都想探究这里的墓葬遗址和悠久历史，然而却所获不多。但是冬季会过去的，连年饥荒、军阀混战、外敌入侵的日子也终有一天将会过去。这片土地之下所埋藏的秘密终究会在一个凛冬过后的春天向它合法的继承者展露其本来的光彩。

时间已近黄昏。梁思永放下了毁坏的镬头，以充满遗憾而又饱含希望的眼神向远方望去。远方的一棵枯树上，一只静静注视着四周的猫头鹰展翅飞起，在天际留下一声长啸。梁思永并未想到，猫头鹰会和他所探究的这片土地，和这片土地下沉睡5000年的文化，有着千丝万缕的联系。

与古希腊的智慧女神雅典娜崇拜相伴，猫头鹰形象成为西方文明中女神的一个标记，同时也是神秘知识的突出象征。猫头鹰在西方既然是智慧和知识的象征，书店和出版社一直都喜欢以它为自己的符号代言形象。2007年在新西兰南岛的但尼丁市古董店，我还看到一只夹着书本的木雕猫头鹰，可谓书卷气十足。这使我想到中国文化中的鸱鸮形象：两者为什么具有不同的联想呢？换一个说法，猫头鹰在我们华夏传统中，是什么时候丧失了原有的神性？又是怎样丧失的？

1995年，陕西考古研究所所长韩伟接受欧洲收藏家克里斯狄安•戴迪(Christan Deydier)邀请，赴法国和比利时访问。其间，戴迪先生略显神秘地向韩伟所长展示了自己新近收藏的一批古代宝藏——文物商贩从甘肃礼县买来的一批金箔饰片。后来，这些神秘的中国古金器被巴黎的吉美博物馆东方馆收藏，常年向参观者展出。其中有四只金鸱鸮，据盗墓者说原是贴在棺木四周的。

近代以来，多有宝物流失海外，在各个外国收藏家的手中辗转流传。由于种种历史原因，有时候，这些于海外漂泊的宝物反而能揭示出国人所遗忘、疏漏的关键。听说这批2000多年前的周代宝物竟是出自离自己工作范围不远的甘肃，韩所长立刻产生了浓厚的兴趣。他仔细对容器中那些精美华丽的金箔饰片端详了一番，推测这可能是周幽王时早期秦人所遗留的饰物。就在这时，一件金箔的形象猛然跃入他的视线，让这位经验丰富的考古专家也不禁大吃一惊。

那是一只猛禽形的金箔饰片，有着一副充满慑人魄力的样子——似漩涡的眼睛和弯钩形的喙。注视着那金光闪闪的神秘大鸟，韩所长呆立良久。

看到这种形状的眼睛造型就能明白，这金箔片勾勒出的形象毫无疑问是猫头鹰——那种在古代被称作鸱鸮或枭、飞翔于黑夜、古怪诡谲的幽灵般的猛禽。它们不是一直被人们当作蛮横的掠夺者与厄运的象征而遭到驱赶唾骂吗？为什么会像面前这样，被精心镂刻成精致美丽的王侯级棺椁的饰品呢？

慢着——韩所长想起，早在1979年，有一个名叫刘敦愿的学长趁着拨乱反正的风潮也为猫头鹰进行过一次“翻案”。他从猫头鹰保护农业生产的角度出发，认为猫头鹰的恶名是被统治阶级臆造、污蔑所致，而广大百姓却是感激、爱护它的……

刘敦愿是在山东大学任教的美术理论家和考古学者，他在20世纪70年代末撰写《中国古代艺术中的枭类题材》一文，指出：“长期以来，中国人认为猫头鹰的形貌与声音都很丑恶，是不祥之鸟，所以在古代花鸟画方面，陶瓷、刺绣等工艺品与民间艺术品上从来见不到它的踪迹。然而，在公元前第二个千纪的后

◆礼县秦先公墓出土金箔鸱鸮

◆殷墟青铜器上的神鸮

半叶，商代晚期以及西周初期的艺术品中，猫头鹰类题材却很盛行……”

眼前这件黄金打造的猫头鹰形象，无疑再次证明了猫头鹰与上古文明信仰的复杂关系。这是一段失落的文明吗？

“猫头鹰在古希腊就是智慧女神雅典娜的使者，在法国也发现了13000年前的古人类描绘三只雪鸮的图画。看来，中国古人也对猫头鹰有着很深的崇拜，用稀有的黄金来打造它的形象。这些出自甘肃礼县秦人先公大墓的金箔鸱鸮，会是秦人崇拜的图腾吗？”戴迪先生在一旁说道。

古代秦人的遗宝……崇拜……鸟类图腾……韩所长猛然想起了一段再熟悉不过的神话：五帝之一的颛顼是秦人记忆中的始祖，颛顼的孙辈女修吞下了玄鸟卵而生下了秦人的一位老祖先，名叫大业……

可是，玄鸟——一直被解说为“黑色”鸟，不是指燕子吗？

韩伟所长再度凝视起面前的鸮形金箔，这些被打造出的神鸟也在凝视着他，那深邃的眼睛静谧而不容置辩地向继承图腾之血的子孙申明了自己正是鸱鸮的信息。

“秦之先，帝颛顼之苗裔，孙曰女修。女修织，玄鸟陨卵，女修吞之，生子大业。”这是司马迁《史记•秦本纪》的原话。

“天命玄鸟，降而生商，宅殷土芒芒。古帝命武汤，正域彼四方。”这是《诗经•商颂》中歌颂商王朝祖先由来的《玄鸟》之诗句。玄鸟生育的后代被认同为殷商王室血统，随着殷帝国的地理扩张脚步，玄鸟的后代早已遍布华夏大地的四面八方。

玄鸟——莫非其实是猫头鹰？如果按照汉代经学家郑玄的解释是燕子，为什么新发掘出的殷商大墓和秦墓中都很少见到呢？玄鸟陨卵的奇特情节，从殷商的始祖神话到秦人的始祖神话，显然是一脉相承的。既然秦墓和殷商墓中精致的鸟神形象多表现为鸱鸮形象，这还不足以推翻旧说，正本清源吗？

女修的“修”，与“鸺留”的“鸺”同音，后者又称“鸺鹠”或“鸺枭”，一看字形就知道属于鸮类。这些名号用在古书中，泛指猫头鹰一类猛禽。晋葛洪《抱朴子•君道》说：“鸺枭化为鸳鸾，邪伪变成忠贞。”倘若女修隐喻着女鸺，那就等于将史前鸟女神的化身术再现出来了。女修所生下的秦人后代，不断有类似返祖现象的事出现，即反复再现鸟图腾祖先的影子。如大费生下的大儿子大廉，雅号“鸟俗氏”，大廉的玄孙叫孟戏、中衍，其特征居然是“鸟身人言”。若不了解图腾神话的变形记特色，简直看不懂《史记》所述这些奇谈怪论为何意。

神话历史这个合成的概念，有助于理解司马迁时代的历史观。以猫头鹰在汉语的众多别名为线索，可以隐约探寻到听觉方面的联想效果。从“女修”这个名字的读音，到“鸺枭”这个双声词，引出的是古汉语的猫头鹰之标准名“鸮”字，又写作“枭”，它们与西文owl，居然发音近似，其元音则是相同的。为什么？原来二者均为古人对猫头鹰叫声的模拟词，或称象声词。陕西方言“鸱鸮子”（cijiao zi），也是这样得来的命名。《诗经•豳风•鸱鸮》篇让鸱鸮大神口中唱诵出的诗句“风雨飘摇”，居然也和“鸮”音押韵！

在“枭”字加上表示发音器官的“口”，就是“嘄”字，读音“jiāo”，这就是古代“叫”字的另类写法。为什么表示叫声的字要用到枭即猫头鹰形象上呢？ 这种叫的行为还有用于神圣场合的，即祈祷发出的声音，所以“嘄”与“祷”字也相通，指祈神求福的叫声。《集韵•上声•晧》：“祷，《说文》：‘告事求福也。’或作嘄。”这里的通假字现象为我们对《鸱鸮》篇的释读，提示出又一线索。

“嘄噭”一词，意思是高亢激昂。《史记•乐书》：“故云《雅》《颂》之音理而民正，嘄噭之声兴而士奋，郑卫之曲动而心淫。”

“嘄謼”一词，指呼喊。《汉书•息夫躬传》：“如使狂夫嘄謼于东崖，匈奴饮马于渭水，边竟雷动，四野风起，京师虽有武蠭精兵，未有能窥左足而先应者也。”颜师古注：“嘄，古叫字。”

◆殷墟妇好墓出土商代玉鸮——长着巨大弯角的“怪鸟”

猫头鹰鸣声凄厉，所以才容易被联系到阎王的勾魂鸟吧。需要突出说明的是，史前人信仰死后复生，所以鸮代表生和死二者。后人不信复生，鸮才被曲解为阴间使者，死神使者。生和再生的意义却被遗忘了，随之而转移到新神话动物凤凰的身上。这一转移不要紧，鸱鸮沦为恶鸟的成文历史却开启了。古书写到枭或鸱鸮，一般不用注明，皆泛指恶鸟。《文选•刘孝标〈辩命论〉》云：“枭鸾不接翼。”表示的是善恶之间界限分明。

从外形上看，妇好墓出土玉鸮和秦先公墓出土的金鸱鸮，前者有角，通称角鸮；后者无角，即所谓鸺鹠。其羽棕褐色，尾黑褐色，腿部白色，捕食鼠、兔等，后代古书中却常常视为不祥之鸟。《太平御览》卷九二七引《庄子》：“鸺鹠夜撮蚤，察毫末；昼瞑目，不见丘山，殊性也。”这是说猫头鹰独有的夜视能力及昼伏夜出的习惯，与一般鸟类相反。

韩伟将自己对秦人玄鸟是猫头鹰的判断写在文章中，因为没有太多有效的证据支持而被多数人所忽视。但是，一位名叫饶宗颐的香港学者对此说十分欣赏。大名鼎鼎的饶宗颐先生被誉为“学界泰斗”“整个亚洲文化的骄傲”。国内学界还有“南饶北季”之说，指的正是香港的饶宗颐和北大的季羡林。早在1982年，笔者本科毕业留校任教东方文学，暑期到教育部在承德举办的首届东方文学师资培训班，聆听过季羡林教授的课。一年后来到北京进修，又多有登门求教的机会。1995年，笔者以海南大学教师身份到台北出席中国神话与传说国际研讨会，结识饶宗颐先生。二位的著作是笔者案头必备，从中获益良多。

见多识广的饶宗颐先生看到戴迪先生收藏的金箔饰片后，立刻将其描绘的猫头鹰形象与妇好墓出土的鸮尊、西周中期兴壶的鸟形纹饰联系起来，提出大胆的一问：这一连串作鸱鸮状的礼器，究竟象征什么意义？莫非真是与《秦本纪》中玄鸟陨卵、女修生大业有关？如此说来，五帝之一的帝喾的妃子简狄也是吞玄鸟之卵而生下殷商人的始祖契，这说明秦人与殷商人有着同类的鸟图腾记忆。

饶宗颐先生对于古代神话传说，尤其是其中神鸟的种种疑问有着超乎常人的兴趣。他将这一文化命题与外国的考古发现相结合，逐步摸索出一个解答问题的新角度。他提出玄鸟得名的原因是："高阳即天帝，其居处为玄宫（见《庄子》《墨子》《随巢子》佚文），神鸟是天使，故称玄鸟。"再参考《山海经》等书，论述其为鳦或噎（噎鸣），为宇宙至上神，为造物主，表明玄鸟无比崇高的地位。结合在祖国各处发现的鸟形文物，饶宗颐认可韩伟的看法，还提出玄鸟传说起源于北方的论断。

说起玄宫的主人——天帝高阳，那可是神话历史中一个重要的角色。高阳就是五帝之一的颛顼帝，他是黄帝的孙子，继承祖父的地位成为了天帝。他在任期中所干的最重要的一件事情就是绝地天通——原本神、鬼、人之间是相互混居的，颛顼帝认为这样下去将会导致混乱与灾难，于是命令重、黎二位大神将天托高、地按低，分割了人、鬼和神的居住区，又把漫天星斗固定在了一个位置。这样一来，天地间的秩序就变得稳固和界限森严了。可是这个行为激怒了一位古老的大神——共工，他愤怒地率领部下们反抗颛顼帝，并且在面临失败之际干出了"头触不周山"这一真正称得上"惊天动地"的壮举。作为擎天柱的不周山被愤怒的共工一头撞得粉碎，失去了支撑的天与地顿时发生倾斜——天倾西北、地陷东南，从此星斗朝着西北运行，河流向着东南流淌，东亚大地的面貌才是今天看到的样子。

◆ 商代青铜器戈鸮卣

饶宗颐能够从一只鸱鸮联想到那场改变天地间面貌的诸神之战，这也许是因为他并非科班出身的缘故，使他的研究视野不大受现代学科划分的限制——史学、考古学与民俗学，在他看来是可以相互融通，相互辅益的。但要做到这一点，决不能仅仅依靠丰富的联想。因为只有科学的严谨论证，才能有效建立假说。为了多方面寻找实证的线索，他也呼吁三重证据法。自从有了考古学的发掘实物，历史学对古代事物的探求就多了一种参照。一般来说，如果有两重证据能够相互印证，那么得出的结论就可靠很多了。若再有第三重证据，当然会锦上添花。

第一重证据，就是《史记》《汉书》这类史书的文字记载。民国以前的时代，在没有考古发掘实物、无法验证的情况下，只凭着一位或几位早已同历史一起消逝的史家的“陈述”，就确认其是“真实”的。现代以来的学术发展改变了这种状况，我们需要传世书本以外的新鲜证据——地下出土的甲骨文金文和竹简帛书，还有各种出土文物。埋藏的地点、文物的形制以及刻写的铭文，将这些实实在在的“物证”与史书中的描述一一对应，文献上流传千年的“陈述”才得以还原和升级为可信的“真实”。

可在面对文献记载中缥缈的远古玄鸟时，多重证据的线索一时难以确认。因为，在玄鸟自天空飞临殷商人女祖先简狄和秦人女祖先女修身边的时候，汉字还是凡人无法触及的至高神秘，而那时的口头叙说却没有多少被记录在书面，流传后世。

现在能够看到的最古老的中国文字的书写应用，就算是殷商晚期的甲骨文吧。我们所要寻觅探究的那只玄鸟，正是殷商民族始祖的始祖！所谓“历史”——history，是指由人的史官记述下来的人的故事、国族的谱系，但是那玄鸟却居于比书面历史更为古早的神的时代。古老的历史，神圣的文字，在面对比自己更为古老、神圣的存

◆战国彩绘陶鸮神

◆红山文化玉鸮，私人藏品

在之时，便只剩下无力与苍白。即使是博闻强识、穷尽史料的太史公司马迁，也只能徒叹奈何。

想要真正验明那只玄鸟的真实身份，还需要其他的证据——足以贯穿千万年的时光，直达上古族人血统之源的证据。

这证据或许沉睡在被遗忘的地下，或许就在身边而被我们所无视……

仔细想想，还有什么可以取代一直以来被盲目崇拜与依赖的史书，成为我们民族真正的记忆线索呢？那必然是我们一直记得，却一直嗤之以鼻，或是曲解，或是丢弃的东西。

是神话和传说！——超越史书那狭窄文字牢房的第三重证据，大量潜藏在民间口碑之中。

◆ 神鸟降临——西周青铜器凤纹卣图案（局部），摄于上海博物馆

史前神鸮再现

有一种观念必须首先澄清，那就是所谓“神话”，绝非是对现实的扭曲，更不是虚假的妄言。神话产生于亘古，是祖先们将所看到的，在人类智慧的黎明中乍现的万事万物，以最为直白质朴的语言描述而成。神话之所以神圣，是因为缔造它的那个年代本身就是神圣的——那时不可能有多少无神论者，不可能有对宇宙自然毫无敬畏之心的狂徒，不可能发生社会群体性的不虔诚行为。神话之所以是展现在我们面前的这副样子，其理由只有一个——在当时的先民看来，由诸神意志所造成的事实的确就是这副样子。神圣的叙述是由虔诚的信仰与朴实的观察所支撑起来的。

不过在千万年的流传中，神话传说本身也产生了各种讹传与误读、修饰及再造。加之先民的感知和思维与今人天差地别，机械死板地理解神话只能是南辕北辙。今人见了天上的飞鸟，会想到如何打

◆出土的红山文化玉鸮，2012年摄于北京艺术博物馆

下来放入自己的餐桌；古人见了飞鸟会以为是神灵使者的降临，忙不迭从鸟鸣声中占卜神意——他们朴实的视野能切实地感受到现代人早已背弃的自然之美、自然之力。看各地原住民族依然在实施的鸟占，可推及远古先民对玄鸟的态度。作为活态文化传承的第三重证据，与其说是现成答案，不如说是成为一条线索，一张布满密码的藏宝图，一个来自混沌幽冥之中的提示和指引。

要到达真实，正如文献的第一重证据的陈述需要二重以上的证据辅证一样，作为第三重证据的口传神话与民间风俗也需要相应的物证来加以对照和验证。这些物证或许是埋藏在地下的史前文物，这些可以用来印证神话传说内容的证据，就是“第四重证据”。

神话传说中，殷人的始祖契也被称为“玄王”，古帝颛顼则被称为“北维玄帝”。经过汉人整理的古史系统，认定玄王上接玄帝，列殷契为颛顼之后。颛顼帝、不周山、殷商与秦人的祖先，这些线索都指向寒冷的北方。在初民的神话观念中，北方是寒冷阴暗的象征。因为北半球的太阳东升西落，在正午时偏向南方，而唯独从不经过北方。这样太阳在白昼所不及的北方被视为阴间冥府的所在，在那里，夜间的太阳会自西向东运行，以便迎来新的白昼。

如果能在北方大地之下发掘出比甘肃出土的金饰片还要古老的，夏商周之前的

◆ 仰韶村新建的仰韶文化博物馆，2011年6月摄于河南省渑池县

原始先民崇拜猫头鹰的第四重证据的话，就可以证明这种有夜视能力的猛禽起初并非不祥的恶鸟，而是可能作为始祖图腾被崇拜的。这样，创生殷人、秦人的玄鸟为猫头鹰的观点也就有了物证的支持。

而这第四重证据能否找到呢？让我们再回到本章开头那个萧瑟的场景。

那时，现代考古学初入中国，从此发掘坟墓的不再只有盗墓者，怀有科学目的的学者也开始探索大地下被埋藏了千万年的宝藏。可除了考古学之外，西方列强在近代带给中国的东西，主要是坚船利炮的威力、轰鸣的工业以及无数相互否定的思想。东方古国的国民在半殖民地的时代到来时，开始以前所未有的积极性参与现实事务。一切目光都朝向着未来的天空，还有谁想要去挖掘埋藏在地下的过去呢？

可即使如此，一批批有真抱负、要做真学问的学者在受到西方现代考古学方法启蒙的20世纪初，扛起铁锹、镢头，向着萧索的原野走去。以梁思永为代表的，中国最初的一批现代考古学者来到北方荒原的时候，冰冷的黑沙地以铁般的坚硬回绝了他们对于秘密的探求。尽管如此，梁思永仍然从发掘出的少量新石器时代的彩陶中看出了这片冰冷大地下可能埋藏着的巨大秘密：与那时已经闻名于世的中原仰韶文化一样，这个地方也埋藏着中华文明的另一根源；如果能将其发掘出来，辨明两个文化之间的相互联系，华夏文明被遗忘的史前故事就会一目了然。

20世纪20年代，由北洋政府雇佣的瑞典地矿顾问安特生在河南渑池县仰韶村发现约6000年前的文化遗迹，该文化被命名为仰韶文化。它先一步向世人展露了古国史前史的真容。到了50年代，与渑池相邻的河南陕县也发现了大量史前精美陶器。这些陶器中彩陶数量较多，颜色黑多红少，全为外彩而无内彩，纹饰有花瓣纹、钩叶纹、涡纹、三角涡

◆陕西华县出土仰韶文化陶鸮鼎，摄于国家博物馆

◆妇好墓出土铜鸮尊，摄于河南博物院

纹、条纹、网纹和圆点纹等，亦有动物纹饰，明显是属于仰韶文化的一个分支，被定名为庙底沟文化。随后，1975年在陕西华县太平庄出土的仰韶文化陶器中，有一件高达36厘米的鸟形陶鼎。从那双浑圆的眼睛来看，这只化作陶鼎的猛禽也应该是鸱鸮的形象。同时，在其他陶器上也发现有太阳伴鸟纹饰。有人推测这些陶器造型体现当年人的信仰和神话，也有人认为这只不过是些毫无意义的美化装饰。

直到20世纪后期，立陶宛籍美国考古学家马丽加•金芭塔丝，通过数以万计的欧亚大陆史前陶器图像的研究分析，得出结论说当年的多数动物形象代表着女神信仰，鸟、蛇、熊、蛙等均可能是女神的化身或符号象征。而在鸟类之中，作为猛禽的鹰与猫头鹰，则是最常见的女神化身。

华县出土的陶鸮鼎因为器形巨大而精美，被奉为一级国宝送到北京，陈列在天安门广场东侧的国家博物馆展厅。同期出土的另一个猫头鹰面形的陶器盖，由于器物稍小，而且意义不明，屈居在北京大学校园内一个小博物馆里。

1976年，古往今来最精致高贵的两件猫头鹰形象的珍稀文物出土于河南安阳殷墟。这一次发掘出的是商王武丁妃子妇好的大墓，仅玉器就出土了755件，创出中国考古单个墓葬玉器数量之最。殷商文化进一步昭示在世人面前。在这位美丽英武的王妃与女将军的坟墓中，有一对青铜铸造的鸮尊，还有以大鸮面为屋顶及侧壁形象

◆妇好墓出土妇好偶方彝器盖上的鸮面，摄于国家博物馆

的铜房子，被推测为当时的神庙之模型。这一批精美华丽的猫头鹰形史前宝器，究竟意味着什么呢？以殷墟为主的商代遗址和墓葬中更是不乏各种鸱鸮雕像，石雕、玉雕、骨雕，还有青铜器塑像。鸱鸮的身影，将殷商王国信仰的神鸟与史前仰韶文化、红山文化联系在了一起，说明整个北方地区在殷商以前的远古时代，玄鸟神话久已流行，时间长达数千年。

仰韶文化的陶鸮面与殷墟铜鸮尊先后于20世纪70年代中期再现于世，二者都成为远古中国文物中大放异彩的猛禽神话形象。随后不久，在西辽河流域的那片沙地也终于迎来贡献宝物的一天。

1981年春的一天，辽宁省文物考古所的郭大顺等考古工作者再次来到辽宁省建平县进行文物普查。主要内容之一是向当地老乡询问偶然发现的文物，并酌情收集整理。在工作中，一位姓赵的文化站长偶然提起了一个消息：他们乡里有位村民家中有一个“玉笔筒”。

◆红山文化玉筒形器，摄于辽宁省博物馆

职业性的直觉让郭大顺感到这个所谓“玉笔筒”很可能是一条重要的线索——约5000年前根本还没有笔，何来笔筒？必定是因外形相似，老乡们才产生了误解。于是他立刻骑上自行车，在赵站长的带领下直奔那个藏有“玉笔筒”的小山村中。在村民马图龙的家里，郭大顺看到了那个玉器——那一刻真可说是喜出望外的刹那。所谓的“玉笔筒”，其实是中空而无底的，它赫然就是红山文化玉器中最重要的一种“斜口筒形玉器”（如今流行的叫法是“玉马蹄形器”）！这种非常难加工的特殊形状玉器究竟象征着怎样的神圣意义，至今还是哑谜。

郭大顺喜不自胜。在此地发现了这件玉器，表明这附近很可能就埋藏着红山文化的重要遗迹！他立刻开始在全村征集玉器。听说自己习以为常的那些绿石头竟然有着如此价值，纯朴的村民们立刻奔走相告，翻箱倒柜地将一件件玉器放到了郭大顺的眼前。

“快！快告诉我这是从哪儿挖出来的！”已经确

认自己站在一处巨大宝藏门口的郭大顺再也按捺不住心中的兴奋，急切地问着马图龙和其他村民。

“哎，不远。就那个山坡——你瞧那——”马图龙当然不能完全理解郭大顺心中的兴奋，他不紧不慢地带着考古学者来到了那处常有古玉器浮现的山坡，如同阿里巴巴念诵“芝麻开门”一样，轻描淡写地指出了那片史前宝玉所埋藏的位置。

无数西方探险家曾经觊觎恋慕的宝藏，贪婪的日本侵略军曾经费力搜寻的宝藏，如今却在一名纯朴的生产队长一指之下豁然洞开。在这只结满老茧的农夫之手的指引下，梁思永先生几十年来的夙愿得偿了，华夏先祖的遗产终于被华夏的子孙们继承。红山文化玉器群成为20世纪80年代以来震惊世界的考古大发现。当然，来竞争这笔5000年遗产的其他民族也还是大有人在——如今生活在长白山那边的朝鲜—韩国人，也随后把寻根问祖的目光投向西辽河地区的红山文化，认为那就是韩民族始祖登上朝鲜半岛之前在北亚所留下的遗迹。

◆ 内蒙古敖汉旗出土红山文化玉鸮，摄于敖汉博物馆

在随后展开的发掘中，一座座用石板垒成的远古墓穴，一件件珍贵遗宝不断显露，让整个考古界和大众传媒都将目光集中到了这片向来安静的小山包——牛河梁，一个充满乡土气息的小地名，一夜间披罩上了神秘与圣洁的灵光。

随着发掘工作的进行，这片北方大地下所蕴藏的文化之光一次次超出了专家学者的估计。距离牛河梁几十公里外的东山嘴，还发现与天坛圜丘如出一辙的圆形祭坛，陶塑孕妇形的小雕像，一对神秘的玉器——一件双龙首连体玉璜和一件绿松石雕的鸱鸮。国人所熟悉的龙凤配，在约5000年前居然是龙鸮配对，难道猫头鹰先于凤凰而成为崇拜对象？

在牛河梁遗址，还有宛若金字塔的积石冢墓穴，以及十字形的山顶神庙建筑，广阔的墓葬区、祭祀区全部依托四周的地势，完美地呈现出中华自古流传的天地沟通观念与祭祀礼制。围在积石冢上方

◆ 牛河梁出土红山文化彩陶筒形器，摄于辽宁省博物馆

◆ 辽宁阜新出土红山文化玉鸮，采自《中国出土玉器全集》（第2卷）

◆ 敖汉博物馆藏草鞋山祭祀遗址人像

的有成排的彩陶筒形器以及那件神秘的、中空无底的“玉笔筒”。这种彩陶筒形象的原初功能是什么呢？真切的答案也同样彻底失传了，今人只有猜谜般地推测。陶鼓说、器物座说、陶琮说，不一而足。无论如何，这片新发现的约5500年前的神秘文化遗址，将探寻中华文明起源的范围从黄河流域扩大到西辽河流域。

在这片遗迹被发掘的时候，一批以玉为身体的人造瑞兽重见天日，在沉睡了50个世纪后再度苏醒。玉龙弯曲而柔韧的身体欢腾地旋转，玉蚕和玉蝉兴奋地蠕动、鸣叫，碧玉雕成的神鸟随着一声长啸展翅升天。浑圆的、月轮般的双眼傲然扫视着这千万年后的世界——玉鸮，一只又一只的玉鸮在内蒙古和辽宁的红山文化遗址中重见天日。

而更妙的是，在同属红山文化区的敖汉旗地区又出土了一个石人的头像。任何人一旦看到这个头像，恐怕都会想起秦始皇那支守卫在皇陵的陶俑大军。虽然这个石人头像比秦俑要古老几千年，但是他们的面影、冠饰却是那般相似，只能说他们是有着某种超越时间的纽带吧？在这纽带面前，秦人对自己族群祖先的记忆与鸱鸮之间的关联，再度得到暗示。也许不变的是死后再生的信念，变化的只是鸱鸮的表现形式：5000年前没有发明冶金技术，是切磋琢磨而成的玉鸮和绿松石鸮；2000多年前有了黄金加工技术，玉鸮变成金鸱鸮。

这沉睡在黑色大地下，埋藏着一批鸱鸮身影的史前神圣遗迹，莫非就是传说中那个居住着颛顼帝，有着诸多作为天使的鸱鸮云集飞散的宫殿——“玄宫”？

红山文化瑰宝的重现，展示出无比珍贵的线索与一连串的新疑问。这些包括司马迁在内的古代史学家们无缘得见，而当代人有幸得见的史前玉雕艺术精品，将化作闪耀的明灯，照亮远在文字记载之前的远古时代之昏暗……

神鸮被诬为恶鸟

通过第三重证据——口传神话与第四重证据——考古文物的相互印证，猫头鹰作为我国远古先民的崇拜神物这一现象已经逐渐清晰起来。无论是对殷商玄鸟神话的原型探索，还是对仰韶文化、红山文化和秦人早期文化的发掘，出土器物造型已经相当丰富，但是其中凤凰和燕子的形象远远少于猫头鹰的形象。据此可以对玄鸟为燕子的传统解释提出质疑，同时也对玄鸟为凤凰的新观点提出反驳。在大量实物见证面前，殷商玄鸟的最大可能之原型，就是在后代一直被冠以恶鸟之名的猫头鹰。

可是，一个新的问题由此而来：如果猫头鹰真的是秦人和殷商共同崇拜的图腾神鸟，那么其根源一定十分深远，却又为什么会堕落成今天这副恶鸟的形象呢？要知道，第三、第四重证据之所以不同于第一、第二重证据，是因为它们将研究者的目光引向古代典籍以外的考古和民俗文化世界，关注现今依然流传的民谚、传说以及民俗信念。如果不能将猫头鹰由神圣演变成灾厄象征的缘由说清，那么即使搬用实物证据得出“玄鸟应为鸱鸮”的论点，也还不能算是圆满。

需要明确的是，在汉字记载的文化小传统中，一直以来被冠以恶名的猫头鹰，究竟“恶”在何处？它为什么会被众口一词地指责为“恶”呢？弄清这个问题，或许便能顺藤摸瓜，洞悉猫头鹰被“堕落”的过程和真相。

在华夏文明中，鸱鸮的第一罪过就是不孝。依照民间传说，猫头鹰与作为孝道象征如“跪乳”的羔羊、“反哺”的乌鸦正相反，是作为不孝的象征而被斥骂的。许慎在《说文解字》中解释“枭”字时就说：“枭，不孝鸟也。故日至捕枭磔之。从鸟在木上。”陆玑疏中描述：“枭，自关而西，为枭为流离。其子适长大，还食其母。”段玉裁《说文解字注》推测说：“仓颉在

◆ 商代鸮卣，1999年出土于安阳苗圃北地229号墓

◆ 商代鸮卣侧视图

黄帝时，见黄帝磔此鸟，故制字如此。”这个字没有被许慎编排在鸟部，却排在木部，是要突出“磔之于木”的意思。段氏的说法是试图说明造字所以然的深度分析。只可惜，清朝时还缺乏对文化大传统的洞察，其分析推测也只能是想当然之词耳。假如仓颉造汉字时与黄帝同时代，那也是5000年前的事。华夏大地出土的约5000年前文物表明，那时的猫头鹰在人们心目中非常神圣，根本不是后人想象的那样邪恶。《说文解字》的其他版本将“枭”字形的“从鸟在木上”解作“从鸟头在木上”，更加突出了猫头鹰被断头之后身首异处的可怕景象。

据说猫头鹰在成年之后会杀死养育它的父母，啃食其血肉，最后只将双亲的鸟头留在树上。汉字“枭”的字形就透露着这个可怕的意象——鸟头在木上。这个传说所描绘的情景，情节简单却足以让人不寒而栗。想一想挂在树上，瞪着大眼的父母遗骸……对于最重孝道的古人来说，具有如此恶习的猫头鹰，真可说是比地狱中一切魔鬼都更加恐怖。

就连以残酷无情著称的商鞅也叹服这传说中猫头鹰的狠毒，于是他在订立刑法的时候，有意模仿猫头鹰的作为，将斩首犯人的首级插在大木柱上，称作“枭刑”。汉语中“枭首示众”一说，由来于此。民众看到被处决者这副凄惨下场，想必除了对刑罚的畏惧之外，对猫头鹰的恐惧也更加深了一重吧。

《墨子·号令》云：“犯令者父母妻子皆断，身枭城上。”岑仲勉注：“枭，枭首示众也。”《史记·高祖本纪》：“至栎阳，存问父老，置酒，枭故塞王欣头栎阳市。”司马贞索隐：“枭，县（悬）首于木也。”还有单用“枭”字为动词的，如曹禺等《胆剑篇》第五幕：“把夫差的首级就枭在这里。”国人意识中的猫头鹰就这样和斩杀、悬首一类残忍景象发生了固定的联想。当年孔子杀少正卯一事，在葛洪《抱朴子•嘉遯》中就被表述为“枭”。他写道：“有虞举则四凶戮，宣尼任则少卯枭。”刘半农《呜呼三月一十八——敬献于死于是日者之灵》诗：“养官本是为卫国！谁知化作豺与蛇！高标廉价卖中华！甘拜异种作爹妈！愿枭其首藉其家！”刘半农在此用“枭其首”来诅咒卖国者。

古人把不孝之禽和不孝之兽联系起来，称为“枭獍”或“枭镜”。旧说枭为恶鸟，生而食母；獍为恶兽，生而食父。枭、獍组合成词组，比喻忘恩负义或狠毒之人，成为中国式伦理谴责的神话生物。北魏杨衒之《洛阳伽蓝记•永宁寺》：“若兆者蜂目豺声，行穷枭獍，阻兵安忍，贼害君亲。”范祥雍校释：“《汉书》二十五《郊祀志》：‘祠黄帝用一枭破镜。’孟康注：‘枭，鸟名，食母；破镜，兽名，食父。’破镜即是獍。此以比喻狠戾忘恩之人。”再看《中国国民党第二次全国代表大会宣言》，其中有言：“盖小军阀之末路，倒行逆施，久已枭獍之不若矣。”

另一种“恶行”，就是猫头鹰预示着死亡。各地民俗中将猫头鹰当作不祥之鸟，认为它飞进房屋之中意味着主人之将死。关于这个特性，汉代才子贾谊在他那篇作为辞世之辞的《鹏鸟赋》中进行了充满文采的描述与联想。说起这篇《鹏鸟赋》，风格体裁竟然都与19世纪的美国著名诗人爱伦•坡的那篇《乌鸦》有着异曲同工之妙。两篇长诗都是以一只预示着灾厄与不祥的恶鸟（《鹏鸟赋》为鹏鸟——猫头鹰，《乌鸦》为乌鸦）自行飞入诗人房间为开端，进而让鸟口吐人言，其阴郁的形象与气质带给诗人种种可怕幻想与绝望的沉思。

两篇长诗不仅都以人鸟间的交流为线索，而且通篇充满阴郁、暧昧、绝望以及化不开的如同墓室空气般沉重的死亡意味。两个相隔万里，相差千年的诗人竟然做出如此情调一致的诗篇，或许正是因为猫头鹰与乌鸦一样，都会在诗人的心灵深处与一个挥之不去的阴影融为一体。

那就是死亡的阴影。在马王堆汉墓帛画中，绘有二枭立于堂庑为守护使者，引死者进入阴间。作为大神化身的猫头鹰所象征的那一种让人类最为惊骇、畏惧、沉迷、疑惑，最为无情的自然现象——死亡。

猫头鹰在民间有很多别称，而这些别称往往充满了黑夜的阴冷与死亡的恐怖：夜游女、隐飞、夜食鹰、鬼车、祸鸟、夭鸟、摄魂使者、黄祸侯……这些名字不必解释，其感情色彩一目了然。

猫头鹰与死亡之间的联系，并不仅仅具现在其自身。前文讲述过的，与猫头鹰有着某种联系的不周山正是冥界的入口。《淮南子•地形训》说：“不周曰幽都之门。”证以宋玉《招魂》：“君无下此幽都些。”幽都指的是阴间地府，又兼指北方的神话地名。

而以玄鸟为使者的颛顼大帝，则是位居北方的古帝。我们之前说过，先民们认为太阳白昼时唯一运行不到的方向——北方，乃是黑暗、寒冷与地下幽冥世界的象征。所以居于北方的颛顼帝与大家熟悉的炎帝、黄帝不同，他是一位象征着寒冷与死亡的神，以黑色为代表色，司掌五行之水、四季之冬。辅佐他的神，是张开翅膀就可以扇出寒冷北风与无数瘟疫的玄冥。他有很多的子嗣，却往往都是可怕凶恶的鬼怪，比如身为瘟神的虐鬼、魍魉鬼、小儿鬼，四凶之一，散播混乱的恶兽梼杌；四处飞行，伺机拐走他人幼子的"天帝少女"、九头鸟——姑获鸟，而"姑获"又是民间对于猫头鹰的另一称谓。

说起夺取他人幼子的姑获鸟，就又引出对猫头鹰的第三项指控——贪婪的掠夺者。

这项指控主要依据《诗经·豳风·鸱鸮》中的词句。此诗开篇即言"鸱鸮鸱鸮，既取我子，无毁我室！"以如此惨痛呼告开头，让人难免将其与《硕鼠》相联系。但是与直白易懂的《硕鼠》不同，《鸱鸮》的遣词用语中有一种说不出的怪异感。历代学者对《鸱鸮》都有不同的解释，有说它是周公所作自言其志的，有说它是周公抒发忏悔之情的，有说这是谏言君王警惕奸臣当道的；而在新中国之后，将其解释为农奴哭诉、怒斥奴隶主剥削的观点占据了主流。鸱鸮被看成奴隶主的化身，是夺取了穷苦人的孩子后又将其房屋毁坏的暴徒。这样的解释配合民间古已有之的对猫头鹰的恶意，得到了普遍承认。

古人常说"凤凰窜伏，鸱鸮翱翔"，让鸱鸮和凤凰构成善恶对照模式，使得被妖魔化的鸱鸮永难翻身。古汉语中还有"枭鸾"并称为词的现象，即将猫头鹰与鸾凤加以相反相成的对照。这是将恶鸟和神鸟对举，用来比喻恶与善、小人与君子。南朝人刘孝标《辩命论》云："然则天下

◆ 商代青铜器上的双鸮形象

善人少，恶人多，暗主众，明君寡，而薰莸不同器，枭鸾不接翼。”

“枭鸾不接翼”是什么意思呢？唐代大学问家李善注解说，那指的是“鸾凤之不与枭鸮同栖”。除此之外，古人还有以枭鸮和仙鹤对比的惯用语。东方朔《七谏•怨世》说：“枭鸮既以成群兮，玄鹤弭翼而屏移。”

猫头鹰——冷血无情、残酷横暴、招引灾祸和死亡。这般形象已经是汉字叙事文学传统中一贯的表现。那么西周先民心目中的鸱鸮，是否也如此呈现反面特征呢？从出土文物的情况，看看商周两代一直延续的玉鸮制作传统，答案该是否定的。自石器时代起，玉材就代表神圣和高贵。试想，琢玉工匠会不会费劲气力、用异常珍贵难得的玉料去雕琢一种人所厌恶的恶鸟形象？

谨以西周时期的文物为例：第一是洛阳西周墓出土的玉雕角鸮，第二是山西曲沃晋侯63号墓出土的玉鸮，第三是山西洪洞县永凝堡西周墓地5号墓出土的青玉圆雕鸮，第四是陕西扶风县刘家东壕丰姬墓出土的一对平雕鸮形玉佩。这些文物表明，殷商人喜好玉鸮的礼俗延续至周代王室贵族，并不因为建构起新的凤凰神话而完全中断上代图腾圣物的继续流传。

在诸位发出对鸱鸮图腾说的质疑之前，何不先自我审视一下：远离神话信仰的现代人，是否被过度的科学自负蒙蔽了双眼，以至于无法穿透小传统的遮蔽，不能以远古祖先们那般澄澈质朴的神话观看待自然万物呢？

◆ 西周玉雕角鸮，摄于洛阳博物馆

◆ 山西洪洞县永凝堡西周墓地5号墓出土玉鸮

◆埃及法老陵墓石雕猫头鹰

◆雅典学苑的猫头鹰

玄鸟复生

在民俗学的研究中，有一个很有趣的现象，那就是即使相距很远的两个文明，也常会有相似的传说与图腾。民俗学界对这种现象有不同的解释，有认为是文化同源的，有认为是文化传播的，也有以荣格的集体无意识理论来解释的，认为这种现象其实是人类潜意识中共同原型的投射结果。

暂且不论原因如何。在上古时代，世界各地的先民们都崇拜着几乎一样的偶像，讲述着几乎一样的故事，以几乎一样的思维方式思考着几乎一样的问题，这是确凿的事实。基于这种跨文化的普遍性，金芭塔丝写出《女神的语言》，建构起史前女神文明的象征谱系。

参照这个谱系，欧亚大陆各地的人们不约而同地表现出对猫头鹰的敬畏与崇拜，其五花八门的形式背后却有大同小异的基本原理。

◆雅典卫城的猫头鹰神像

◆陶瓷鸮，摄于韩国首尔猫头鹰博物馆

早在一万多年前的旧石器时代，居住在现在法兰西地区的先民们就将三只雪鸮的神圣图案刻在了岩石之上。进入新石器时代之后，崇拜猫头鹰的信仰就更加普及流行：从西亚到东北亚，从爱斯基摩人到日本北海道的阿伊努人，无不有着信仰供奉猫头鹰偶像的传统。在古埃及，鸮的形象被刻在法老的王陵之中，随处可见；而在孕育了西方文明的希腊，智慧女神雅典娜的象征也是无处不在。

夜行的猫头鹰有着足以洞察黑暗的双眼，它静谧地飞过夜空不会有一丝声音，它看中的目标绝无逃脱的可能，它的头颅与双眼更可以全方位地旋转，给人一种明察秋毫的感觉。猫头鹰转动自如的双眼，在以澄澈的感知洞察这个世界的初民心目中留下了太深刻的印象吧，谁可以否定旋转之眼的非凡洞察力呢？他们认为这样具有穿透性的眼力必然代表着神明的睿智。

的确，在另一方面，神出鬼没而在夜间活动的猫头鹰也被想象为死亡的使者。但是要知道，古代的先民们并不像现代人一样畏惧死亡。神话的生命观坚信死亡之后，必然会有复生。太阳西沉也是死，沉没之后不用担心太阳的复生，这一景象在第二天清晨必定发生。只要有虔诚的态度，做出迎接日出和欢送日落的仪式祭拜行为，就能够确保宇宙生命循环的过程顺利推进。大地也有死而复生的季节性循环：寒冬之日土地冻结，来年春天就会复生，再度春暖花开。因此，

◆ 安阳出土商代大理石角鸮，摄于台北“中研院”文物馆

人死了，被埋葬了，也必然会再在某个时候如同熊、蛇、蛙、鹿角一样，以一个新的姿态再度从沉睡的黑暗中醒来，重新开始活动和生长。

“我们认伟大的猫头鹰是我们的祖先，它将赐予我们洞悉黑暗的双眼，捕杀猎物的力量，以及在我等死亡之际，在黑暗中静静地守护我们的安眠。”远古的先民就是这样崇敬猫头鹰的。于是他们将它的形象描绘在岩壁上，或雕刻为玉石，铸造为铜器，锻造为金银，歌颂它，膜拜它，认它作自己的再生希望和生命守护母神。

在华夏大地上，以养马和好战著称的秦人，热衷于侍奉鬼神的殷人，都突出地表现出对这种神鸟的敬畏和虔诚。因此，他们传颂着玄鸟陨卵的故事，歌唱着天命玄鸟的族系由来，将自己所承继的文化正统视为天意。

正如希伯来人以圣柜来铭记他们和耶和华定下的誓约一样，殷人与秦人也以这些传说、诗歌以及一批又一批的青铜器、玉器来铭记鸱鸮神与他们族群定下的“约”。出土器物虽然默默无言，却能够见证神话和信仰时代的约言。

只可惜，正如希伯来人在面对苦难与诱惑的时候往往忘记耶和华的戒律与教导一样，猫头鹰的后代子裔们也随着历史的断裂和时间的流逝，忘却了图腾初祖的光辉与训示。耶和华神会对遗忘他戒律的子民施以形形色色的天谴，那么猫头鹰的族裔又会如何呢？

带着对图像叙事的文化大传统的新认识，再让我们重读一下《诗经•豳风•鸱鸮》这被误解千年的上古诗篇：

鸱鸮鸱鸮，既取我子，无毁我室。恩斯勤斯，鬻子之闵斯。

迨天之未阴雨，彻彼桑土，绸缪牖户。今女下民，或敢侮予。

予手拮据，予所捋荼，予所蓄租，予口卒瘏，曰予未有室家。

予羽谯谯，予尾翛翛，予室翘翘。风雨所漂摇，予维音哓哓。

从叙事的视角看，会发现这篇诗的语气前后不一，用字也莫名其妙。比如第一、二句是一副祈求的语气，但第二句却使用“下民”一词，表现出高高在上的天神口吻。最后两句中的“谯”与“翛”等字意味“眺望”与“自在”“飞行声”等意，如按照现在流行的“枯焦”“零落”来翻译，明显与其字本意不同，属于对字义的生编硬造。

但是，若将这首诗看作祈祷者与接受祈祷的鸮神之间的对话，上述的问题便迎刃而解。

诗篇一开始，一个祈祷者在废墟之中向天呼告：“鸱鸮啊，鸱鸮啊，您已经带走了我的孩子，请不要再毁坏我的房屋。我感恩戴德，我勤劳工作，我求您垂怜！”

这时他的鸮神回应了他，发出了威严的教训与斥责：“当天空还未乌云密布，当暴雨还未倾泻，你就应该垒砌起坚固的堤坝，加固住你的房屋与门窗。现在你这卑贱的下民遭受灾难，难道不是侮慢我的报应吗？”

被鸮神当头呵斥的祈祷者匍匐在地，哭喊着自己凄惨可怕的处境：“我的手头贫困无物，我只能收集荼草，储蓄起来抵偿赋税。我已经口舌麻痹，但我仍然哭号我的家已毁灭！”

而他的神灵已经不再怜悯他。这鸟神飞向空中，向下民展示着自己的威严：“我遍身羽毛眺望万物，我的长尾划过空中，我的宫殿华丽尖翘。呼啸肆虐的暴风骤雨啊，那就是我的咆哮！”

好一个“风雨所漂摇，予维音哓哓”，莫非

◆殷墟出土骨雕鸱鸮（轮形眼），摄于台北“中研院”文物馆

◆红山文化双首一身玉鸮（局部），辽宁牛河梁出土，2012年摄于北京艺术博物馆“红山文化玉器精品展”

是辅佐颛顼帝的大神玄冥的形象吗？这诗篇中的鸱鸮所展露出的威力、高傲、能量与铁面无情，几乎不亚于任何神话中的大神。“哓哓”的叫声，让人顿时想到“枭”“鸮”和“owl”之类的发音。

这位身披羽毛衣的大神有着洞察黑暗、接引死亡和呼风唤雨的能力。正如它会将体内沉积的骨骸杂物定期吐出一样，它也具有将吞噬下的生命吐出，以使其获得新生之力。

『漩涡眼』与『玄鸟』得名密码

新出土的红山玉器中有一系列造型抽象，被称作“勾云形器”的玉饰。今日的专家学者们对此神秘莫测的形象提出了五花八门的解释，但令多数人信服的论证还未完成，争论还在继续。如果能贴切地理解“予羽谯谯，予尾翛翛”这句描写，就不难看出那带有两个明显的漩涡状眼睛，外形像梳子一般的玉饰，表现的正是猫头鹰充满力量的双眼与伸展开的双翼和尾羽。

“玄”字本来就有轮转、旋转的意思，玄鸟就是一双大眼睛会旋转变化的鸟啊！当你仔细观察猫头鹰的生理特征，最突出的莫过于那轮转变化的眼睛了。太阳的生命力，生命的起死回生之力，全都被信仰者对象化到这一双举世无双的眼睛上。至于鸱鸮为农业生产益鸟说，那只是农业社会的想当然之词。因为13000年前的欧洲三雪鸮造型出世之际，地球上的农业还根本没有影子呢。狩猎时代祖先对大自然精细敏锐的观察，被红山先民仔细地捕捉到，并以精雕细琢的刻画方式，永远留存在玉鸟的平面造型上。

清人所编的《事物异名录》中还有一个过去不好懂的猫头鹰别名——“轱辘鸟”。现在看多了约5000年前红山文化先民所特意琢磨出的旋转形眼睛的玉鸮造型，为什么叫“轱辘鸟”的疑难死结也迎刃而解。轱辘其实和车轮一样，是古人对轮转运动的圆形物之称谓。用能够转动的轱辘

◆春秋时期陕西秦墓出土红山文化“勾云形玉器”，其图像为漩涡眼状鸱鸮展翼形

◆ 红山文化“带齿动物面纹玉饰”（约公元前4000至前3000年），长19.9厘米，宽6.88厘米，厚0.27厘米，其造型的中心为两只“漩涡眼”，台北故宫藏

◆ 殷墟侯家庄1001大墓出土神鸮石雕描图，台北“中研院”文物馆藏

来比喻猫头鹰那一对动人魂魄的大眼睛，当然是再合适不过的。四川、贵州一带的民间称猫头鹰为“鬼车”，当然也是出于同样的旋转逻辑吧。看来，来自地方民俗的第三重证据确有其独特的解释证明力量，几乎舍此无他，具有不可替代的性质。

仔细注视红山玉器所谓“勾云形玉佩”，面对那高度抽象化的，漩涡般动感十足的双眼，我们会发出惊叹，甚至直接体验到古人凝视着他们所崇拜的鸱鸮的双眼时，感受到了怎样的神秘——灵魂的轮回、四季的交替、生与死的循环反复……

鸱鸮——玄鸟，难道不是“旋鸟”或“眼睛旋转之鸟”吗？伫立于黑夜，而守望黎明；招引来寒冬，以迎接孟春；无情地吞噬生命，又无言地孕育、吐出新生。鸱鸮女神的神圣功能就是促进生命的循环往复之节律，在无止无休地旋转轮回中，维持着黑暗与光明、毁灭与创造、死亡与复活那永恒的秩序。因此，鸮神比谁都要无情，也比谁都要无私。

参观位于台北南港的“中研院”历史语言研究所文物馆，可以看到在梁思永之后开启的商代考古发掘的一大批安阳殷墟出土文物。其中有不少精致的鸟类艺术形象，让人感到玄鸟族的后裔们是如何热衷于表现鸟类的题材。那是20世纪的二三十年代，新创建的历史语言研究所在傅斯年的带领下，坚持在安阳做了十多次正式发掘。傅斯年重新认识中国历史的宏大设想，就建立在一个空前的学术口号上：“上穷碧落下黄泉，动手动脚找东西！”这显然和以尊孔读经为主的传统国学研究路径截然不同。在安阳发掘出土的殷商“玄鸟”形象，确有继承史前玉器漩涡眼风格的“轮转眼”表现模式。

可惜的是，那时候红山文化的玉器尚未被发

◆ 牛河梁出土红山文化鸮形玉牌漩涡眼特写，2009年摄于首都博物馆

现，对殷商艺术中眼睛纹的来源问题也暂时无法解决。至于神圣猫头鹰的信仰在殷商以后的时代逐渐衰微和失传，玄鸟和玄圭之类神圣美名也变得暧昧不明，直到战国之后有了新兴的玄鸟为燕子说，并通过《诗经》的正统解释学而后来居上，成为2000年来的定论。再加上小传统的文学表现让鸱鸮与凤凰的道德化对立日益明确，华夏文明底层的古老鸟女神传统就此被历史所尘封起来。虚构的凤凰遂成为在“龙的传人”中最受青睐的神鸟，龙凤呈祥与龙凤配的观念深入人心。龙鸮配的远古真相，静静地掩埋在北国冻土之下，期盼着5000年等一回的重见天日机会。

若不是红山文化玉礼器的惊世再现，及其所带来的系列新发现，恐怕玄鸟为什么叫玄鸟的符号破译问题也就不会出现。

总结以上所述，20世纪后期中国考古学新发

◆ 红山文化“勾云形玉器”8种线描图

◆山东龙山文化鹰鸮纹圭图像（正反面）

◆山东龙山文化玉圭上的漩涡眼图像

◆浙江余姚河姆渡文化出土象牙雕鹰首轮形眼

现的红山文化玉器中，最神秘难解的一类被称为“勾云形玉器”，这是由于对其造型辨识上的误解所致。通过对此类玉器标准器形的系统排比分析和细部考察，可以重新确认其为平面表现的猫头鹰形象，以两只动感十足的漩涡眼造型为基本特征。据此理由，理应将所谓“勾云形玉器”改名为“鸮形玉牌”，以正视听。

神鸮崇拜源自欧亚大陆石器时代较普遍流行的鸟女神信仰，作为猛禽的鸮与鹰是鸟女神最常见表现形态。山东龙山文化玉器继承了红山文化的鸮鹰造型和漩涡眼表现传统，所谓“鹰纹玉圭”，应根据两面的不同形象重新解读为“鹰鸮纹玉圭”，并由此寻找殷商人玄鸟崇拜的重要史前渊源以及殷商造型艺术中的车轮形眼模式之来源，同时为夏禹时代的“玄圭”神话找到实物原型。

最后说到鸮神在历史上隐退的原因。这样无情而无私的古老尊神，却长久以来被文化小传统彻底歪曲，鸮神在文人笔下横遭污蔑、曲解和误会，这种情况比起熊神和龟神，显得有过之而无不及。玄鸟的原型失落，或许是因为战败的商纣王在后人的唾弃和谩骂中，连累到殷商的图腾圣物，使之象征意义发生逆转；或许是因为推翻殷商王权的周人为了自己江山的稳固，而将前朝的神灵加以亵渎；又或许是随着世人对生命的盲目贪恋，对自然的无尽索取，使得他们向《诗经·豳风·鸱鸮》中那个遭受惩罚后仍然一味诉苦，不知忏悔的祈祷者一样，已经越来越远地背离了鸮神的教导……

可怕的山洪、突变的气候、崩溃边缘的经济、为争夺资源而四起的战争——在自然一次次要人类为自己的贪婪与亵渎付出代价的今天，谁可想起鸮神的教训——“迨天之未阴雨，彻彼桑土，绸缪牖户。今女下民，或敢侮予。”

先祖们雕刻着鹰与鸮神身影的礼器已经再现，先祖们供奉着大女神的庙宇已经重光。但是，那对于自然澄澈的认识与信仰，何时才能恢复其本来的威严呢？

人类啊，当忘记了谦逊、忘记了对大自然的应有敬畏时，当迷失了自己的时候，请在暗夜之中凝视和倾听吧——你将会看到鸱鸮那幽玄的眼睛，冥冥之中聆听到女神那历经万年而不变的余音。

◆ 台湾玉器收藏家的红山文化白玉鸮形佩，采自《茄皮秋葵》

\>> 三星堆的惊世发现

\>> 夏桀追求的蜀国宝藏

\>> 巴蛇吞象

\>> 蚕丛与凸目之神

\>> 黄金之路

第九章 三星堆之光

◆高达2.6米的青铜大立人像，摄于三星堆博物馆

有幸生活在考古学进入中国的第一个世纪之中，我们的一生注定要多次见证地下发掘出的未知历史和神秘。

继20世纪70年代举世瞩目的秦始皇陵兵马俑大发现，80年代最让世人感到不可思议的发现，就要算四川广汉的三星堆了。在那里出土的3000多年前的文物中，国人第一次看到以前闻所未闻的奇特宝物：神树和羊的塑像，贵金属打造的权杖，高达2.6米的巨型青铜人像，其诡异形象和表情，迥异于中原地区考古常见的印象。此外，还有巨大如大车轮一般的玉石璧，眼珠凸出如舌的神像面具……

总之，三星堆这个过去名不见经传的小地方，连同随后在成都市发现的金沙遗址，开始闪烁出极为耀眼的光芒。这光芒中不仅有同时期中原文明也有的青铜器之光、玉礼器群的五彩之光，还有中原文明所罕见的黄金宝器之光。

2008年5月，来到汶川大地震后的成都，有机会看到诗人钟鸣的个人收藏品，其以三星堆玉器为主，摆满了三层小楼，却因8级地震损坏近半数。这些玉器中有的体积巨大，类似于三星堆博物馆中的青铜器造型，如神树、神鸟、跪人、面具等，应有尽有。玉与铜对应的相同形象，不免让人产生疑惑：究竟是按照模拟法复制出来的，还是3000多年前就有的真品呢？从钟鸣兄对这些器物如数家珍般的介绍中可以听出，四川诗人对四川古文化的那份赤诚之心是不容怀疑的，还有一点也需要明确：从半个世纪前三星堆文物的最初玉器发现者，到1986年两大祭祀坑的始发现者，都是民间百姓。专业考古人员是随后闻风而来的，他们除了发掘之外，还要劝说当地百姓，动员他们上缴文物。这样，大量古代文物流传在民间的现象也就不难理解了。民间藏品中不仅有类似博物馆藏品，还有些是博物馆中所没有的，甚至是闻所未闻的，如刻写着神秘古蜀国文字的大玉琮等。

三星堆文化是中华文明发生史上的一个具有震撼性的“异数”，它的重见天日，让传统的中原中心历史观和华夏正统文化观，受到前所未有的现实挑战。此前人们看待中华文明发生的目光大都集中在黄河中下游地区，以河南、陕西、山西为主。除了四川本地学者，很少有人注意到巴蜀古文化在中国文化史总体格局中具有何种重要意义。自1986年三星堆两座祭祀坑的大量珍品发掘问世之后，一个在年代上相当于商代后期，在文化面貌上又与中原文明有明显差别的青铜文明，像失而复得一般地进入当代人的视野。一个失落古文明的突然再现，引起媒体和学界的高度关注也就在情理之中。

◆ 三星堆出土青铜大面具，摄于国家博物馆

自20世纪80年代以来，三星堆文化和中原文化的关系，成为学界的一个热点研究问题。这方面有两条路径的思考：一条是氐羌族群文化传播带，将四川盆地与秦岭以西以北的地区文化联系起来；另一条属于三苗族群文化传播带，将巴蜀文化与鄂西北、豫西南文化联系起来。这两条路线同样充满着未知数，也就是充满着谜团及解谜的期待。原因就在于，以中原帝国为主的汉文史籍对此记载严重不足。夏代究竟有无文字，目前仍然不清楚。殷商的甲骨文字仅限于应用在通神占卜方面，不用于历史事件的记载。西周的文字应用稍微广泛，但殷周革命的形势导致周人的眼光主要朝向东方，有东封与东迁等重要事件为证。对西北西南的记录挂一漏万，不足为凭。在这种“文献不足征”的情况下，第三、第四重证据将再次发挥主要作用。

◆ 三星堆出土青铜大面具，摄于国家博物馆

三星堆文化和非中原文化的关系，也是值得期待的全新研究领域。这个领域大致也有两条思考路线：一条是成都平原史前文化和甘青—河西走廊地区文化的交往互动关系；另一条是以成都平原为中心的青铜文化向南的传播路线，以铜鼓为代表的西南系青铜文化一直延伸向越南、缅甸、泰国，乃至马来半岛和印

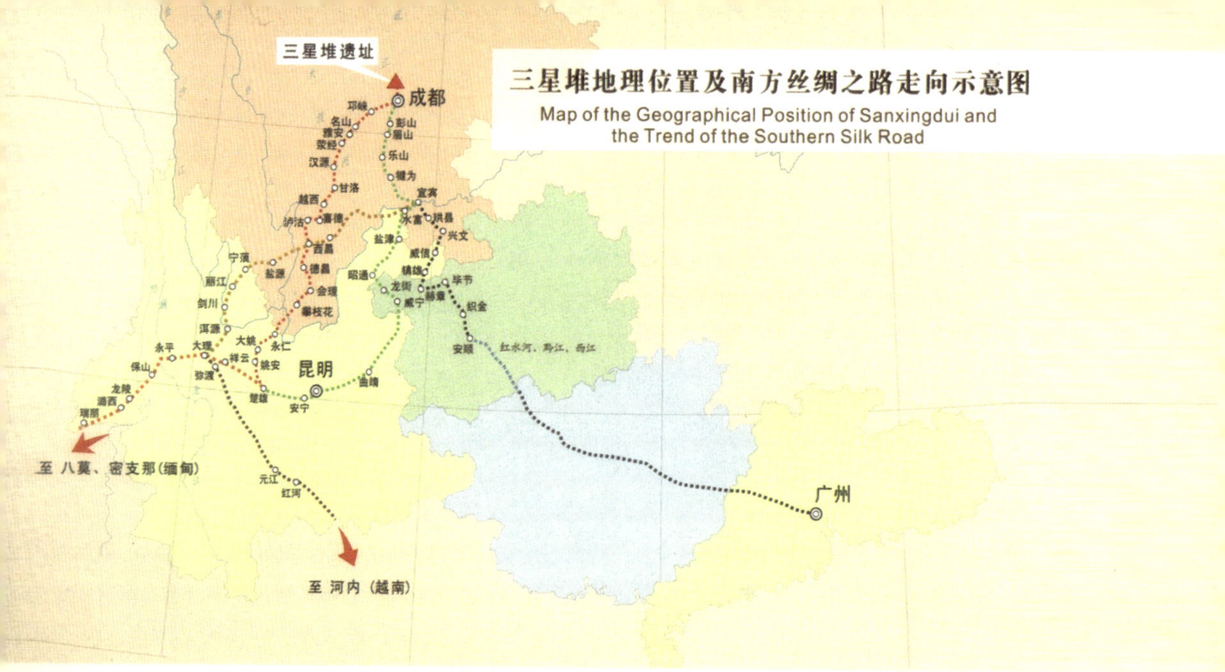

南方丝绸之路古称“蜀身毒道”，以成都为起点，经云南，入缅甸，抵印度，直通中亚和西亚。其支线“□柯道”，通过红水河、黔江、西江水路，经贵州、广西抵达广州而至南海。另有一条支线通过礼社江、元江、红河水路，出云南抵达越南而至中南半岛。

走向说明

- 灵关道：成都-邛崃-名山-雅安-荥经-汉源-甘洛-越西-喜德-泸沽-西昌-德昌-会理-攀枝花-永仁-大姚-楚雄
- 五尺道：成都-彭山-眉山-乐山-犍为-宜宾-水富-盐津-昭通-龙街-威宁-宣威-曲靖-嵩明-昆明-安宁- 楚雄
- 博南道：楚雄-南华-弥渡-祥云-大理-永平-保山-龙陵-潞西-瑞丽-八莫(缅甸)-密支那(缅甸)
- 牂牁道：宜宾-珙县-兴文-威信-镇雄-赫章-毕节-织金-安顺-红水河(水路)-黔江(水路)-西江(水路)-广州
- (支线1)西昌-盐源-宁蒗-丽江-剑川-洱源-大理　(支线2)宜宾-屏山-绥江-雷波-美姑-昭觉-西昌
- 大理-元江-红河-河内(越南)
- 水路

◆ 三星堆与南丝路示意图，采自肖先进主编《三星堆与南丝路》

◆ 三星堆出土青铜头像及黄金面罩

度尼西亚等地。这就牵涉到所谓“南丝绸之路”的再发现及一系列相关的问题。在这两条路线之间，应该还有一条沟通大西北与大西南的文化通道，当代学者或采用民族学名号称之为“藏彝走廊”，或采用地理学名号称之为“岷山—横断山走廊”。探究这一条文化走廊对于华夏文明发生的重要作用，应该是一项极具知识挑战性的当代学术任务。本章内容就尝试围绕这一挑战而展开。

◆金沙遗址出土黄金人面像，摄于金沙博物馆

三星堆的惊世发现

四川古有“天府之国”的美称。四川的地形地貌特征，由于被夹在青藏高原、云贵高原和秦岭之间，四周群山环绕，成为相对闭锁和自成一体的地理单元。以成都平原为中心，自新石器时代以来就一直有大体延续的文化积累，可谓自成一体。相对中原地区而言，“蜀道难，难于上青天”的流行观念，已在唐代诗人李白的诗句中得到突出呈现。但是，后人无法弄清楚“蚕丛及鱼凫，开国何茫然，尔来四万八千岁，不与秦塞通人烟”的真相，究竟是怎样的呢？

2008年5月12日的汶川大地震，让国人把目光集中到古蜀国的范围。在抗震救灾的电视直播画面中，人们非常惊讶地看到，从汶川到北川的南北向地震带上，布满险峻的高山峡谷，居然连空军的直升机都无法顺利降落。这样一种相对与世隔绝的地理位置和山川形势，放回到3000年前的交通困难时代，其和外界的联系如何不易，也就可想而知。在如此险峻的山川环境对照下，成都平原要算是巴蜀一带最理想的定居区。由此孕育出的三星堆文化，由于山川阻隔和路途遥远，其对中原文明来说，显示出十足奇特性和陌生性的一面，自然就容易获得理解。

◆三星堆出土执璋跪坐人像

1929年，一位名叫燕道诚的农民在自家旁的土沟里掘出一坑玉石器，包括玉璋、玉圭、玉琮、玉斧和类似玉的石璧，总计有300多件。随后在1933年，华西大学博物馆的葛维汉等专家初次在此地考察，发现上古文物。后来在20世纪50年代和60年代也陆续有零星文物发现，但一直没有引起关注。直到80年代，经过大规模发掘，出土的文物形成很大规模，这才让专业工作者首次刮目相看，如有18座房屋基址、3个灰坑、4座墓葬、70多件陶器和110多件玉石器，碎陶片多达10万件。一个曾经延续千年以上的古文明面影，逐渐呈现出来。后来查明的该地史前文化年代，自距今约4500年开始，延续至距今3000年前后，此后便神秘地消失了。这一年代大体上对应的是中原的虞、夏、商三个最早朝代。“三星堆文化”作为一个考古学文化得到命名，终于使得华夏文明发生期的西南源头和动力问题浮出水面。

◆三星堆出土铜羊头龙

这一特色鲜明的古文明重现于世，自然引起学者们对其渊源问题的兴趣，本土由来说、外域文化迁移说，甚至外星人降临说等，相继出现。随后又有一连串的考古发现，终于可以表明：三星堆文明虽然与众不同，独具特色，却不是从天而降的，而是在巴蜀大地上土生土长的。在它之前，至少有一两千年的古文化发展基础，但这并不意味着它是封闭的和与世隔绝的。恰恰相反，三星堆文明是黄河中游地区华夏文明同中亚、西亚文明及南亚、东南亚文明相互联系的纽带。就华夏文明自身而言，则是黄河流域与长江流域在

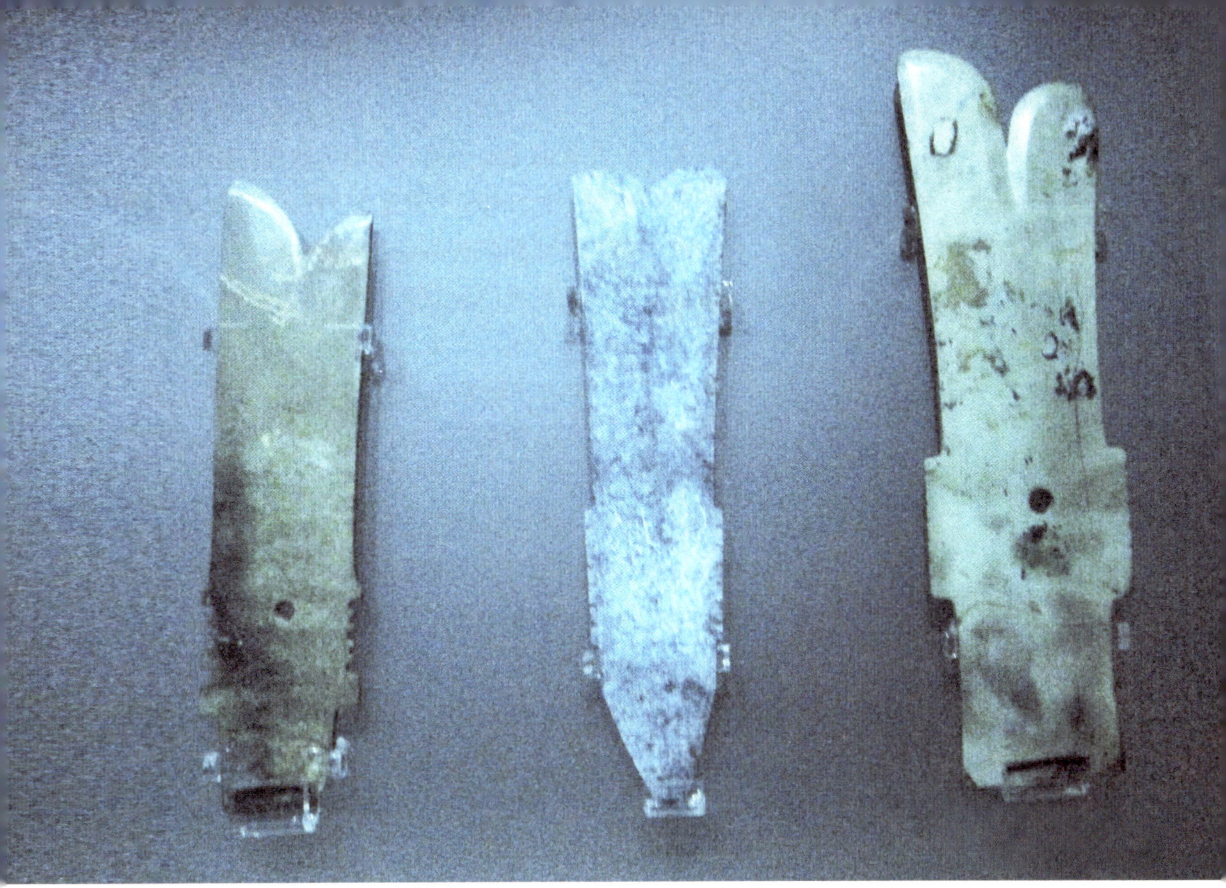

◆金沙遗址出土玉璋，摄于金沙博物馆

上游地区相互联系的一条纽带。构成这种纽带作用的基本要素有人和物两个方面。就人群而言，是远古的氐羌族群的迁移活动实现这种纽带作用；就物而言，则是岷山岷江一带出产的玉石，充当着联结巴蜀与中原的最初纽带作用。

先看三星堆文明的本土之根。如今可以大致梳理清楚的，有如下两条新发现的线索。

第一是宝墩文化。在十多年以前，四川盆地相继发现一批龙山文化至夏代的古城建筑群，如新津宝墩村、都江堰芒城村、郫县古城村、温江鱼凫村等史前城址。这些古城建筑于约4000多年前，比中原二里头遗址的年代还早，略相当于山西发现的陶寺文化遗址，后者成为如今中华文明探源的主攻方向。根据总体文化特征方面的一致性，蜀地的这些古城遗存被统一命名为“宝墩文化”。其起止年代为距今约4500—3700年之间，刚好处在三星堆文化之前。这就给古蜀地区史前期社会政治组织的演进和文明化进程研究，提供了直接的实物依据。有专家还将这些史前城郭建筑的族属，认同为如今还居住在这一带山地的羌族人，并归纳出史前期古城的三个主要功能。其一，防洪。经历过汶川地震后的堰塞湖威胁，今人已经熟悉当地水患的这一类根源。其二，防御外敌入侵的屏障。一般的城墙都具有易守难攻的特性，建城也意味着定居者对游动性的外来者的防卫措施。

◆人面鸟身神像，摄于三星堆博物馆

其三，高大的城墉成为联盟大酋长的标志。城郭是社会权力象征物，巴比伦史诗《吉尔伽美什》称颂乌鲁克城邦国王的习语就是“拥有城墙的王者”。修筑高大的建筑物需要在广泛的社会人力资源中协调组织，这本身也表明社会权力的集中化。

第二是营盘山遗址。考古工作者于2003年在茂县县城附近发现史前遗址，命名为“营盘山遗址”，距今约为5500—5000年。在周围的岷江上游也发现距今约6000年的波西遗址等。这些史前遗址所代表的文化，其出现的时间比三星堆和金沙遗址要早许多。这就将巴蜀文明的历史渊源上溯到了约6000年前，大约与中原的仰韶文化同时。换言之，蜀地的史前文化发展到古蜀青铜文明，是当地一脉相承的延续和变异过程。其间虽有不少外来影响的因素，但是毕竟有蜀文化自身未曾中断的传承脉络。蜀文化与中原文明的互动将是一个诱人的学术话题。过去那种将巴蜀视为蛮荒和不毛之地的旧观念，正在面临极大的改变，三星堆与金沙遗址的奇特光芒已经显得越来越耀眼。

2008年5月12日的汶川大地震，一方面对三星堆博物馆的文物造成了一定的破坏，另一方面也从地下震出比三星堆更早的失落的文化。2009年6月17日，成都文物考古研究所的专业人员在对汶川县“布瓦群碉”进行文物灾后重建保护中，发现了史前期文化遗址，命名为“布瓦遗址”。这一新发现将有助于探索千百年来蜀人的迁徙和文化交流，揭开古蜀国文化源流的神秘面纱。距今约4800年的新石器时代，与后来的三星堆文化初期的约4500年前，在时间上还有300年差距，这相当于历史时期的整整一个朝代，似难以忽略不计。

◆金沙遗址出土玉雕梯形器，用途待考

布瓦遗址地处岷江西岸、杂谷脑河东北岸的

◆ 三星堆出土青铜虎，摄于三星堆博物馆

四级阶地之上，距今已有约4800年，与黄河流域龙山时代文化的早期相当。海拔高度2100米，遗址分布面积约为5万平方米，保存较好的中心区面积近1万平方米。考古发现大量陶片、石器等遗物，其中石器为磨制的残石斧2件，砺石1件，打制饼形器1件；陶器多以瓦棱纹、戳印纹、凹弦纹、锯齿状花边口沿装饰等作为纹饰，与三星堆陶器形制风格不尽相同。新的问题随之而来：布瓦遗址是什么族属的人群所留下的文化遗迹？他们和三星堆文明的人群是何种关系？是新旧交替后的继承、部分继承，还是征服、毁灭后的重新开始？这一切疑问都有待探究。初步的判断是，文化断裂的可能性更大一些。从布瓦遗址时期没有玉礼器和金属器，到三星堆、金沙的大规模的玉礼器和金属生产，使得在中原地区先后出现的玉器时代和青铜时代，几乎同时出现在成都平原。换言之，巴蜀的古文明同时经历玉器时代和青铜时代，并先于中原而进入真正的“黄金时代”。这又是为什么呢？

夏桀追求的蜀国宝藏

战国时期，楚国大诗人屈原的《楚辞》中有一篇以古史问题为主的诗篇，题为《天问》。其中有两句针对夏朝最后一代帝王桀：

> 桀伐蒙山，何所得焉？妹嬉何肆，汤何殛焉？

最早注解《楚辞》的汉代学者王逸表示，桀是夏代亡国之君，蒙山是一古国的名称。夏桀征伐蒙山之国，俘获一位叫妹嬉的女子，从此放纵情欲，导致亡国，被商汤放逐到南巢。我们不必责备王逸为什么要重弹女人祸水论的老调，把夏代的灭亡归罪于一位来自异邦的女妖精。但是探索失落已久的历史真相，需要我们抛弃父权制社会的几千年成见和偏见，通过抽丝剥茧一般的现代解读技术，对上古文本给予重新理解和复原，尽量发掘表层叙事下面隐藏的东西。

在这方面，清代的楚辞学家蒋骥的独到认识值得参考。他根据《列女传》和《竹书纪年》等书记载，认为夏桀伐蒙山得妹嬉一事和伐岷山得琬琰一事，形成叙事上的两相对应。而且岷山别名“鸿蒙”，可知两山实为一山。游国恩《天问纂义》继而指出，《韩非子·难四》中也有对此事的记述：“是以桀索珉山之女，纣求比干之心，而天下离。”在这些异文中，“蒙”“珉”“岷”三字为同声字。《管子·轻重甲》也说：“女华者，桀之所爱也。”女华即女琰，以刻于华玉，故曰女华。这些先秦文献异口同声地讲述桀攻打岷山获取女子之事，当是可信的。

在中国地图上看岷山的位置，它坐落在四川北部，绵延四川、甘肃两省边境。高山峡谷，地貌异常险峻，成为岷江和嘉陵江支流白龙江发源地。一般的看法是，此山实为长江与黄河的分水岭，也就是划分南北方的一道天然分界线。《尚书·禹贡》

说“岷山之阳，至于衡山”，指的就是夏禹疏通水道的南方路线。

如今的50后和60后两代人，对岷山都不陌生。大家从小背诵得滚瓜烂熟的毛泽东《长征》一诗，就有名句“更喜岷山千里雪，三军过后尽开颜”。然而，若不是2008年汶川大地震，恐怕多数人都不清楚岷山的地理地貌究竟是什么样的，也不明白汶川即岷川，因岷江和岷山而得名。古代文人将岷山和峨眉山并称，如江淹的文章就有如下说法：“水交沅澧，山通岷峨，襟带百县，萦抱七州。”由于岷山在北，峨眉山在南，岷峨合称也单指峨眉山。如苏轼《满庭芳》词：“归去来兮，吾归何处，万里家在岷峨。”古书讲到“岷蜀”，即指代四川。李白《读诸葛武侯传书赠崔少府》诗：“武侯立岷蜀，壮志吞咸京。”至于杜甫《寄狄明府博济》诗所说的“胡为漂泊岷汉间，干谒王侯颇历抵”，则是将四川岷山与陕西汉中看成一个地域。“岷渎”“渎山”“汶山”等都是岷山的别名。

《史记•封禅书》说得明白：“渎山，蜀之汶山。”正如岷山玉可以专称为“珉”，汶山玉则称为“玟”，自古就为中原王朝所用。《礼记•聘义》：“敢问君子贵玉而贱碈者，何也？”汉郑玄注：“碈，石似玉，或作玟也。”《周礼•夏官•弁师》：“诸侯之缫斿九就，瑉玉三采。”陆德明释文：“瑉，本又作珉。”另外的一个称呼是“珉石”或“瑉石”。《楚辞•刘向〈九叹•愍命〉》：“藏珉石于金匮兮，捐赤瑾于中庭。”王逸注：“珉石，次玉者。”既然将来自四川的珉石珍藏在金匮之中，显然也是非常宝贵，不宜等闲视之。

3000多年前在中原定都的夏桀，跨越陕西而攻打四川的岷山，目的何在？难道就像古书上讲的为了占有一两个川妹子吗？如果不信古书上所讲的原因，当年有什么战略性资源能够如此吸引夏代君王的注意力，让他不惜跋涉千里，率领大军面对“难于上青天”的蜀道，知难而进呢？

夏桀之后，周代的帝王周穆王大约也有过一次不远万里的西行旅途，到昆仑山会见了西王母。此事对于理解夏桀的西行真相很有参照价值。笔者据《穆天子传》的叙事

◆金沙遗址出土玉琮

◆金沙遗址出土玉钺，摄于金沙博物馆

◆青铜人头像，摄于三星堆博物馆

分析，认为穆天子西游的目的表面上是见西王母，实际上是对昆仑玉山的朝圣之旅，是为了获取象征永生的和田美玉。西王母头戴玉胜，位居瑶池，这些细节分明透露她就是玉女神。或者说，西王母是中原人想象中的昆仑山和田宝玉的神话化和人格化。（参看拙著《河西走廊：西部神话与华夏源流》，云南教育出版社，2008年）

根据汉文史料记载，巴蜀被描述为蛮荒落后的方国，既没有文字和经典，也没有礼乐制度传统，就好像边远落后的原始部落。现代学者主张将巴和蜀区别看待，认为蜀有较为发达的农业生产，至迟在春秋战国时已经建立起国家级地方政权，即所谓地方王国，其首领不再是酋长，可以称为国王。巴则是以川东地区为主的部落社会，在生产水平上相对落后于蜀。它虽然与蜀有密切联系，但或许并没有发展成像蜀国那样发达级别的国家。这样的看法在三星堆文明大发现以后，必须有所修正。今日学人倾向于将三星堆视为夏商时期古蜀国的王都所在，其黄金青铜加玉石器的高等级礼器体系大大超出史前部落的级别，甚至在某些贵金属和工艺技术方面高于中原文明。这就意味着三四千年前的古蜀国就已经相当发达强盛，其东向的文化影响肯定波及川东的巴人地区。

成语中有“巴蛇吞象”，生动体现出中原人想象中的边地蛮荒之奇特景色。至

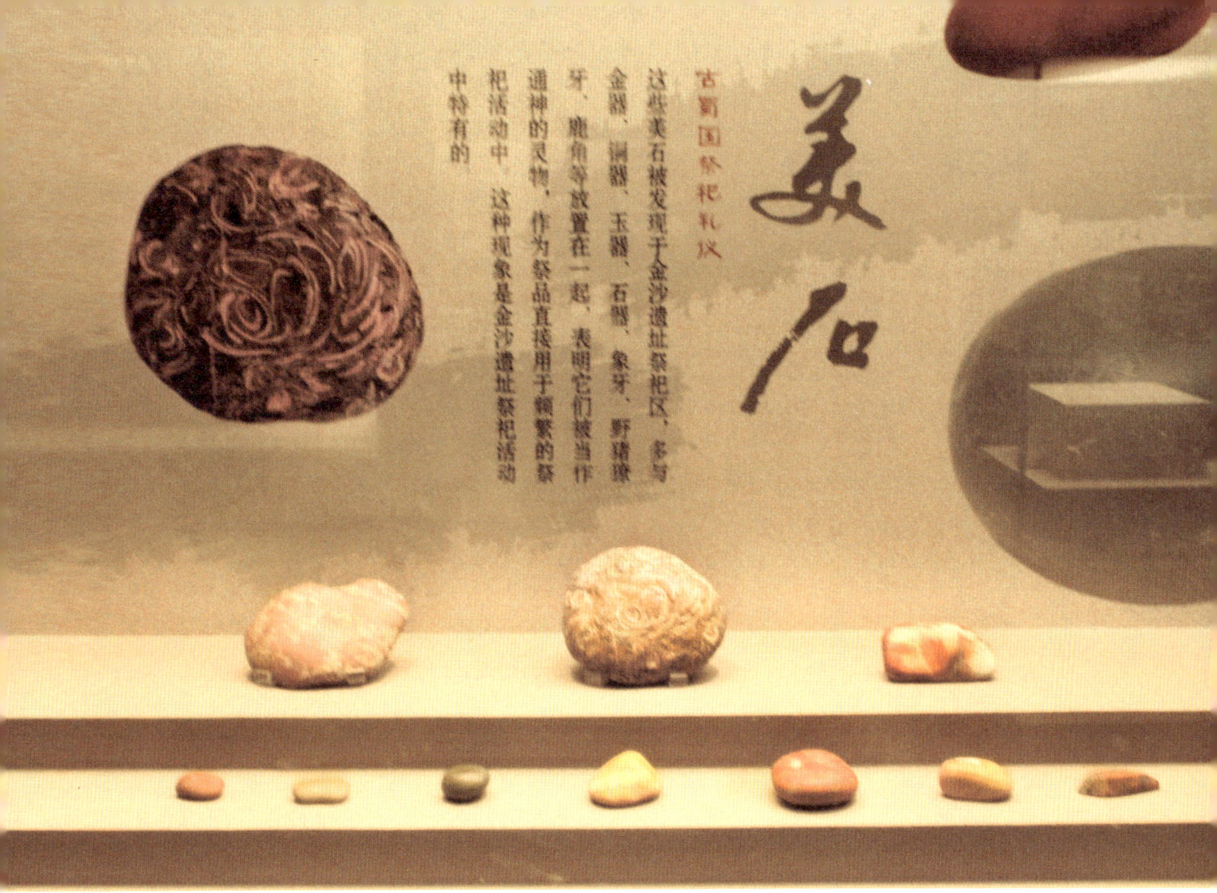

◆蜀石

于巴蜀的经济和文化，因与中原有较大差距，被视为落后的边地，唯有少数地方特产为人称道，如蜀石、蜀布、巴豆等。《史记•大宛列传》记载张骞的话说：“臣在大夏时，见卭竹杖、蜀布。”可知西汉时四川物产流传西域的情况。巴豆是产于巴蜀的植物，形如豆，中医药上以果实入药，性热，味辛，功能破积、逐水、涌吐痰涎，主治寒结便秘、腹水肿胀等。有大毒，须慎用。汉人桓谭《新论•祛蔽》云：“巴豆毒鱼，礜石贼鼠。”关汉卿《单刀会》第二折说到：“那里有凤凰杯满捧琼花酿，他安排着巴豆、砒霜！”

在此类带有地方王国名称的巴蜀物产中，对于早期中原王朝来说，具有重要意义的就是蜀石。蜀石是蜀地出产的一种玉石，肉眼观看其晶体状的透明度，明显逊于和田玉，但依然具有美观色泽和坚硬度等玉石特色。其别名很多，如砇、瑉、琝、珉、玟、瑉、嘉陵玉、岷山玉等等。对于早已经远离全民鉴赏美玉的上古时代的今人，确实难以想象古人为什么给蜀地出产的玉石取名如此之多。《文选》中收录的汉代文豪司马相如《上林赋》有句云：“蜀石黄碝，水玉磊砢。”李善注引张揖曰：“蜀石，石次玉者也。”宋高似孙《纬略•蜀石》：“有人遗余玉笔格一枚，状如浆水玛瑙而非玉也。因扣之，谓玉出嘉陵。按司马相如《上林赋》曰‘蜀石黄碝’，张揖曰：‘蜀石，次玉者也。’嘉陵之玉，盖出于此。”以上是汉代至

巴人的文字符号

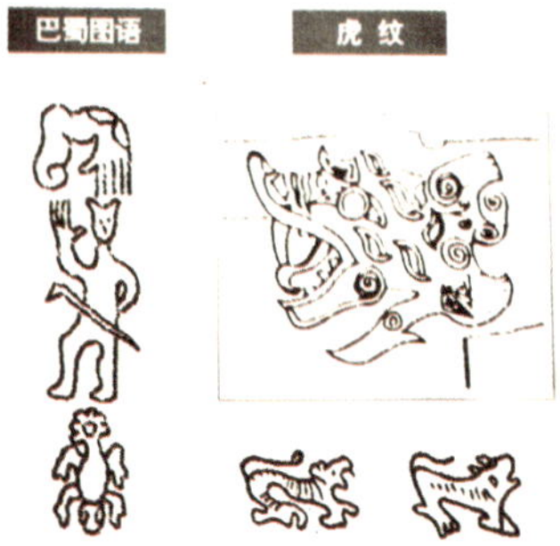

◆巴人文字符号，2010年摄于三峡博物馆

宋代人对蜀地玉石的记载，年代虽晚，却可为夏代末代国君的蜀山追求提供参照。

嘉陵之玉，为什么被看成较差的玉石呢？这是因为中原文明习惯于将来自新疆地区的和田玉奉为美玉的标本，其外在特色是加工后光泽柔和，如油如脂。古人所谓“羊脂玉”的比喻，不是文学夸张，实出于视觉和触觉的真切体验：一种温润华美之感。相比之下，蜀地出产的玉石，因为石性突出而玉性较差，就被中原文明视为半石半玉的替代性材料。就距离而言，巴蜀比新疆更加接近中原，所以夏代国家在无法掌控西域通道，不易得到几千公里以外的新疆和田玉时，只有就近取材，出现运送输入嘉陵玉或岷山玉的文化现象，体现在文献叙事中，就是夏桀攻打四川岷山一事。

《太平御览》卷一三五“皇亲部”引《竹书纪年》：“后桀伐岷山，岷山女于桀二人，曰琬，曰琰。桀受二女，无子，刻其名于苕华之玉，苕是琬，华是琰。而弃其元妃于洛，曰妹喜氏。妹喜氏以与伊尹交，遂以间夏。”从表层叙事看，夏桀进攻岷山的原因，如同希腊史诗讲述的希腊联军进攻特洛伊，是为了获取美女。但是两位岷山美女的名字“琬”和“琰”，却透露出美女表象之后的美玉信息。《艺文类聚》卷八三也同样引用了这段叙事，却安排在“宝玉部”里，还点明了岷山氏献二女给桀的人是庄王。照此看，岷山庄王相当于四川岷山一带的方国部落首领。夏桀不远千里去攻打四川的目的，不会是仅仅为了女人，而是为了夏代王权建构至关重要的战略物资——玉石。

岷山庄王的地方军事力量无法抵抗夏桀的大军，只好献上夏桀所垂涎的蜀地之玉材，这也许就是琬和琰这两个从玉旁的字所暗示的隐情。正像希腊联军渡海作战攻打特洛伊，表面的借口是为夺回美女海伦，真正的目的是夺取希腊本土所缺少的战略资源黄金。桀用来标记琬和琰的名字的物质

◆金沙遗址出土玉料

载体，古书称之为“苕华之玉”，毫无疑问也是美玉。《太平御览》卷八二“皇王部”引《竹书纪年》又云：“后桀命扁伐山民，山民进女于桀二人，曰琬曰琰。桀爱二人。女无子焉，斫其名于苕华之玉，苕是琬，华是琰。而弃其元妃于洛，曰妹喜。”这里的“山民”，显然是将“岷”字分开的误读。后人对夏王刻玉之事津津乐道，明代徐复祚《投梭记•鬻女》说：“果是玉无瑕，休言价，愿将白璧聘苕华。”清龚自珍《乙酉得汉凤纽白玉印喜极赋诗》云：“夏后苕华刻，周王重璧台。”那么，为夏代人推崇的“苕华之玉”是怎样的玉呢？

苕本为陵苕，亦名凌霄、紫葳，是一种蔓生草。《尔雅•释草》：“苕，陵苕。黄华蔈，白华茇。”透露出黄白两色的特征。这不正是蜀石的颜色吗？《诗经•小雅•苕之华》：“苕之华，芸其黄矣。”毛传：“苕，陵苕也，将落则黄。”据此推测，“苕华之玉”很可能指一种黄玉。新疆和田玉中就有黄玉，但数量很少，甚至比白玉还少。古玉收

◆金沙遗址出土良渚文化型玉琮，摄于金沙博物馆

◆ 黄色的玉琮，摄于金沙博物馆

◆ 三星堆出土有领玉瑗，摄于四川省博物馆

藏界一直有黄玉最贵重的流行说法。三星堆和金沙遗址中出土的古玉果然有一些呈现为黄色，却不见白玉，这说明岷山出产之玉料中就有黄玉。古人将植物之名“苕”用于水的命名时，居然都是指产玉之地。《山海经》就记载着两条河水，都叫“苕水”。《西山经》：“龙首之山，其阳多黄金，其阴多铁，苕水在焉。东南流注于泾水，其中多美玉。”今人以为这个苕水的位置约在今陕西境内。此外在今浙江省境内也有一条河叫苕水。《南山经》：“浮玉之山……苕水出于其阴。”由此可见，陕西的苕水多美玉，浙江的苕水所在之山就叫“浮玉之山”。这些水名对于理解“苕华之玉”的内涵不无帮助。

再看“琬”和“琰”二字。《龙龛手鉴·玉部》：“琰，玉名也。”琰又指有尖锋的玉圭。考其用途，《周礼·春官·典瑞》有清楚的说明：“琰圭以易行以除慝。”郑玄注引郑司农曰：“琰圭有锋芒、伤害、征伐、诛讨之象者。”琬则是圆头的玉圭，不用于征伐，而用于朝聘。《说文·玉部》：“琬，圭有琬者。”这样的解释表明琬属于玉器方面的命名，但在逻辑上显然有问题。玉圭有琬者称为“琬”，这定义就犯了同意反复的毛病。礼书中有“琬圭”一名，即指上端呈圆形的玉圭。《周礼·考工记·玉人》说明了圆头的象征意义：“琬圭九寸而缫以象德。”郑玄注：“琬，犹圜也，王使之瑞节也。诸侯有德，王命赐之，使者执琬圭以致命焉。”元代的方回写过题为《石氏四子名字说》的文章，说到给孩子取名效法玉圭名的寓意情况：“盖琬圭之首圆，其象仁，第三子庆源，欲名曰石琬，字德玉。”由此看出，琬和琰本为美玉的代名词，古人在起名字时喜欢用其美好的道德引申意蕴。不过夏桀之时，这种儒家比德于玉的观念尚未产生，史前至夏商的主导观念是比神于玉。神灵不死，食玉者希望永生或成仙得道。

“琬”和“琰”二字组成的合成词“琬琰”，早在《楚辞•远游》中就已经使用，泛指稀有可以食用的美玉：“吸飞泉之微液兮，怀琬琰之华英。”洪兴祖补注：“皆玉名。”《淮南子•说山训》：“琬琰之玉，在洿泥之中，虽廉者弗释。”梁刘峻《辩命论》：“火炎昆岳，砾石与琬琰俱焚；严霜夜零，萧艾与芝兰共尽。”此处说的“砾石与琬琰俱焚”，即玉石俱焚之意。《尚书》中也有合成词“琬琰”，是指琬圭、琰圭两种礼器。《尚书•顾命》：“弘璧、琬琰在西序。”蔡沈集传《书经》：“琬琰，圭名。”由于琬琰指美玉，在儒家语境作用下，引申比喻品德或文辞之美。东方朔《七谏•自悲》：“厌白玉以为面兮，怀琬琰以为心。”葛洪《抱朴子•任命》：“崇琬琰于怀抱之内，吐琳琅于毛墨之端。”元邓文原《奉题延祐宸翰诗》：“官联天府璇玑象，帝阐河图琬琰文。”推考古籍中神话叙事的用法，“琬琰”特指某种长生不老的玉液仙药，或许也是黄色的。王嘉《拾遗记•周穆王》就有此例：“〔西王母〕共玉帐之高会，荐清澄琬琰之膏以为酒。”这是把美玉之膏当作神仙世界的特有食物，是让凡人也能获得永生不死梦想的神圣媒介物。如此信念，其由来如何，本书第三章讲述的华夏文明发生期之国教为玉教，可资进一步探讨和思考。

关于夏代君王桀攻打的岷山，在古籍中还有一种写法是“珉山”。这看似无关紧要的通假字现象，却将蜀地对于中原的战略物资意义更加彰显出来。珉，亦作“瑉”“琘”“玟”，指似玉的美石，或为比蜀石更早的称谓。《荀子•法行》：“故虽有珉之雕雕，不若玉之章章。”《汉书•司马相如传上》：“其石见赤玉玫瑰，琳珉昆吾。”颜师古注引张揖曰：“琳，玉也。珉，石之次玉者也。”鲍照《见卖玉器者》诗序：“见卖玉器者，或人欲买，疑其是珉，不肯成市。”这种情况就像今天古玩市场上的玉商贩，不见和田玉不动心，买到假冒的和田玉（如俄罗斯玉、青海玉）会大呼上当。

汉代以降出现合成词“珉玉”，从专指岷山之玉，到泛指似玉的美石。《汉书•司马相如传上》：“珉玉旁唐，玢豳文磷。”郦道元《水经注•谷水》：“圃中有古玉井，井悉以珉玉为之，以缁石为口。”《宋史•舆服志六》：“册制。用珉玉，简长一尺二寸，阔一寸二分。”可见从四川进口至中原的玉料，一直到宋代还在继续使用。由于经过河西走廊长途运输来的和田玉数量有限，古代的宫室贵族用玉不得不采用替代性的玉石材料。这种情况在三星堆出土玉器中也有鲜明的体现：在大量用岷山玉制作的玉璋、玉圭、玉璧之外，还有一些是用石料加工而成的同类器物，如直径约1米的巨大石璧为中原罕见的巨大礼器。此种情况表明，古蜀国君王有就近取材的岷山之玉，但是面临玉少石多的材料短缺，还是要用石料替代玉料制作大件礼器。国人熟悉的成语有“玉石不分”或“玉石俱焚”，表明古人心目中非常在意神圣礼器的原材料区分。中原文明一般不用石料制作礼器，至少也要用次

◆石跪人像，摄于金沙博物馆

◆石跪人像背面，摄于金沙博物馆

等的玉，如陕西的蓝田玉、河南南阳的独山玉和四川岷山的珉玉。古代文人写作中如果将珉与玉相对而言，则是比喻优劣、好坏和贵贱。鲍照《见卖玉器者》诗："泾渭不可杂，珉玉当早分。"梁武帝《注解大品经序》："于此五义，不善分别，坚着三乘，教同一门，遂令朱紫共色，珉玉等价。"如此比喻用法在古汉语中形成惯例，一直为后人袭用。陆游《书叹》诗就有如下对句："世方乱珉玉，吾其老江湖。"

同类的比喻性典故还有"珉玒"一词。玒，也是美玉名。大凡出现真伪不辨或美丑不分的情况，就用这个典故。如元代周德清《斗鹌鹑•赠小玉带》套曲："不辨珉玒，纷纷贯耳。"明代郑真《鉴如歌为胡仲章作》："世溷浊而不清兮，曾莫辨于珉玒。"用美丽有色的石料制成的台阶称为"珉砌"。《清朝野史大观•清宫遗闻二》中收录胡延《长安宫词》有句云："门锁金蟾夜漏长，中官吹烛倚回廊。碧阑干畔施茵褥，直把珉阶当玉床。"玒，亦作"玜"，作为一种美玉之名，其产地为何已经无考。徐珂《清稗类钞•鉴赏•韩程愈藏赤珂夔龙镇纸》："其最美者，曰官玒，曰高玒，曰老枫门，曰新枫门，皆镫光冻也。"玒作为美玉的专名，在宋代文人欧阳修的诗中依然和珉相互对照："君怀磊砢有至宝，世俗不辨珉与玒。"

对珉这种稍逊一筹的玉给予诗意化的表现，就有"珉陛"一词，犹如说玉陛。

南朝梁陆倕《天光寺碑》：“珉陛凌虚，琼楼郁起。”“珉陛”与“琼楼”为对，当起始于夏桀吧。说到“珉佩”，则是玉佩的代名词。贾岛《寄李輈侍郎》诗：“亦冀铿珉佩，终当直石渠。”说到“珉珣”，是借以比喻同时并立的杰出人才。清朱鹤龄《寄王西樵吏部兼呈阮亭工部》诗：“哲弟称二难，珉珣世交羡。联翩翔艺林，婉若双飞燕。”若是将“珉”与代表和田玉的“瑶”相组合，称为“珉瑶”一词，则泛指一切珍稀美玉和宝石。晋支遁《阿弥陀佛像赞》：“珉瑶沈粲，芙蕖晞阳。流澄其洁，蕊播其香。”佛教徒赞美佛像就是赞美神圣。出自蜀地的岷山玉作为新疆和田玉的替代品，就这样在中原王朝这里获得与和田玉同样的神圣化和美化价值。追溯其源，当与夏桀攻打岷山的历史事件密切相关。

◆ 金沙遗址出土有领玉环，摄于金沙博物馆

夏代帝王到千里之外的蜀地求取岷山玉料，用途何在呢？我们知道夏桀好玉如命，为了在人间修筑模拟神话中瑶池仙境的圣景，不惜工本地动用大量玉材。古籍中对此也是津津乐道，甚至把夏朝亡国的原因，归结于滥用玉而耗尽国力民财。以下引出这方面的几例来看，以先秦两汉的记载为主：

第一例，《汲冢古文》曰：“夏桀作倾宫、瑶台，殚百姓之财。”（《文选•吴都赋》注）

第二例，《晏子春秋•谏下十八》：“及夏之衰也，其王桀背弃德行，为璇室、玉门。”

◆ 金沙遗址出土有领玉璧，摄于山西博物院

第三例，《竹书纪年》：“桀倾宫，饰瑶台，作琼室，立玉门。”（《太平御览》卷八二“皇王部”引）

第四例，《淮南子•本经训》：“晚世之时，帝有桀纣，为琁室、瑶台、象廊、玉床。”高诱注：“琁、瑶，石之似玉，以饰室台也……琁或作旋，瑶或作摇，言室施机关，可转旋也，台可摇动，极土木之巧也。”

第五例，张衡《东京赋》：“必以肆奢为贤，则是黄帝合宫，有虞总期，固不如夏癸之瑶台，殷辛之琼室也。”

从表层叙事看，夏桀因为宠幸妹喜或琬琰而亡国，以及因为滥用民力建造玉质宫殿而亡国，说的是两件事；但

◆ 三星堆出土玉戈石戈

是从深层的隐喻意义看，两件事也是一件事。因为如前文所分析的，琬琰就是蜀山之玉的人格化、女性化联想的产物！

以上五条记载中，桀以玉材营造的建筑有倾宫、瑶台、璇室（琁室）、琼室、玉门、玉床。花样虽多，却都突出一点：玉。具体用的是什么玉呢？“琼”是琼山之玉，琼山即昆仑山，其玉乃和田玉。《文选•张协〈七命〉》：“大梁之黍，琼山之禾。”李善注：“琼山禾，即昆仑之山木禾。” 琼室也可以指仙人所居之室，或称“琼宫”“璚宫”，本为天神的住所。张衡《思玄赋》：“叫帝阍使辟扉兮，觌天皇于琼宫。”从当代考古发现所揭示的情况看，夏代虽有使用和田玉料的情况，但是毕竟还很稀少，当时大量的玉材属于和田玉的替代品。若是夏桀果然建造玉宫、玉门和玉床等，最有可能的获取玉料地点之一即四川岷山，那一带地区当是夏朝元老大禹建立中原政权之前所居处和熟悉的。古籍中“禹出西羌”的说法保留着这一份远古记忆。

“璇室”亦作“琁室”，同样是玉饰的宫室。按照高诱的注解，亦可解为“能旋转的宫室”，为夏桀、商纣所建。唐谢偃《惟皇诫德赋》：“夏桀以瑶台璇室为丽，而不悟鸣条、南巢之祸。”至于玉门和玉床之类，顾名思义，皆为耗费大量玉材的人工产品。从上古时期只有切磋琢磨的玉器加工手段来看，这些确实不知需要耗费多少人力物力。这样的奢侈举动，自然被说成祸国殃民的祸根，是导致国家衰败、王朝覆灭的直接原因。上海博物馆藏战国楚竹书《容成氏》云：“〔桀〕不量其力之不足，起师以伐岷山氏，取其两女琰、琬。北去其邦，为桐宫，筑为璇室，立为玉门。其骄泰如是。”商汤就是在这样的情况下替天行道，以武力推翻了夏桀的统治。

夏禹以天神所赐玉圭而兴邦，夏桀以滥用美玉而亡国，这样的教训再度出现在商朝的末代君王纣那里。古史兴亡的细节居然可以是代代重复的，这就增强了“神话历史”这一观念对于考察中国古史的适用性。

巴蛇吞象

从古汉语词汇学看，在中原中心主义的价值观作用下，大凡提到古代四川人和四川文化的语汇，往往明显带有轻蔑的或嘲讽的意味，体现高等文明对低人一等的地方文化的普遍俯视心态以及帝国的沙文主义情绪。古汉语简称四川为“巴蜀”，如果从字源学上审视，“巴”和“蜀”两个字既是地名，又是居住该地的人群之名，而且这两个字所反映的名号中皆以动物作为原型。简言之，巴指蛇，蜀指蚕，二者皆为爬虫类生物。那么自古流传的此类动物命名，出现在中原文明催生的汉字系统中，其原因何在？晋人常璩在《华阳国志·蜀志》中说：“蜀之为国，肇于人皇，与巴同囿。至黄帝，为其子昌意娶蜀山氏之女，生子高阳，是为帝喾。封其支庶于蜀，世为侯伯，历夏、商、周。武王伐纣，蜀与焉。”

“巴”不是一般的蛇，而是中原地区罕见的、传说中身躯巨大的蟒蛇。大到什么程度呢？大到能够吞吃陆地上最大的动物——大象。《说文解字·巴部》云：“巴，虫也。或曰食象蛇。象形。”按照东汉文字学家许慎的看法，“巴”这个字就产生于对大蛇的象形写法。后人忘记了这一点，所以又有“巴蛇”一词，专门提示这种想象中的巨蛇。《山海经·海内南经》：“巴蛇食象，三岁而出其骨。君子服之，无心腹之疾。其为蛇青黄赤黑。一曰黑蛇青首。”对于《山海经》的这个记载，医学家看到的是象骨的药用价值，被巴蛇吞到肚子里的大象，要到三年以后才能将象骨排泄出来。古代的君子知道此骨为灵药，服用所达到的实际效果是“无心腹之疾”，相当于今天所说的不会再患内科疾病。如此灵丹妙药，难怪《山海经》的作者要不惜笔墨地给以详细记述，就连吞大象吐其骨的巴蛇的具体形态，都像彩色摄影一般给出直观的特写：“其为蛇青黄赤黑。”一共点明了四种色彩，今人对此

◆ 金沙遗址出土石雕蛇

◆ 金沙遗址出土石虎，摄于金沙博物馆

◆ 金沙遗址出土陶器，摄于金沙博物馆

的解释是形容大蛇五彩斑斓。

今日的四川，不论平原还是山岭间，根本见不到大象的踪影。像巴蛇吞象这样的传说，是中原人出于想象而建构的猎奇性神话呢，还是巴蜀之地自发产生的民间叙事？三星堆和金沙遗址的发现，彻底打消了对古代四川有没有大象的怀疑。成吨的象牙作为3000年前蜀王的祭祀礼仪之道具，可见当时蜀人与大象的生态距离，要比今人的动物园饲养，不知要接近多少倍。

晋代大文豪左思写《吴都赋》，也抬出巴蛇的典故来说事：“屠巴蛇，出象骼。”宁调元《燕京杂诗》：“巴蛇渐长期吞象，蜀帝从今定化鹃。”这是把巴蜀神话化的最简洁概括。所谓“蜀帝化鹃”，说的是蜀人祖先的神话。杜鹃又称“蜀鸟”或“蜀魂”，相传为古蜀帝杜宇所化。杜宇号望帝，死化为鹃，春月昼夜悲鸣，蜀人闻之，曰：“我望帝魂也。”后人以“蜀魂”为典故，隐喻“望帝春心托杜鹃”这段神奇故事。李商隐在《燕台诗•夏》中发问：“蜀魂寂寞有伴未？几夜瘴花开木棉。”清纳兰性德《菩萨蛮》词也说：“蜀魂羞顾影，玉照斜红冷，谁唱后庭花？新年忆旧家。”

俗话说，人心不足蛇吞象。“吞象”是对人之贪欲的夸张形容，“巴蛇吞象”一类词语留下中原文明对巴地和巴人的妖魔化之见证。

据《尚书•牧誓》记载，周王征讨商纣王的各路大军中，有不少来自边远地区的方国：“及庸、蜀、羌、髳、微、卢、彭、濮人。”孔传：“八国皆蛮、夷、戎、狄属文王者国名。”也就是说，有八个少数民族的方国，共同参加周王讨伐商纣王的战役。如果不是这样，蜀和羌等西部文化代表就不会进入到中原政权的书写记录之中。看巴国的地域范围，北接甘肃陕西，东临湖北西部，南接云贵高原地区，西通成都平原。巴人作为古族之名，指分布在今川东、鄂西一带的先民。传说周以前居今甘肃南部，后迁至今湖北长阳一带，以廪君为首领，称

"廪君蛮";因以白虎为图腾,又称"白虎夷"或"虎蛮"。西周时封为子国,称巴子国,对鄂西、川东的开发有过重大贡献。周慎靓王五年(公元前316年)并于秦,以其地为巴郡。其族人一支迁至今鄂东,东汉时称江夏蛮,西晋、南北朝时称五水蛮。一支迁至今湘西,构成武陵蛮(五溪蛮)的一支,留在四川境内者则称板楯蛮。这些巴人在南北朝以后逐渐迁移并与汉族交融同化,如今巴东至湘西等地的土家族,在族源上与古代巴人有一定的关联。刘禹锡《杂曲歌辞•竹枝》云:"楚水巴山江雨多,巴人能唱本乡歌。"后人用"下里巴人"或"巴人下里"的说法,来指代民间流俗的音乐,同朝廷上的高雅音乐形成对比。梁简文帝《与湘东王书》说:"故玉徽金铣,反为拙目所嗤;巴人下里,更合郢中之听。""下里巴人"也可简称"巴里"。孔尚任《桃花扇》中的人物就说:"巴里之曲,有厪圣怀,皆微臣之罪也。"这些语词习惯表明,"下里巴人"为什么直到今天还被认为是不登大雅之堂的代名词。这里既有占统治地位的雅文化对民间俗文化的歧视,也有中华大文化内部的地理空间歧视。

◆ 巴东出土战国虎钮錞于,2012年摄于恩施博物馆

◆ 湖北天门石家河文化出土玉虎头,距今4000年,2009年摄于首都博物馆"早期中国展"

蚕从与凸目之神

“蜀”字的构成以上方的“四”（目）和下方的“虫”为造字意象，其另外的写法是从虫的“蠋”字，特指蛾蝶类的幼虫。《说文·虫部》：“蜀，葵中蚕也。从虫。《淮南子》曰：‘蚕与蜀相类而爱憎异也。’”什么是与蚕相类似的小虫呢？今人的补充性认识是，蜀指岷山地区的野蚕。作为古族名和古国名，蜀国或古蜀人取法野蚕这种动物而获得命名，传说中最早的蜀王名叫蚕丛。“蜀”和“蚕”两个汉字之间的相关性，就是以岷山野蚕为实物基础的。蜀国在公元前316年归并于秦国，秦灭掉蜀国之后，即在当地设置蜀郡，使得“蜀”的名字沿用至今，而“蚕”（丛）的名字却几乎被忘却。

从文献记载看，蜀王的先祖叫蚕丛，他教人蚕桑。《艺文类聚》卷六引汉扬雄《蜀本纪》：“蜀始王曰蚕丛，次曰伯雍，次曰鱼凫。”李白《蜀道难》诗：“蚕丛及鱼凫，开国何茫然。”从字源学看，“丛”是聚集或丛生的意思。蚕丛一名，指示着野蚕丛生的状态。如果说这位教导蜀人学习蚕桑的氏族先祖兼丝织业导师，也许就是野蚕的人格化表现，一定会让很多人觉得蹊跷。野蚕被奉为人类部族之先祖，可有先例，又何以见得？先看考古文物专家宋兆麟等人关于养蚕抽丝之起源的一个说法：“我国是育蚕抽丝最早的国家。其历史可以追溯到原始社会。首先应该指出，蚕是野生的，是人类在采集和狩猎中发现的，人们起初是吃蚕蛹，进而才使用蚕丝。在四川大凉山有一支所谓藏族，自称‘布朗米’，意为吃蚕虫的人。他们过去采集蚕蛹为食品，后来开始养蚕抽丝。”（宋兆麟等《中国原始社会史》，文物出版社，1983年，第166—167页）日本的阿伊努人以猎熊吃熊为生，熊作为食物来源，也同时作为阿伊努人社会信仰中的图腾祖先。黄河流域的华夏先民以种植小米为生，代

◆ 青铜巨型凸目面具，摄于三星堆博物馆

表小米及其赖以生长的土地的合成词“社稷”，就成为中国农耕社会的崇拜对象。西周人的史诗《诗经·大雅·生民》也奉后稷为本族人的先祖。对照之下，食用蚕蛹并育蚕抽丝的蜀人，能够以野蚕为始祖图腾，也就容易理解了。至于古蜀人与现代的藏族或羌族有着何种错综复杂的血缘关联，仍是值得多方面探究的问题。目前可以大体明确的是，这种西南地区的古今民族关系是有历史渊源的，也是考察中华文明之源所无法规避的。依照后来的中原汉字叙事，是华夏人和西南地方民族的和亲，产生出所谓的蜀人。这个和亲的故事，是在唐代的文成公主进藏之前上千年的古老文化记忆。

《史记·三代世表》正义引《谱记》：“蜀之先肇于人皇之际。黄帝与子昌意娶蜀山氏女，生帝喾，立，封其支庶于蜀，历虞、夏、商，周衰，先称王者蚕丛。”被黄帝的儿子昌意所娶的蜀山氏女，到如今已经没有实际的姓名可考，但是其身份出自四川西部的边地民族无可怀疑。中原统治下的权力叙事习惯于将一切与中原有关的地域民族，解说为与华夏通婚的亲缘族群。

《史记·五帝本纪》说到华夏桑蚕文化之始，有黄帝娶西陵之女，是为嫘祖的说法。西陵的命名，似乎点明其具体方位应在中原以西的地方。注疏家有人认为西陵是蚕陵之误。那么，蚕陵究竟在哪里呢？《汉书·地理志》记载得很明白：“蜀郡有蚕陵县。”于是乎，黄帝所娶的正妻——西陵氏女嫘祖，也就是蜀地的蚕陵氏女。也有人认同为蚕丛氏，那样即将嫘祖认同为蜀国王族的公主。此一则记载足以将华夏民族的和亲历史一直上溯到五千年前的文明发生期，这毕竟是十分耐人寻味的。李学勤《〈帝系〉传说与蜀文化》考证了传说中黄帝后裔的二系，并联系三星堆出土的玉璋、陶器等物质文化因素，认为蜀国君主与中原有更多的联系，蜀、夏同出于颛顼的传说不是偶然的。

野蚕之神祖有什么样的形象特征可以识别呢？按照四川当地古籍，晋常璩《华阳国志》的说法，就是“目纵”。至于所谓的“目纵”指的是何种样子，古今学人都没有一致的看法。过去的解释是眼睛呈现为竖立状。《楚辞·大招》就有“豕首纵目”的描绘，那是针对猪眼而言的，似乎是一种诡异非常的形象。如今三星堆出土了青铜凸目大面具，纵目说又被用来解说瞳孔极度夸大凸起的神幻形象。相关的疑问也就因此而出现：难道说纵目和凸目是一回事吗？

对此，国内学者多持有肯定的意见。如《三星堆——古蜀王国的圣地》一书作者陈德安就将二号祭祀坑出土的三件凸目面具称为纵目面具，并落实为蚕丛之形象。四川学者范小平也持有类似的观点。澳大利亚汉学家巴纳就此类说法提出尖锐批评。他认为，“纵目”一词指“竖直状的眼睛”，用来形容整个眼睛，而不仅仅是瞳孔。将古文献中的形容蜀王的“纵目”说用来解释三星堆二号坑的瞳孔突出之面具，是牵强附会的。（[德]罗泰主编《奇异的凸目——西方学者看三星堆》，巴蜀书社，2003年，第172页）凸目面具若与第一代蜀王蚕丛无关，那又是代表何方神圣呢？日本学者古贺登认为凸目面具代表的是帝尧陶唐氏，而杜宇则是帝尧的后代。如此看来，由于文物本身默默无言，不能对各种推测之说发表肯定或否定意见，后人猜谜一般的新观点还将随着时间的推移而不断产生。

◆ 三星堆出土青铜凸目面罩，2012年摄于国家博物馆

从面具之凸目、凸耳和额头顶着巨大羽冠的造型特征看，与其解释为凡间的俗人形象，不如说是具有超自然身份的神灵形象。后代神话叙事夸张描写的千里眼、顺风耳，都集中体现在这类面具形象的特征上。而今日生活在西南地区的彝族，其宗教领袖毕摩的头顶上方也插有高耸向上的通神羽毛；甚至有彝族学者提出三星堆文化的族属应该就是彝族先民的新假说。2010年春在西昌召开的“首届古彝文化与三星堆文化探源”学术研讨会上，学者们就三星堆出土器物与彝族文化元素共性问题展开讨论，认为彝人原生图腾的龙、鹰、虎崇拜均体现于三星堆文化的造型艺术。此外，青铜鸟爪人身像、金杖、玉璋、玉璧、金箔鱼形饰、青铜太阳形器、青铜神树、青铜公鸡、纵目面具、青铜菱形眼形器和三角形眼形器、石蟾蜍、金冠带等器物，都与彝文化基因有相似处，这并非巧合。至于三星堆祭祀器物为什么有被焚烧后埋坑的现象，也有彝族本土文化视角的诠释。彝族学者普施达岭表示，古彝人每隔七代至十代，都要举行一次悲壮的祭祖分支仪式“耐姆”，哭祖泣别之声感天动地，同祖同宗的亲人们对祖灵塑像进行具有诀别意义的焚烧毁埋。根据彝族古谚语：“先辈不逝，后辈不旺。”焚烧毁埋祖神像的目的是祈求分离后的各家支能够兴旺发达，开拓疆域。这种祭典仪式至今还鲜活地保留在彝人宗教生活中，和三星堆的焚烧填埋礼器现象属于相同的性质。

本土的民族学知识是否能打开三星堆文化的神秘之门？希望能有进一步的深入研究给出合理的答案。眼下，就让这奇异的凸目之神的形象，为古蜀文明揭开其神话历史探索的序幕吧。

黄金之路

我国古代的童蒙读物《千字文》，开篇讲述中华物产宝藏之出处，有“金生丽水，玉出昆岗”的著名说法。这两句指的是黄金来自金沙江，和田玉来自昆仑山。以今天的知识水平看，《千字文》的说法反映的是中古时期的物产来源观念。

从黄金在早期中国的出现和使用情况看，迄今发现最早的是甘肃玉门火烧沟出土的金器，距今约4000年。像三星堆和金沙遗址相继出土黄金权杖和黄金面罩这样的大件金器，在中原及周边地区都确实是绝无仅有的。这说明西北和西南地区很可能是上古时代黄金冶炼和制造技术的领先地区，并逐渐传播和影响到中原地区。说到三星堆黄金制品的金矿材料来源，目前还没有确凿的方向和实在的线索，暂不妨假定为是受到外来文化输入或影响下的产物。因为目前在陶寺、二里头等大约4000年前的中原文化遗址中，都还没有发现黄金器物的任何迹象。也就是说，在相当于虞、夏两代的中原文化核心地区，黄金的冶炼和制作传统尚未开启。到了商代早期的一些遗址，如郑州商城遗址和北京昌平刘家河商墓，一批小件的金器才开始零星地出现，多以金箔片、金叶、金泡为主。直到西周和春秋之后，精致的稍大件金器才逐渐普及开来。

探寻中华文明史上黄金制品的发生之路，寻求更加广阔的跨文化视野的旁证材料，可以将人类学研究的“物质文化”（material culture）及其图像资料作为推考古史的第四重证据，彰显“物的叙事”所拥有的证明力量。只要将3000年之前曾经制造和使用黄金面具的文化圈在世界版图上标注出来，大致的判断就可以浮出水面。苏美尔人和古埃及人在约5000年前就制作出精美的黄金面具，随后的西亚、南欧和中亚等地区的史前文化，也相继发现类似的金面具。到了3000多年前的中国四川成都平原，终于在三星堆和金沙遗址第一次看到中国式的黄金面具是什么样子的。虽然其制作的精美程度远远不及年代更早

◆ 金沙遗址出土黄金面罩，摄于金沙博物馆

◆陕西韩城出土芮国黄金剑鞘

◆西汉鎏金鹰形剑柄，西安出土，摄于西安博物院

◆殷墟出土铜面具，摄于台北“中研院”文物馆

的古埃及和苏美尔面具，但毕竟是在已经发展数千年的玉石文化基础之上，新增加出来的重要文化元素。就此而言，大体上可以描画出一条从西亚地区起源，经中亚草原和河西走廊、蒙古草原而逐渐传播到中国的黄金面具之路。

笔者在2009年访问台北“中研院”的文物馆时，曾经看到20世纪在安阳殷墟出土的商代晚期青铜面具。当时就想到，相当于夏代纪年的中原考古遗址中看不见黄金的踪影，商代晚期遗址中也只有小件的金片金箔之类饰物。这莫非意味着中原地区在当时确实缺少金矿的原料供给，只能用铜作为原料打造神圣面具？若果真如此，与商代晚期的年代大约相同的三星堆和金沙遗址，能够以大件的黄金器物制作为其物质文化方面的突出特色，就暗示着一种合乎情理的推论：西周以下中原国家的黄金器物生产和普及过程，多少要受到甘青地区和巴蜀地区的文化传播之影响。

◆战国鹰形金冠饰，鄂尔多斯出土，摄于内蒙古博物馆

◆三星堆出土玉璋，摄于四川省博物馆

当夏朝的末代君王桀出兵攻打蜀地的岷山时，那还只是为了求取替代新疆和田玉的蜀山玉料；当秦国大军占领巴蜀地区时，玉石早已不是他们最希望得到的财宝。秦人的先祖早在甘肃礼县为周王室驯马养马时，就已经拥有较为发达的黄金制作的工艺传统。何以为证？有礼县秦先公大墓出土的用黄金片打制的金鸱鸮形象为证。

接踵而来的问题如下：究竟是西北地区的史前黄金制作传统影响了三星堆文化，还是三星堆文化的黄金工艺影响了进入陕西之前的秦文化？或是说整个西部地区的草原游牧文化，实际充当着将西域黄金文化逐渐输入中原地区的文化传播角色？

>> 殷周革命

>> 凤凰神话的多重内涵

>> 凤鸣岐山：西周王权神授神话

>> 凤凰神话的源与流

>> 凤与“德”降临神话

>> 西周天命观与“封建”

第十章 凤鸣岐山

◆ 商代青铜爵，摄于河南博物院

官外混乱嘈杂，有哀号声，有啜泣声。远处狼烟四起，火光冲天，隐约的厮杀声不绝于耳。殷纣王独自走进宫中，他不明白自己如此聪明睿智，而且武力过人，怎么会陷入到今天的绝境，西边的那个叫作岐周的小小邦国怎么能咸鱼翻身？当年周人就不老实，先王们几次狠狠地教训过他们，还杀了他们的几个王。现在岐周先是在孟津和那些诸侯反贼结盟，如今竟然在牧野把大商朝的军队策反，姬发小儿和那个老朽姜尚已经兵临朝歌城下。大势已去，父王啊，商朝600年的基业毁于儿手，帝辛如何面对祖先？上天啊，让玄鸟再次来临，祖灵啊，给我带来勇力，你们还没抛弃我，是吗？周围早已经没有一人，反而出奇的静，玄鸟、饕餮啊，往日你们目光如电，给我传递上天的神谕，现在为何目光无神了，你们也离我而去了吗？

几个宗庙的巫史跑了进来："大王，走吧，我们刚占卜过，甲骨上显示不应久留。凭借您的英明神武，咱们还有机会，就像过去一样，把岐周那帮贼子赶回去。"帝辛这个殷商的末代国王，没有言语，他穿上了那身衣服，那是往日带领群巫向神灵求教国家大事时的礼服。老祖宗汤在灭夏桀之前，就是这样的装扮。他去桑林中求雨，雨来了，他得到上天的授命，那是玄鸟带来的神谕，于是族人团结在他身边，还有外族人，因为他们相信汤是得到天帝承认的。大家都是这样想的，该谁统治这片大地，是天帝决定的。最终……唉，那是在鸣条吧。那个夏桀和我一样吗？他真的无道，老天都不管他了吗？……

帝辛，就是后人说的纣王，他带着迷惑投入了大火之中，因为他相信上天抛弃了他。纣王自焚而死，也许不用遭受掘坟之辱，但他永远也无法知道，逼他自尽，灭亡殷商的邦周，居然将他刻写在独夫暴君的耻辱柱上。他也不会知道，殷商的宗庙虽然保留了，但是孕育了殷人祖先的玄鸟却彻底让位于凤凰，永远消失在历史中。这一切都根源于那个凤鸣岐山、周人将兴的新神话。

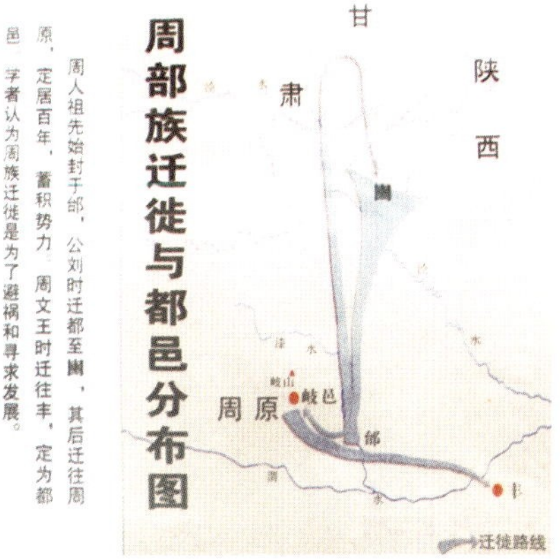

◆ 周人迁徙图，摄于宝鸡青铜器博物馆

姬发走进了朝歌，他抑制不住激动，“可恨的商啊，我终于击败了你；上天啊，您终于把‘天命’转移给我。祖先们都说，是您派神鸟凤凰在岐周老家宣告了我大周族的兴起。今天我终于实现了这个愿望。从今以后，我会更加虔敬地顺从您，会听从凤凰从您那带来的谕示。我要让我的弟弟姬旦根据您的指示制定礼乐仪式，一定顺从天命，不再重蹈商纣的覆辙……”

算起来，上面的情景距离现在已经有3000多年了。商周交替的这一幕，已经有很多历史学家做过大同小异的讲述。可是，大家依据的主要是有限的文献材料，最近才补充了不少考古发掘材料。但依然没有解决的问题是：许多文献和实物显示在这一巨变过程中存在着的凤凰神话，是后人的杜撰还是有现实依据？解答此问题，能否让人们对于中华文明起源于西周的礼乐制度和神圣信仰的情况，有一个重新的认识与反思？华夏的神鸟凤凰，不仅是抽象的虚构出来的象征符号，它的存在有着现实的信仰背景和功能。西周之初，凤凰的鸣声居然响彻在后世3000年的华夏上空。缘何这样说？

凤凰于飞，翙翙其羽，亦集爰止。蔼蔼王多吉士，维君子使，媚于天子。

凤凰于飞，翙翙其羽，亦傅于天。蔼蔼王多吉人，维君子命，媚于庶人。

凤凰鸣矣，于彼高冈。梧桐生矣，于彼朝阳。菶菶萋萋，雝雝喈喈。

凤凰飞啊，鸟儿们也展翅，有时停下聚集在其旁；王朝的贤才众多，甘愿君子驱使，他们敬爱上天之子。凤凰飞啊，鸟儿们也展翅，凤凰也展翅飞翔，王朝有众多的良才，只愿听从君子命令，他们和众人友善。凤凰鸣叫，在那高冈上。梧桐生长在向阳之地。梧桐生长茂盛，凤凰叫声和谐。

◆ 西周白玉雕双凤，摄于三门峡虢国墓博物馆

这是《诗经·大雅·卷阿》中的几句，其中写到了凤凰出现与周王的紧密关联，凸显了以德治国的和谐与祥瑞之兆。短短几句，包含了后世流传的有关凤凰的众多信息：凤凰是贤明君主的象征，凤凰栖息梧桐树，凤凰为百鸟王，更有“凤鸣高冈”预示着吉祥的观念。凤凰成为代表美德与祥瑞的神鸟，凤凰的神话与传说也成为中国传统文化中和谐、美好、幸福的经典故事。

从上古三代开始，凤凰的形象就存在于人们的生活中，到了周代，凤凰的地位似乎明显上升到了“国鸟”的高度。那么周代的凤凰同国家政治有什么特殊关联吗？凤凰又如何在周代成为国家主要的神话形象之一的呢？本章从“凤鸣岐山”的神话解说入手，揭示西周王朝兴起的特色。通过展现新老两代神鸟在殷周换代之际的交替过程，透视其中包含着怎样的政治图谋和意识形态建构。

◆龙凤呈祥砖雕，摄于贵阳青岩古镇寺庙

◆陕西岐山花馍凤凰牡丹

殷周革命

21世纪迎来一个全球化的时代，国家民族的认同和象征物研究也成为一种显学。如果让国人与海外华人选择最能代表自己文化特征的符号，恐怕大多数人还会选择龙凤这一对虚构的神话生物。在人们眼中，它们是最真实的文化心理的生成物，是中华民族的精神标志物。前面章节谈到了龙作为图腾被建构和演变的过程：它历经由祖先代表到大一统皇家专属象征再到族群文化共同体与“外族”相区别的符号。这分明提示着，人们信以为真的，很可能是虚构和建构的产物。对于以求真为目的的学者，其中的真实性不在于是否存在此类生物，而在于认识这一建构是如何开始的，又是怎样发展的。

龙凤曾经是中国历朝历代皇家的专属象征，帝王被称为真龙天子，帝王之子被称为龙子；皇后也以凤凰代表自己的高贵地位。甚至在服装图案上都有专门的制度，乱用服色会遭受杀身之祸。随着中国最后一个皇帝溥仪的退位，龙凤这种生物的吉祥寓意才真正走入寻常百姓家。“龙凤呈祥”就是婚礼中典型的吉祥话了。凤凰多代表着女性，名字中带有“凤”字的恐怕多为女性，如《红楼梦》中的王熙凤。现在人们把凤凰连用，但是从字义上看，凤与凰分别代表不同性别，凤是雄鸟，凰是雌鸟，所以才有司马相如和卓文君的爱情故事中流传千古的“凤求凰”曲。要说龙是由中华民族先祖的多种图腾化合而成，西周之前的殷商又以玄鸟为神鸟的话，应该说凤凰崇拜虽然不是在周代才产生，却是在周代确立了政治上的神圣国鸟地位。

这里要考察的是，商周之际的王权和文化大变革，如何伴随着周人建构的凤鸣神话而发生？西周以来统治中国思想的天命观念，如何与凤凰神话相互纠结和相互作用，使得神凤、瑞凤的意象借助于官方意识形态的传播而普及流行到全民

◆芮国墓出土西周凤纹铜壶（局部）

信仰之中？

凤凰神话的建构和升格过程，同时也是自史前到殷商时代特别崇拜的鸱鸮神鸟被逐渐取代和替换的过程。晋代道教理论家葛洪在其《抱朴子•博喻》中说："麟止凤仪，所患在少；狐鸣枭呼，世忌甚多。"这是将麒麟凤凰作为神圣瑞兽瑞鸟，同狐狸及猫头鹰形成对照。在葛洪看来，前者高贵而珍异，后者低贱而普通，就因为物以稀为贵的常理发挥着作用。宋代的叶适《送刘德修》诗云："俄欣凤仪雅，缓彼枭搏磔。"也是将神话生物凤和神话动物枭并列，做出美丑雅俗的对比。不了解西周人的凤鸣岐山神话建构，就无法明白凤崇拜在华夏神话传统中是怎样后来居上，彻底压倒有数千年传统的鸱鸮崇拜的。罗贯中《三国演义》第八十回有一段美化曹魏政权之辞是这样说的："自魏即位以来，麒麟降生，凤凰来仪。"这样的新政权成立神话模式，当然不是小说家个人的发明创造，而是传统文化的集体发明，其首创专利似乎应该归给西周王权的建立者。

需要特别指出的是，理解周人凤凰神话的前提是认清殷周时代的神话思维。天命与神谕是当时人们解释与把握世界的基本前提，是他们建构体系，实行统治必须遵循的基本原则。用今天的无神论眼光去关注之，无异于南辕北辙、缘木求鱼，甚至误读也不可避免了。

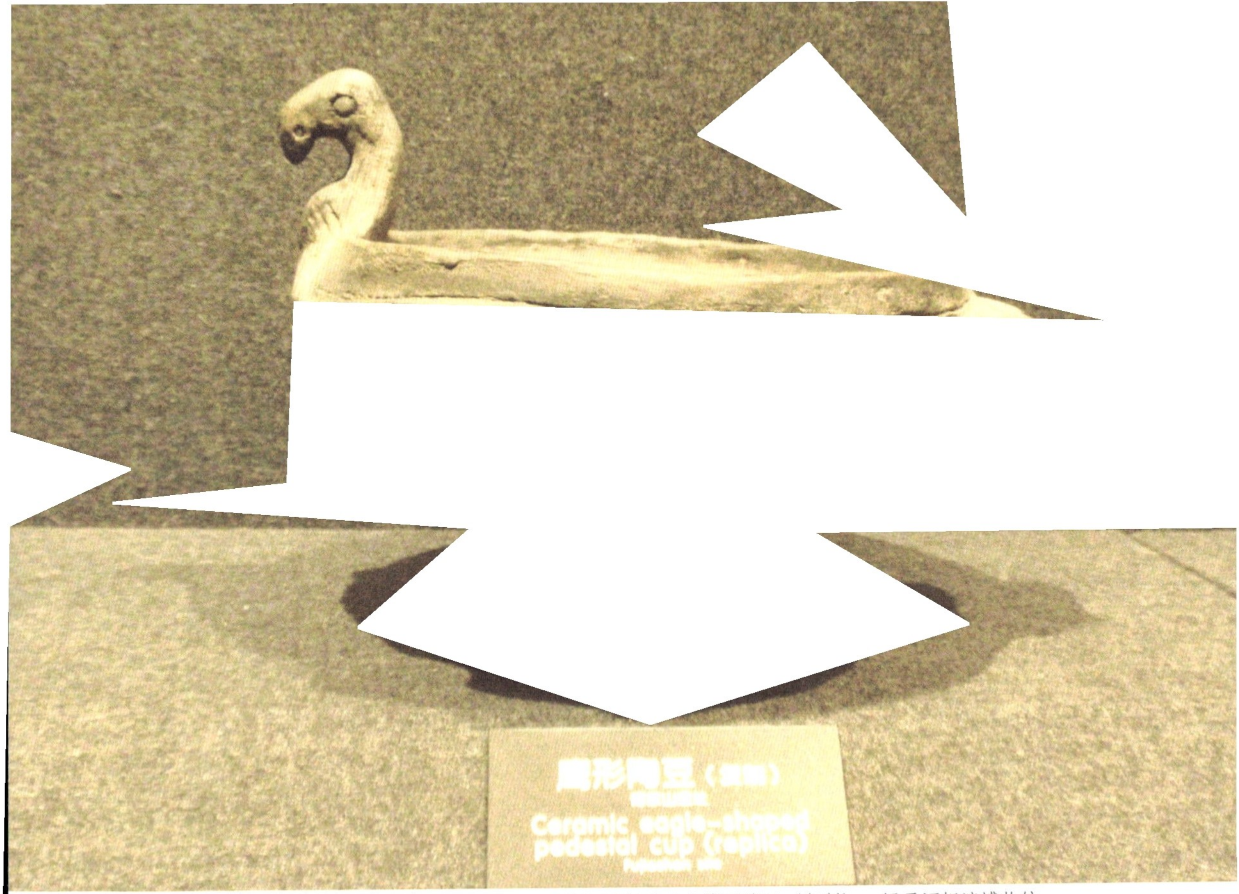

◆ 浙江河姆渡文化鹰形陶豆（复制），摄于河姆渡博物馆

凤凰神话的多重内涵

凤凰在中国不仅是一个形象，更有众多神话传说和文字的叙述。人类学和考古学的研究表明，无论在现存的土著社会还是初民时代，人们都有着神圣的崇拜物，并且是多种多样的，大自然中常见的鸟类在非理性时代的思维中往往成为崇拜的对象。考古学家们也提供了大量的证据，在世界各地都有鸟类造像、图案及鸟形器物的发现。据此，西方的神话考古学家们还提出了人类早期女神文明和鸟女神的概念。

在中国，从大约10000年前开始进入新石器时代，在不同地区发现的新石器时代遗址也都显示出对于鸟类的崇拜，比如浙江余姚的河姆渡文化、山东泰安大汶口文化、河南三门峡—黄河中游的仰韶文化、山东历城—黄河中下游的龙山文化、湖北天门的石家河文化以及甘肃临洮的马家窑文化。这些文化的陶器图纹与相关的鸟形玉器分明给后人展现了一个史前鸟崇拜的世界。

从生物学上说，鸟类从始祖鸟进化而来，那时还处于约7000万年前的恐龙时代，人类还没有走上地球的舞台。对于今人而言，认识鸟不一定直接看到鸟，通过文字也可以对其有一个了解。汉字“鸟”所代表的生物，早期可以分为两类：短尾为隹，长尾为鸟。东汉许慎在《说文解字》“隹部”中写道：“隹，鸟之短尾总名也。”段玉裁注：“短尾名隹，别于长尾名鸟。云总名者，取数多也。”代表短尾鸟的“隹”（还有“惟”“唯”）字，是个典型的象形字，在甲骨金文中就是一只立起的鸟的形象，这同鸟崇拜的文化传统应该是有着紧密联系的。甲骨金文的刻写是同神圣信仰相联系的，很可能这个“鸟”暗示着此类生物的鸣叫是上天那神秘的天籁之音传达出的对人类的谕示。今天人们被包围于理性化的思维之中，很难理解当时人们以神话思维观照世界的模式，甚至往往斥之为落后与迷信。殊不知，正是这样的思维才应和着自然节律，体现了人与自然的和谐。从初民在造字过程中的思维方式看，一般要根据实际需要或者实际场合来“象形”“会意”。那么“隹”与“鸟”字从分别指短尾与长尾，这背后又隐藏着什么秘密呢？若说玄鸟（猫头鹰）属短尾的话，凤凰可谓长尾了。当看到那些鸟类的造像或器物时，这些字“模拟”神圣场景的意义也就凸显出来了。也就是说，“隹”与“鸟”实际上很可能产生于鸟崇拜所引发的仪式性场合中。这种玄鸟和凤凰带有代表天或祖先同后人沟通的独特功能，可以看作天与人、神与人之间的灵媒。在这样的场合中，首先呼唤这神秘的媒介来传达神谕就近乎必要的程序了。随着人们对世界认识抽象化程度的提高，“隹”类在仪式中召唤的实际意义就消失了，后人不知所以然，只好笼统解释为发语词，这就近乎望文生义了。先民们虽然不用今人的科学理性去认知世界，但说话做事还是有意义、有目的的，只是这种意义因为思维方式的转变已经无法理解了。既然隹代表短尾鸟，有灵媒的作用，那么长尾鸟的功能也大致相近。不过，说起神性的长尾鸟，中国人可以说是没有不熟悉的，那自然是传说中的神鸟——凤凰。可以说，凤凰是本土神话传统继神龙之后的最大发明之一。

◆商代凤纹卣，上海博物馆藏

◆商代凤纹卣线描图

同威严的龙比起来，凤凰在中国的形象更加亲切。无

◆西周凤纹卣，上海博物馆藏

论雅文化、文人墨客、皇家器物，还是俗文化、市井传奇、家居日用，都可以见到凤凰的身影。凤凰这种鸟虽不存在于自然界，但在世界各地的文明中都有类似的形象。在西方，凤凰又称为不死鸟，它们每次死后都能在烈火中化为灰烬，又从灰烬中重生，象征永生。在美国不就有城市名为凤凰城吗？而在古埃及、古希腊，凤凰是同太阳联系在一起的，是太阳鸟。

当然，不死鸟的含义对于中国的凤凰而言也是本土含义，即所谓的“凤凰涅槃”。《广雅》和《淮南子》等典籍都有记载，凤凰是火精，五行属火，是太阳的象征。中国的凤在甲骨文中又写作“风”，是空气流动的形象化。在当年的造字者看来，风这种自然现象的原因就是大鸟凤凰飞翔时翅膀扇动所带来的。

凤凰的形象在中国典籍中可谓得到了淋漓尽致的表述。不仅细节毕现，还成为具体的伦理道德的载体。比如最早的词典《尔雅》中“释鸟”就描绘了凤凰的形象，郭璞作注说，凤凰特征是“鸡头，燕颔，蛇颈，龟背，鱼尾，五彩色，高六尺许”。《山海经·图赞》里又将凤凰的五种图纹作以具体说明：“首文曰德，翼文曰顺，背文曰义，腹文曰信，膺文曰仁。”这就和伦理道德相互联系了，属于高雅文化的伦理范畴。在民间的凤凰传说更是不胜枚举。《国语·周语上》就记载着周朝兴起之时，有凤凰一类的鸟在陕西岐山上鸣叫。“凤鸣岐山”的故事还在今天陕西岐山的地方流传着。考古发现表明西周的器物上也多有凤凰的图纹，可见其对凤凰的注重程度。如果传说中龙生九子，那么凤凰在传说中共有五类，分别是赤色的朱雀、青色的青鸾、黄色的鹓雏、白色的鸿鹄和紫色的鹫鷟。还记得“燕雀安知鸿鹄之志哉”吗？白色的鸿鹄是凤凰的一种，难怪象征人格的高贵、志向的远大了。

◆西周凤纹卣线描图

中国传统中关于凤凰的记述可谓是不可胜数。例如，唐代李商隐多次写到凤凰，国人最熟悉的就是那句“身无彩凤双飞翼，心有灵犀一点通”了，还有一句诗“记取丹山凤，今为百鸟尊”，就带来了“百鸟尊”这样的美名。更不用说《诗经》中早就把凤凰当作百鸟之王了。古人形容贵族子孙的高贵血统，有“凤子龙孙”或“凤雏麟子”之类古老成语。现代人不是还把男女双胞胎称为“龙凤胎”吗？比喻色彩的美丽也要说“凤色”。梁简文帝《七励》就用了“园缕凤色，龙分鸳文”。以“凤枕”指代艳美的枕头。如韦庄《江城子》词：“缓揭绣衾抽皓腕，移凤枕，枕檀郎。”各种名目的凤凰台、凤凰山、凤凰池，遍布祖国各地。昌化出产的名贵玉石鸡血石，也要攀龙附凤，称为“凤血石”。古人还将帝王仪仗叫作“凤盖”，将妇女的首饰称为“凤钗”。形容女子眼睛形状有“凤眼”或“丹凤眼”，男子眼睛也可称“凤目”。据说这种小眼角向上的眼睛，属于贵人相。洪深《戏剧导演的初步知识》上篇提示说：“睛如点漆，应不是常流……神情爽长如凤目，身早作王侯。”凤眼还引申指不凡的眼力。如充满民间智慧的俗谚中，就有如下说法：龙眼识珠，凤眼识宝，牛眼识青草。凤眼果真如此神奇？商代玄鸟在前面已经说明源自猫头鹰，是殷商时代的圣鸟。猫头鹰的神秘旋转和夜视之眼，给神话表现带来一种神秘视觉代表神秘智能的母题。联想到此，凤眼的神奇也就不是凭空臆想了。

到西周时，凤凰又是如何成为玄鸟的替代物而得到全面发扬的呢？

凤凰在华夏文化中的应用远不止上述那些。古人常用“凤”来给一些与皇权或仙人有关的事物命名。这里既有官方的话语权力作用，也有骚人墨客的推波助澜。一旦成为佳句名句，就借助于典故的再生潜力，大行其道，不胫而走。如以“凤苑”指代皇家园林，以“凤京”和“凤城”来称京城。诗圣杜甫《夜》诗云：“步檐倚杖看牛斗，银汉遥应接凤城。”仇兆鳌注引赵次公曰：“秦穆公女吹箫，凤降其城，因号丹凤城。其后言京城曰凤城。”今天的辽宁省丹东市也有一个“凤城”。“凤”毫无疑义地成为一个好词，乃至变成了形容词。人们用“凤炬”作为对烛火的美称，以“凤郎”为对人家儿子的美称。黄庭坚《戏赠曹子方家凤儿》诗：“凤郎但喜风土乐，不解生愁山叠叠。”皇帝的诏书被美称“凤诏”或“凤函”。用“凤庭”作为对庭院的别称。南朝齐的宫殿中有一建

◆ 山东龙山文化鸟形红陶鬶，摄于北京故宫陶瓷馆

◆ 芮国神人龙凤纹玉柄形器

筑名为“凤华”。传说凤非梧桐不栖，古人便新造出“凤条”一名，喻指梧桐枝。陆机《吴王郎中时从梁陈作》诗：“假翼鸣凤条，濯足升龙渊。”“凤扆”一词，本来指皇宫中绘有凤凰图饰的屏风，也引申指帝王宝座。王维《奉和圣制登降圣观应制》：“凤扆朝碧落，龙图耀金镜。”由“凤扆”的此类用法，再度派生出隐喻用法，借指朝廷和皇帝。如南唐李中诗《献张拾遗》有云：“金殿日开亲凤扆，古嶰时展看渔矶。”此外，指称仙人的衣服叫作“凤衣”，神话说仙人所乘之车叫“凤车”或“凤凰车”。还有“凤杼”一名，作为织机的美称，并引申指织女。唐代诗人卢照邻《七夕泛舟》诗之二有句云：“凤杼秋期至，凫舟野望开。”

由此可见，“凤”已经抽象化为一种语言符号，在以凤为喻的语言现象中，用于女性远远多于男性。就连今日打造宫廷茶道的女子倒茶姿势，也要美其名曰“凤凰三点头”……语言文字中“凤”的使用越多，相应的抽象程度就越高，反而具体生动的凤凰形象和其生成的真实背景越来越模糊了。

凤凰作为百鸟之王，不仅形象雍容华贵，丰富多姿，鸣叫也是绝美的天籁。《卷阿》说凤凰在高冈上鸣叫，叫声“雍雍喈喈”。文献记载音乐的产生同它的鸣叫关系密切。可以说，从礼乐制度到音乐文化方面，凤的神话也同样具有基础和原型编码作用。乐器中的拍板称“凤板”。唐吕岩《忆江南》词云：“素练金童锵凤板，青衣玉女啸鸾弦。”古代乐府琴曲名目则有《凤求凰》。这是因为西汉大文豪司马相如求卓文君诗中有“凤兮凤兮归故乡，遨游四海求其凰”句而得名。王实甫《西厢记》中张生对崔莺莺说：“我将弦改过，弹一曲，就歌一篇，名曰《凤求凰》。昔日司马相如得此曲成事，我虽不及相如，愿小姐有文君之意。”

更重要的是，相传古代掌管音乐的官职叫伶官，伶官的鼻祖为黄帝时代伶伦。伶伦发明音律，所效法的榜样就是凤凰，所以古人将音律称为“凤律”。《吕氏春秋•古乐》有一则音乐起源故事。“〔伶伦〕次制十二筒，以之阮隃之下，听凤皇之鸣，以别十二律，其雄鸣为六，雌鸣亦六，以比黄钟之宫，适合。黄钟之宫，皆可以生之，故曰黄钟之宫，律吕之本。”按照这个传说的逻辑，没有凤凰发出的美妙音声做表率，就没有华夏传统的美妙音律。按照新出土的战国文献《郭店楚简》的说法，对“玉音”的体会是君子修炼为圣人的必经之道。

既然发明音乐的圣人伶伦都要向凤凰学习，可知凤凰的鸣叫之声，早已经是凤凰神话建构的关键元素。人类音乐的美妙听觉效果，常常被说成是效法凤凰。刘向《列仙传•萧史》：“〔萧史〕日教弄玉作凤鸣。居数年，吹似凤声。”杜甫《凤凰台》诗：“西伯今寂寞，凤声亦悠悠。”这里的用典正是“凤鸣岐山”——周文王与凤凰啊。由于民间信仰中的凤凰与竹子密切相关，一些竹制的乐器及其发音，也就都被比拟于凤凰。形容音乐美好的“凤音”一词，多指笙箫等细乐。如那位以“江郎才尽”闻名后世的南朝江淹在才华未尽前作《灯赋》，有：“命彩女兮，饵丹砂而学凤音。”应劭《风俗通义•声音•笙》：“《世本》：‘随作笙。’长四寸，十二簧，像凤之身，正月之音也。”这个典故说明为什么后人称笙为“凤笙”——取其形似。郦道元《水经注•洛水》：“昔王子晋好吹凤笙，招延道士与浮丘同游伊洛之浦。”古人还将笙类乐器美称为“凤匏”。竹子做的笛子也美称为“凤笛”，还有“凤吹”一词，总称笙箫等细乐的妙音。《文选•孔稚圭〈北山移文〉》说：“闻凤吹于洛浦，值薪歌于延濑。”李善注引《列仙传》：“王子乔，周宣王太子晋也。好吹笙，作凤鸣，游伊雒之间。”李白《宫中行乐词》之八有如下两句：“莺歌闻太液，凤吹绕瀛洲。”据此不难理解，古人将笙箫类丝竹管弦之演奏效果，比拟为对“凤鸣”的模仿性再造。中华民族历来被称为礼仪之邦，其真正的源头，同西周的制礼作乐，并使之制度化紧密相关。

如此繁复的音乐神话观，表明凤鸣母题中蕴含着深刻

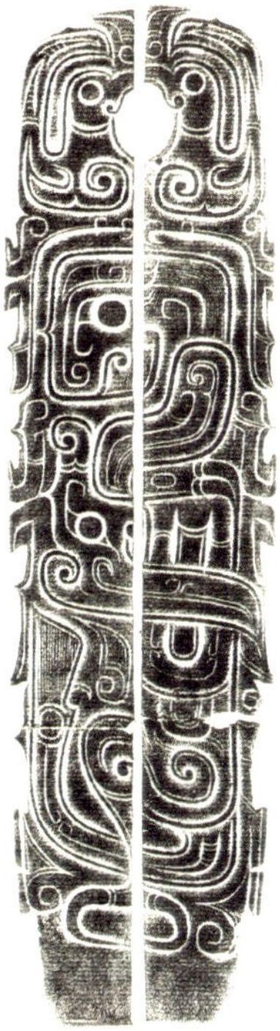

◆ 芮国神人龙凤纹玉柄形器线描图

◆西周凤足铜盉，摄于三门峡虢国墓博物馆

的本土文化想象。至于此类想象的地域性发生和建构内容，下文再给出进一步解说。

大凡比喻珍贵稀有之物，国人会说“凤毛麟角”或“凤毛龙甲”，比喻珍稀食物会说“凤肺龙胎”或“凤胨麟脯”。既然凤凰和麒麟世间少见，又有多少人品尝过凤凰和麒麟的肉呢？品尝不到也不要紧。癞蛤蟆还在想象中吃天鹅肉呢，何况自古生活在神话与梦想中的人。于是发挥一下汉语张冠李戴的修辞之术，既然没有办法吃到凤，索性找一替代物吧，所以民间就出现了鸡爪的美称——凤爪。由此判断，要说凤的神话对中华文明影响有多么深远，用“无可估量”四字就对了。

◆西周凤纹尊局部：对凤造型

除了美好和神圣的方面，凤的比喻用法还用在讽刺和诙谐方面，如以“颠鸾倒凤”或“凤倒鸾颠”比喻男女房事之乐。明代汪道昆在《五湖游》中写道：“一更未到，意惹情牵；二更未到，凤倒鸾颠。”

◆西周凤足铜盉（局部）

此外，唐代女皇武则天发明出一种酷刑，人称“凤皇晒翅”，也是采用反讽的用法。《资治通鉴•唐则天后垂拱二年》：“太后得告密者，辄令元礼等推之，竞为讯囚酷法，……或以椽关手足而转之，谓之‘凤皇晒翅’。” 民间常说“宁为鸡头不做凤尾”“落地的凤凰不如鸡”或者与此相关。看到中华文化中如此繁复的凤神话编码，人们不禁要问：凤凰是怎样产生的一种神话建构呢？它又是如何进入中华文明大传统和小传统，不断地繁衍和延续下来的？通过对凤凰这种现实中莫须有的虚构之禽的知识谱系做发生学考察，对于思考中国文化的神话性质，揭示本土传统特有的神话再生产机制，会有举一反三的认识效果。

◆陕西岐山周公庙

凤鸣岐山：西周王权神授神话

从凤凰神话与“凤鸣”关系，到西周的礼乐制度对华夏文明的确立，岐山——西周兴起的地方，也给崇拜凤凰的周族提供了产生神话的摇篮。夏商周三代的命名，实际上是根据地名而来。《史记·周本纪》说：“周后稷，名弃。”张守节注解云：“因太王所居周原，因号曰周。”这证明了，原来太王居住的地方叫“周”，所以他的后人就称呼自己为“周”族。《诗经·大雅》中有一篇《绵》，是汉语文献最早描述到周原的作品，其中有一句说：“周原膴膴，堇荼如饴。”通过注解“广平曰原。周之原地，在岐山之南”可以了解到，周地的位置在岐山的南边，那里是广阔的平原。“膴膴”是形容美好，“堇”和“荼”都是野菜名，“饴”指口感甘甜。这分明是自我赞美的话了，可以看出从外面迁来岐山的周人，对周原一地的艳羡和留恋之情。同殷商比较起来，周民是很崇尚实际的，他们把居地的适宜生存用口感和味觉方面的赞美来表达，质朴无华，却耐人寻味。人类早期对适宜生活的地方总是不忘以各种形式赞美的。《圣经•旧约》里讲摩西带领犹太人出埃及最初进入巴勒斯坦地区，那是上帝耶和华赐予的应许之地，是“流着奶和蜜之地”。与周人形容野菜甘甜相比，“流着奶和蜜之地”的说法显然夸张太多，不过这个说法还是凭借犹太教和基督教的传播而成为西文中的重要典故。类似的，周原的“膴膴”也随着《诗经》成为中华文明中周人的理想“圣地”，至今影响还在。

西周是针对东周而言的。实际上周人自己只是称“周”，没必要自己分东西，不过是后人记载历史时，人为以平王东迁都城为分水岭，才有了东西周之分。两周是前后相继的，不是地理上的共存，不是空间区分，是时间区别。西周建国的地方被称作“岐周”，位置就在今天陕西省岐山县。《孟子•离娄下》说：“文王生于岐周。”赵岐注：“岐山下周之旧邑。”对于古时的交通情况与工具而言，相对于孟子生活的山东一带，岐周当然就算很远的西部地区了，今天也还是国家大开发政策扶持的西部。《淮南子•要略训》中还记载着周文王当初经营岐周的具体规模：“文王四世累善，修德行义，处岐周之间，地方不过百里。”这是汉代的书，除了记载文王的功绩外，还保留了“德”的思想。有德才配于天，有德才有飞熊入梦，才有凤凰高鸣的吉祥之兆，所以周人才能由百里之地，鲸吞中原。岐周作为西周王朝的一个发源地，本来只是殷商末年一个西边的小邦国。周原作为一个地区名，至今还遗留在现代汉语中继续使用，有时甚至作为中国的代名词而出现。例如维新派思想家梁启超追溯中国积贫积弱的原因，撰写了《中国积弱溯源论》，其中就曾借用《绵》一诗的词句发出感叹：“朊朊周原，茫茫禹壤，其竟如斯而长已矣耶？”

当代考古学家探索先周文化，发现周人的势力崛起于泾河、渭河流域，曾多次在甘肃和陕西之间的河谷地带迁移。关中平原的西段地区，即号称“八百里秦川”的西半部，宝鸡、岐山、扶风到西安一带，是出土西周青铜器最多的地区。周原一带还出土了西周甲骨文，虽然数量远不及河南安阳的殷墟甲骨文，但还是探索西周史的前所未见的重要新材料。在岐山一个名叫凤雏的地方，发现一座规模相当宏伟的西周早期宫殿遗址，目前确认为周武王东征攻打殷纣王前的西周都邑。

起初，周国对于商而言是一个不安分的蕞尔小国。商的统治者曾多次讨伐周，并且还诛杀过周的国王。因此对于强大敌国的仇恨与发自内心的恐惧，使周人处心积虑要灭商。随着周国的强大，最终，武王姬发率军利用商帝辛出击东夷，国内空虚之机，与诸侯孟津会盟，牧野一战而胜。但灭商之后，曾被周人称之为“大邑商”的殷商，影响力可不一般，其残余势力也不容易摆平。周初管叔鲜与蔡叔度联合殷商遗民的叛乱就是明证。周初分封，把商王帝乙的长庶子微子启，也就是纣王的兄长，封在今睢阳县的地方，即宋国，封位公爵，是最高等级。后来的“春秋五霸”有一种说法就包括了宋襄公。因此如何收服人心，巩固统治就成为周国前期工作的重中之重。

◆西周凤纹卣（局部）

西周这个新生的中原文明的统治者，其文化影响华夏文明达3000年之久。他们是如何做到的呢？原来这和凤凰神话关系密切。这需要联系周初宗教思想上的天命观，经济、土地上的封建以及制度仪式上的制礼作乐几个方面。周人一方面要消除商的影响，一方面要建构自己的文化。四重证据表明，西周的"凤鸣岐山"神话正是伴随着这一过程产生的。西周人创造的王权神授神话"凤鸣岐山"，包含着给华夏文明发生历程遗留下的特殊思想文化遗产，也令后人能够借以反思历史建构的实质内涵。

中国历朝历代的兴替往往伴随着新的神话与象征被创造出来，从而取代旧有传统的过程。凤凰神话即是其一，与此神话连接的是天命、天德、封建及制礼作乐等一系列重要观念。这些观念不仅支配着西周以来的意识形态过程，也成为儒家思想发生的直接基础和源头。简单说，西周的这一套从观念到仪式的建设，成功地完成了对商的彻底颠覆，并因此初步形成了中华文明的基本品格。

岐山是历史上典故迭出的地方，周文王被囚羑里，作出《周易》，司马迁在《报任安书》中说"西伯拘而演《周易》"。虽然羑里在今天的河南省安阳市汤阴县，但陕西岐山县也因为是文王生活所在地而被称为《周易》的诞生地。相传周朝兴起的前夕，有凤凰在岐山高岗上鸣叫，周人以为大吉之兆。"凤野"一名由此成为岐山的代称。北周庾信《周大将军崔说神道碑》上书写着："凤野匡周，龙门佐禹。"倪璠注："《国

◆周公像，摄于陕西岐山周公庙

◆周公庙姜嫄殿

语》曰：‘周之兴也，鸑鷟鸣于岐山。’鸑鷟，凤凰也。故云凤野。”《国语》是东周时代的古书，距离西周年代不远，其所保留的西周传说与岐山这个地方密切联系着。

2009年1月，笔者再次来到陕西岐山周公庙考察。冬日的雾霭笼罩着周原的黄土地，给整个庙宇增添了一层神秘气息。当今雕塑家为纪念西周开国伟业而新建的周公雕像，屹立园中。周公手持书卷，一副深谋远虑的文人模样，难怪后世儒者将周公列为圣人。周公庙内还有一块题写着“鸾凤和鸣”字样的横碑，周人履大人迹生弃的女祖先姜嫄的庙，传说的祖先后稷（弃）之殿以及一眼“周公圣水井”等。这些景致大体上可以完整地呈现后人对西周兴国史的主要文化记忆。当地学者所编的《周文化与周公庙》一书，则将3000年前改朝换代的历史，同当地民众的民间口碑联系起来，为我们的考察提示出通俗而生动的地方“版本”，笔者把此类昔日不登大雅的材料称为研究古代文化的“第三重证据”。

民间有传说，当时商朝管辖着大大小小800个诸侯国，由于商朝礼崩乐坏，朝纲尽废，奸臣专权，暗无天日，许多诸侯投奔西岐。文王死后，武王继承了父位，仍然以礼治邦，百业兴旺，歌舞升平，国家的实力更为强大。武王受先父的遗志，决心讨纣灭商。有一日凌晨，一只大鸟在后山的高岗上鸣叫不停，仔细一听，鸟的叫声是：“伐纣灭商，伐纣灭商！”武王穿好衣服，出门向后边的山岗上望去，只见一只美丽的大鸟，

◆周公庙后稷殿

◆周公庙周公圣水井

仍然在那里叫个不停。

原来这只大鸟就是凤凰，意在辅佐西周。武王一看时机已到，在姜子牙的建议下，便联合各地的诸侯国，开始了历史上著名的伐纣灭商之战。

武王打败了纣王，建立了西周王朝。

凤鸣朝阳的故事发生在县城西北7.5公里处的凤凰山。相传周文王出生之时，凤凰鸣于此地。山坡万木丛生，四季常青，山花烂漫，景色优美。唐代在这里建立起周公庙，使这景观更加驰名。岐山人对凤鸣神话的解说既亲切又充满自信，与学院派学者自然不尽相同。其中对一些细节的把握，显然会引起讨论。如把《诗经•大雅•卷阿》篇所咏凤鸣一事，说成是周文王出生的兆头，与传统注解的“召康公戒成王”说截然不同。再如将周武王伐纣的战争起因，也附会到凤鸣之声所传达的神谕，甚至能够把凤鸣的声音完全破译为汉语表达的信息——“伐纣灭商”！这实在令

◆周公庙旁凤凰山

人对民间想象力的能量拍案称奇，对当代新史学关于历史叙事神话性的观点以及对神话历史生成的本土文化机制，产生丰富的联想和深入探究的愿望。

周公庙的旁边就有山叫凤凰山。宝鸡市东南有“凤女台”，简称“凤台”。相传为秦人祭祀秦穆公女儿弄玉所筑的高台，台上建有凤女祠。从周人的凤鸣神话到秦人的吹箫引凤传奇，均发生在同一个地域文化中，不足为奇。宝鸡与岐山之间有凤翔县，以盛产当地名酒“西凤酒”而闻名于世。中国境内以凤为名的地点和名胜在这里如此集中，未可等闲视之。有学者以为，与“凤鸣岐山”神话相印证的地名凤凰山，即今周公庙北倚之山。据《关中胜迹图志》记载：“凤凰山在岐山县北15里周公庙后，通志即凤鸣处，山下有朝阳洞。”其南麓为盆地，三面环山，万木森列，腹地有一古老甘泉名润德泉，很早就闻名遐迩。按堪舆家说法，此地风水非常好。凤凰山自古以来也是民间“捻香火”活动之地，传说有治疗不育之神效。清胡升猷等修纂的《中国地方志集成•岐山县志》中有对凤凰山所在地点的记载：“在县西北十五里，卷阿西北隅，亦名凤鸣岗，即《诗》所云：凤凰鸣矣，于彼高岗者也（史称凤凰堆，俗传有爪迹五色土）。”这是将《诗经》中讲的凤鸣之地，落实到具体地点的看法，连土丘上的五色土，都被理解为凤凰爪留下的神迹。文学中的历史记忆，也许是更加真实的记忆吧。汉代大经学家郑玄注解《诗经•大雅•卷阿》篇时，就以凤鸣岐山事为诗歌比喻之背景。清代学者方玉润

◆ 山东安丘汉画像天堂意境：仙人侍凤与神熊舞蹈

《诗经原始》评价这个比喻："亦本地风光也。"（中华书局，1986年）

倘若从"本地风光"的角度，审视岐山县域内含有凤凰的地名，居然有十多处：凤雏、凤鸣镇、凤鸣沟、凤山楼、凤凰村、凤鸣岗、朝阳村、凤心、凤刘、凤家庄、龙凤坪等。简言之，当地一切神圣记忆均始源于3000年前的西周王朝崛起。

一部中国古史，名副其实的神话历史；一部中国地理，又包含着多少神话地理元素呢？

说西周王权开创时期对于中国的凤神话建构最为关键，并不意味着西周以前没有凤神话。商代甲骨文用字表明，“凤”与“风”原本是相互通用的两个字。换言之，风即是凤，凤即是风。这样的混同现象表明一种神话式的气象观念：宇宙间的空气流动不是科学所理解的自然的物理现象，而是神话想象的超自然生物现象，由于巨大凤鸟的羽翼运动才鼓出所谓的“风”来。前文中讲到的甲骨文记述四方神名对应着四方风的名字，其道理即在这种神话观念里。甲骨文里还有另外一种措辞提及风的，那就是“帝使凤（风）”的说法。四方来风或八方来风的自然现象，被神话理解为天帝派遣的某一方大凤鸟起飞和运动的结果。如果此前的记录过于陌生的话，从庄子的《逍遥游》反推，就好理解一些。风与鸟的关系是这样的：

北冥有鱼，其名为鲲。鲲之大，不知其几千里也；化而为鸟，其名为鹏。鹏之背，不知其几千里也；怒而飞，其翼若垂天之云。是鸟也，海运则将徙于南冥。南冥者，天池也……

且夫水之积也不厚，则其负大舟也无力。覆杯水于坳堂之上，则芥为之舟，置杯焉则胶，水浅而舟大也。风之积也不厚，则其负大翼也无力。故九万里，则风斯在下矣，而后乃今培风；背负青天，而莫之夭阏者，而后乃今将图南。

◆玉凤鸟，摄于北京房山琉璃河西周燕都遗址博物馆

◆ 浙江余姚河姆渡遗址出土“双凤朝阳”象牙雕蝶形器，2009年摄于河姆渡博物馆

空气的运动被看成是天帝的神圣意志化作神话生物的行为，西周以前的凤凰神话，就这样必然要和殷商时代的风凤混同神话观联系起来看。凤既然代表天帝，其神圣性和祥瑞意蕴的由来也就昭然若揭。相对而言，凤在殷商人的信仰中，地位远远不及鸱鸮即猫头鹰。对此，本书前面章节已有较充分的论说。这里需要补充的是，西周以前凤崇拜的大致情况，包括文字叙事和图像叙事的多种表现。

先看几则出土的图像证据，大致按照考古文物的所属文化年代排列，合起来可大体勾勒出中国神凤形象的发展史主脉络。

其一，1977年在南方的河姆渡文化出土双鸟朝阳象牙雕蝶形器，有学者解释为神鸟和太阳崇拜的表现，也有学者称此双鸟为双凤。若果真如此，这件象牙浮雕图像堪称我国距今年代最早的凤凰形象之一。

◆ 辽宁出土红山文化玉凤，2009年摄于首都博物馆“早期中国展”

其二，北方的红山文化，辽宁建平的牛河梁积石

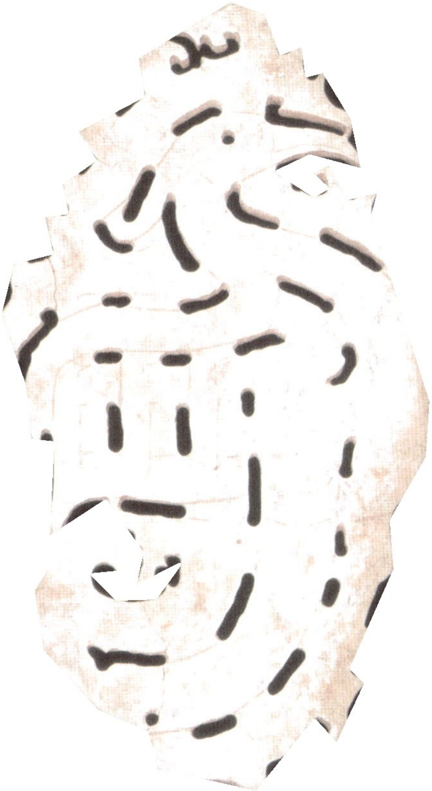

◆ 湖南出土石家河文化凤形玉佩，采自《中国出土玉器全集》（第10卷）

◆ 湖北天门出土石家河文化凤形玉环，采自《中国出土玉器全集》（第10卷）

冢群第十六地点中心大墓，2002年10月发掘出土的平雕玉禽鸟，也被称为玉凤或凤之原型。2009年恰逢国庆60周年，由国家文物局和首都博物馆等合办的“早期中国展”调来一批新出土的国宝级文物，让笔者有幸近距离拍得这张“红山玉凤”的特写照片。若想一睹5000年前北方的玉雕凤凰造型，非此莫属。其解说词写道：“这件玉器在辽西地区鸟形玉器中是唯一可以称为玉凤的一件。……回首卧姿，扁喙微钩，疣鼻，凸额，背羽上扬，宽短尾下垂的形象非常写实，具有天鹅或鹫的特点。玉凤出土于墓主人的脑后，可能是墓主人用以通天做法的媒介。”郭大顺先生在《红山考古记》中称此墓主人为萨满，即大巫。

其三，内蒙古赤峰博物馆藏有一件属于赵宝沟文化的凤形陶杯，因其制作的时代久远达7000年，曾有当地媒体称之为“中华第一凤”。

其四，南方的湖南省澧县孙家岗遗址14号墓出土石家河文化凤形玉佩，是距今4000多年的精致玉器。它采用透雕工艺，令人称奇。此件玉凤清楚地表明，在传说的第一王朝夏代以前，文字系统尚未出现时，华夏大地上的凤鸟形象却已经非常明确而具体了。同墓中还出土一件以同样透雕工艺制作的龙形玉佩，可知龙凤配的观念也早在史前期就孕育出来。

其五，《中国出土玉器全集》（第10卷）中收录有湖北天门石家河出土的石家河文

◆北京房山琉璃河西周遗址出土凤纹提梁卣（局部），2010年摄于首都博物馆“考古中华展”

◆殷墟妇好墓出土商代玉凤

化凤形玉环，与后来出土于安阳殷墟的玉凤造型，有明显的源流关系。

其六，殷墟妇好墓出土的玉凤距今3000多年，距离第一例所举河姆渡文化双凤朝阳图形，则相差也是3000多年。

其七，北京房山琉璃河西周燕下都遗址出土凤纹提梁卣。

其八，北京保利艺术博物馆收藏的西周青铜器——凤首扁盉。

其九，北京保利艺术博物馆收藏的西周青铜器——倗季凤鸟尊。

以上九种图像材料，从约7000年前的北方赵宝沟文化（内蒙古敖汉旗）和南方河姆渡文化开始，历经史前到文明的演进，直至夏商周三代，神凤形象发展到西周初年，时间跨度已经长达4000年之久。至少在4000多年以前的石家河文化玉雕那里，已经看到标准的凤之形象。按照传说的古史朝代，4000多年以前应是唐尧虞舜的时代，文献材料一再提到尧舜时代的“凤凰来仪”之事，难道真有所本吗？

古人相信，在政治清明的圣王时代，必有凤凰前来歌舞，表现出仪态万方的气度。《艺文类聚》卷九九引《尚书中候》：“尧即政七十载，凤皇止庭，巢阿阁讙树。”古书中“凤巢”之典故出自这里，后代借用这个词指中书省。如李商隐《赠刘司户蕡》诗：“万里相逢欢复泣，凤巢西隔九重门。”自从《尚书•皋陶谟》说舜帝时箫韶九成，凤凰来仪，百兽率舞，“凤仪兽舞”就成为表示圣贤教化神奇功效的成语。

◆西周青铜器凤首扁盉，摄于北京保利艺术博物馆

《皋陶谟》是我国现存最早的一篇朝廷会议记录，其中涉及凤凰从天而降的传奇故事，给后代的凤凰音乐神话奠定了基础。文字一经产生，其书写所发挥的互相传播及借鉴作用便凸现出来。相传帝舜一次与大臣讨论国政后，随之出现了朝会乐舞的表演盛况：“鸟兽跄跄，萧韶九成，凤皇来仪。”孔安国的解说是：“仪，有容仪。备乐九奏而致凤皇，则余鸟兽不待九而率舞。”“箫韶”简称“韶”，据传为舜所创制的音乐，相传具有无穷的吸引力。《论语》中讲到孔子有一次在齐国听到韶的演奏，居然三月不知肉味！即便是拥有如此感染力的乐曲，也还要连续演奏九遍，才能够招来神鸟凤凰。这样的夸张描写（九为阳数之极，可喻指无限大），无非是要表现以音乐符号手段娱神请神之微妙和神秘性。按照应劭《风俗通义•声音•箫》的说法，舜作箫韶，原来也是效法凤凰之容仪，十管参差，如凤之翼。唐代文豪柳宗元《晋问》说：“有百兽率舞，凤凰来仪，于变时雍之美，故其人至于今和而不怒。”能感动凤凰的音乐自然是最为和谐的声音象征吧。

要从传世文献中寻觅比尧舜时代更早的凤神话，还有一条是有关少皞的追忆之辞，不是从音乐方面，而是从天时方面提到效法凤鸟的必要性。传说中古时代的东夷集团首领为少皞，名挚，号金天氏。东夷以鸟为图腾，相传少皞曾以鸟名为官名，死后则成为西方之神。

◆ 西周倗季凤鸟尊，2009年摄于北京保利艺术博物馆

《左传·昭公十七年》：“郯子曰：‘我高祖少皞挚之立也，凤鸟适至，故纪于鸟，为鸟师而鸟名。凤鸟氏，历正也。’”杜预注：“少皞，金天氏，黄帝之子，己姓之祖也。凤鸟知天时，故以名历正之官。”孔颖达疏：“诸书皆言君有圣德，凤皇乃来，是凤皇知天时也。历正，主治历数，正天时之官，故名其官为凤鸟氏也。”后人按照这个典故，用“凤历”称岁历，用“凤鸟氏”称执掌天文历数的官职名。骚人墨客喜欢用龙图凤历对句，颂扬华夏正统的神圣来历。庾信《周宗庙歌·昭夏》：“龙图革命，凤历归昌。”杜甫《上韦左相二十韵》：“凤历轩辕纪，龙飞四十春。”明张居正《恭颂圣德》诗之一：“凤历万年归圣主，鸿图十代授神孙。”中国人办事也好，创大业也好，都讲究天时地利人和。凤凰既然自古就代表天时，难怪它要成为政治神话建构的基本原型要素，也难怪7000年以来它的形象一直受到造型艺术家们的喜爱。

凤与『德』降临神话

法国有一位大学者叫罗兰·巴特，他对现代文化现象进行符号分析，从结构中揭示出神话背后隐藏的权力建构，对人们认识现代神话产生了深刻影响。还有一位德国哲学家卡尔·雅斯贝斯曾经提出过“轴心时代”的理论，虽然他本人对此并非用力最深，但这一观念却在世界文明研究中得到了重视。他认为人类文明有几次轴心时代，其中在时间上是公元前800年到公元前200年之间，空间上是北纬25度到北纬35度之间，出现了人类精神文明的首次突破式发展，其中包括古希腊、以色列、印度和中国都出现了对文明有着深刻影响的精神导师，中国当然就是指老子、孔子等。当人们翻看中华典籍时，会发现有文字记载的、可信的文化“事实”基本上都产生在这个时期。《周易》《周礼》《春秋》《尚书》《诗经》等保留了上古，甚至无文字时代具体性思维的信息，同时中华文明抽象、理性的智慧也是在这个时候用文字记录下来、传播后世的。这些文字有的可能以另一种方式记录了此前的文化、观念，也可能完全颠覆了此前的“事实”，无论如何，总有线索留给后人去破解其中被掩藏了数千年的秘密。取之于当时民间和国家官方机构的《诗经》，被称为中国文学史上最早的现实主义风格的诗歌总集，其中的诗歌至少应该反映了周代社会与民生的现实或是当时保留下的对早期事件的记忆。本章开始引的《卷阿》，就是有关凤凰的记录。前面分别分析了凤鸣与岐山的“凤鸣岐山”神话的要素及其变化。现在，就开始从殷周交替的时代来看周人对凤凰神话的信仰、建构和利用吧。

在周代，有两个神话故事最为著名，都是关于周人兴起、攻灭商国征兆的。一个是凤鸣岐山，另一个则是飞熊入梦。“飞熊入梦”是说周文王梦到飞熊，昭示姬昌将得到辅周灭商的重要人才姜尚姜子牙。而“凤鸣岐山”就像前面《卷阿》中所说的，“凤凰鸣矣，于彼高冈”——在岐山，周人起源之地，有凤凰在那里鸣唱，那优雅的叫声有如天籁之音——则是周人以凤凰为自己即将兴起的祥瑞之兆。这两个神话故事虽不能证明确有其事，但在周人眼中，凤凰与飞熊的形象自然是具有神圣性与凝聚力的，而飞熊又与熊图腾关系不浅。梦是人的意识、潜意识对现实的反映。奥地利心理学家弗洛伊德的《梦的解析》使得心理原型的概念深刻影响了现代人文研究。文王梦飞熊的神话无论是客观反映还是主观利用，都显示了强烈的政治性，凤鸣岐山的神话功能也正在于此。殷商人崇拜玄鸟，这在前文已经重新阐释为是猫头鹰。周人推翻商朝，他们当然不会跟着殷商人去崇拜玄鸟，他们崇拜的是实际不存在的神鸟——凤凰。凤鸣岐山，玄鸟灭迹。商末，民不聊生，纣王无道，挖酒池，建肉林，耗费民力，修造露台，穷兵黩武，给人民带来了巨大的灾难。因此周起兵灭商是以有道伐无道，以正义反抗邪恶，是顺应天意民心的，这是一种普遍的认识。可是，事实真的如此吗？这样的观念模式似乎在很多朝代更迭之际的叙述中保持了高度的一致，不过换了人物而已。商纣可以是夏桀，可以是嬴政，可以是杨广；周文王可以是商汤，可以是刘邦，也可以是李世民……历史真的是惊人的相似吗？还有没有其他的原因呢？历史当然不会重复，历史只能由人来书写，但历史原型却能够影响记录历史的人。从玄鸟到凤凰，商周城头变幻大王旗，呈现出一种利用神话历史写就的政治历史。

通过解读西周的凤凰神话似乎可以引领后人用神鸟这把钥匙去开启那尘封数千年的“众妙之门”。对历史人物、历史事件的重新认识都是要有依据的，俗语说纸终究包不住火，掩藏得

◆ 徐州狮子山西汉墓出土双熊首玉枕

再深，还是会有蛛丝马迹留下来，人们会凭借着文字文献、口头证明、实物证据来尽可能地重新看待被遮蔽的事实。所谓客观史学与主观史学都只坚持了一面，对于过去，人们在真实与虚构之间游走，却没法达到极点，因为历史既没法彻底复现，也不可能凭空杜撰。史前文化也是这样，尽管时间经过太久，留下的可供参照的信息太少，但还是能够从点滴中分析出不同的线索。商末周初对帝辛的丑化以及对神鸟凤凰的极度推崇，都显现了实际的功利目的。

普通人知晓文王夜梦飞熊、武王伐纣的故事多半来自明代的一部神魔小说——《封神演义》。这部书借神魔形像描写了商末周初的巨大变化，虽然不是历史著作，却成为人们获得商周知识的来源之一。封神就是分封的反映，武王获胜是天命的许可。《封神演义》中，纣王的形象虽然是无道恶人，但并不抽象、简单。他力大无比，可以托梁换柱，即位登基后，有贤臣良将辅佐，国泰民安，风调雨顺，八方宾服，实在看不出是一位亡国之君。但他去女娲宫上香，题下淫诗，触怒了女娲娘娘，这才逆转了运势，终结了殷商的气数。以历史的角度看，国家命运的转化归之于个人的道德行为，实在荒谬。很明显，这里面有着人为宣传和建构伦理道德的痕迹。

在商代，帝王是神权与王权集中的代表。周人利用了这一观念，打造纣王无道的形象，以便使自己的合法性得到上天承认。商纣王作为上天的代表，他的所作所为已经触怒了上天，天命不可违，周人才是天意的全新代表，所以有了凤凰、飞熊的预兆。《封神演义》很可能是参考了《史记》的材料并且发挥了其中的主要情节，《史记》中也记载了纣王的聪慧勇武，但显得自高自大，连天也不放在眼中。事实上，正像商纣王帝辛有缺点一样，在生活习惯上，商人并非没有弱点，所以他们的灭国亦有必然，周人加之于其上的负面叙述也绝不是空穴来风、凭空杜撰。

与古罗马后期人们的纵情享乐相似，殷商人极为嗜酒（修造酒池肉林）。殷商是青铜时代，现今发掘出土的殷商青铜器皿多达50余种，其中半数以上竟然是酒器，也就是说盛酒的家伙就有20多种不同的形状与具体用途。殷商时代的巫师和祭师在国家生活中扮演着重要的角色，具有极高地位，甚至攻灭夏桀的成汤可能就是一个祭司长。祭司们是王权与神权代表的合体，通过沟通天意来实施统治。文献中有巫史的说法，中国的“史”，就是殷商甲骨文中记载的史官，是官职，后来才衍生出记事的意思，这个时候的史官实际就是巫史。大家都知道甲骨文在商代主要是用来占卜的，甲骨文的叙事模式基本可以分为四个过程，即“叙命占验”。一份卜辞先要叙述什么时间，接着王要求占卜、预测什么事以及事情完成后的应验情况，再根据龟甲兽骨烧灼的裂纹来判断征兆。古巴比伦一般用动物肝脏上的纹路来预测，用具不同，但内在的思维是一

◆周原范围图，摄于宝鸡青铜器博物馆

致的。占卜事件一般包括征伐、求雨等等国家大事，这样的记事模式与功能也必然影响到周。

殷商多用青铜器，其实青铜器是合金，里面含有锡，生锈了之后具有毒性，长期使用会带来中毒的后果。若说殷商的统治阶层尤其是负责通神的巫史们长期大量使用这种器皿，所出现的中毒症状被理解为通神，也不算是无稽之谈。商周时期的青铜器绝非普通人所能使用的，而是王公贵族的专利，也是高贵与身份的象征，商代好酒享乐的风气在贵族之中盛行。掌握神权的巫史们使用青铜器皿储酒和饮用，不仅是明知道有害也羞于自低身份而改换陶器，更因为青铜器是通神用的礼器。周初是厉行禁酒的，恐怕就是对商代饮酒成风的否定。嗜酒被同亡国无德联系到一起，禁酒也有助于德行的推广和对败德的批判。西周出土青铜器上的纹饰包括有龙凤，基本上有别于商代青铜器那恐怖神秘、狰狞怪异的兽纹，如饕餮等。这恐怕也是由于神权的逐渐衰落，人对自身的认识提高的原因吧。从这点看，周代的思想和观念开始出现理性化与政治化的倾向。所以周末的战国才会有百家争鸣的局面，也因此而遮蔽了先周的人以神话性思维认识世界的实际情况。

“自从盘古开天地，三皇五帝到如今”，这是1935年毛泽东在政治局会议上说的话，他用此来表示中国革命长征的前无古人、后无来者。毛泽东引用的是中国民间历史演义类、讲史、话本、说书常见的开场白，也有说“自从盘古开天地，三皇五帝夏商周”或者“道德三皇五帝，功名夏商西周”的。这很能说明中国民间对历史的喜爱，此种观念一直延续到现在。从古至今，中华文化可谓从未中断，历史一直在延续，更换的只是朝代。这样的传统就是在口头和书面、在民间和官方的互动中形成集体无意识的。

梁启超说过，二十四史不过是二十四姓家谱，这也告诉人们：中国的历史著作表现出了鲜明的政治性质。换句话说，近代以前的历史记载主要是为政治或者统治服务的。朝代更替了，需要新的理由去实现新王朝的合法化，但皇权天授的基本观念不会变。所以，史书的一般模式是，新王朝的开国之君要有神圣来源，英明神武，奉天承命；而旧王朝的末世之君则要么昏聩无能，要么荒淫残暴，总之天命该绝。历史往往由后代或胜利者书写，这就不可避免地带有为皇权的正统性服务的明确态度。认识到了这一点，历代才不断有学者为历史人物"翻案"。建构凤凰神话，就必须打压玄鸟神话；确立周天子天赋其命、有道明君，就要抹黑纣王无道败德。

众所周知，周国国王姬昌与姬发父子两代通过武装斗争，最终击败了商代王纣王，开始了又一个朝代——周朝。但是要说商纣王，这位荒淫无道、宠信妲己、害妻杀子、草菅人命的昏君实际上并非如此，会有人相信吗？实际上，纣王很可能不是后世印象中的这样一种形象。有人说过，其实纣王是很有才干的，关于他的那些坏话都是周人说的，不要相信。历史上的改朝换代总要表明新的开始，叫"开元"，要改正朔、国号、年号。这表现在农业社会的历法中，起初本质上也包含着与自然节律相应和的观念。比如，商朝以夏朝十二月为正，周就以夏朝的十月为正。正，就是一年的开始，这是现实的农时经验在政治观念、制度上的表现。后来者都希望通过形式和称呼上的变革来彰显自己合乎天命的合法地位。改朝必改正朔的观念在国人心目中已经根深蒂固，《诗经•大雅•文王》中"周虽旧邦，其命维新"正是这一观点的体现。不过周采取维新的手段，除了武力外，还要配合其他的意识形态建构。凤凰就扮演了无可回避的角色，是谓"凤鸣岐山"，预示着周之将兴。

德行、合德是商纣的对立面。在周人的建构之下，不合天命、不合德行是商灭亡的根本原因。"德"作为中国传统文化中的核心概念，是同伦理道德与政治密不可分的，其对于今天的影响仍在。法治和德治属于制度体系的不同层面，二者并行不悖，这是有着悠久文化传统的。但从字源上看，"德"字的甲骨文字形最初就是表示行得正，那么有德的人就是受命于天的。他的德行是得自于天，并且与天匹配的。天下不是"有德者居之"吗？所以孔子要讲《五帝德》，在保存下来的"大小戴"叔侄的《大戴礼记》中，正好记载了上古传说时代五帝的德行垂范后世。孔子深感东周礼崩乐坏，自然希望重新恢复周之初以德为核心的礼乐价值体系，使天下大同、重现和谐。只不过后来德已经被抽象为一种道德了，与天命越来越远。《尚书•蔡仲之命》说："皇天无亲，惟德是辅。民心无常，惟惠之怀。”这也是借周初管蔡之乱的事件表明天命与德行的重要。形象的凤凰逐渐化为抽象的行为准则——德的象征，并且成为不可更改的模式化治国方略。可是后人只记得它是祥瑞的代表与象征，其通神的媒介功能居然就此被遗忘了。

凤凰神话作为礼乐制度的载体以及这一神鸟在商周变换之际充当“天命”的使者，在《诗经》中表现得颇为充分。《诗经》强调赋诗言志，并注重发挥引征表意的功能，在春秋时代，《诗经》成为外交必备的辞令。《诗经》对于传播周文化的核心内涵具有极其重要的价值，发挥了重要作用。这样，随着国破家亡，殷商的文治武功传到末世帝辛，被周的政治家利用以凤鸣神话为代表的新的体系遮蔽就在所难免了。《诗经·商颂》有言：“天命玄鸟，降而生商。”周的先祖后稷是姜嫄履大人迹感生的，他开始被弃，后来得天护佑才成长为周人始祖。这似乎同商族的神圣来源相似，但一个受之天，一个履之地，多少也有商周地位实际差别的内心体验在其中吧。伴随着帝辛的自焚，商就灭亡了。西周的统治者用一套天命的神话思维，阐释了自己“革命”的正当性。短尾的隹——玄鸟自然不能再用，那么沟通天人的灵媒非长尾神鸟凤凰莫属了。

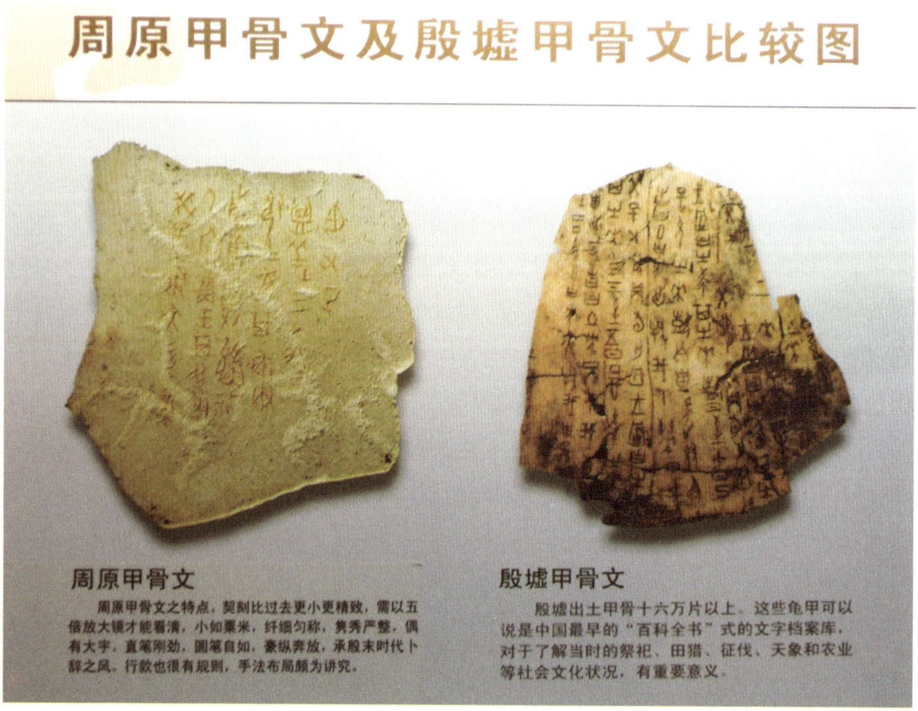

◆周原甲骨文与殷墟甲骨文比较图，摄于宝鸡青铜器博物馆

20世纪以来，中国考古学的发展给古代史研究带来前所未有的眼界。相对于河南安阳商代王都的考古发现，西周的考古报告虽然也算丰富，但是迄今为止毕竟还没有找到一座王者级别的墓葬。研究西周史的专家有一种期待，希望新的发现能够解开因缺乏文字记录而造成的历史谜团。换言之，改变人们被文字束缚的历史观，是现代人文研究者的一大新兴趣。1951年，郭沫若写出《关于周代社会的商讨》一文，一方面批评范文澜以为周代社会是封建社会的观点，同时认为应该把周代看成是和商代一样的奴隶社会。郭沫若举出的证据是，殷商的墓葬中有人殉上千的现象，而周代墓葬人殉却很少，156座墓中只有6个人殉。但是这并不足以表明两个社会制度的不同，因为所发掘的殷商大墓为王墓，西周墓则不是，二者没有可比性。而且商代的平民有得到土地分配的权利，比例甚高。对于古希腊的考察和对西欧社会发展进程的规律总结，尤其在带有阶级斗争观念的情况下，未必符合中国早期的情况。范、郭两位著名历史学家的争论，已经过去半个多世纪了。其间有秦始皇陵兵马俑军阵的重见天日，举世震惊，被誉为“世界第八大奇迹”。然而，周王的墓葬仍然一个也没有被发现。如今，让人更加好奇的问题，已经不是有关奴隶制与否的判断，而是西周崛起的文化奥秘何在。

◆ 陕西韩城出土芮国26号墓玉项饰，由7件玉雕束帛、6件玉雕镂空牌和玛瑙珠组成

西周天命观与「封建」

俗话说“得中原者得天下”。周人以一个西部边陲小国的地位，用武力摧毁殷商政权500多年的统治基业，并取而代之获得中原政权。后人对于商周易代的看法，可以集中体现在“革命”这个关键词的用法上，甚至现代汉语中的“革命”一词也是从周武王革命行为派生而来的。至于新兴的西周国家借助于其新建构的宗教和神话观念所发挥的作用及深远影响，并不亚于一次武力上的革命。这方面的探讨，对于理解中华文明史的全局都将极富于文化上的意义。

以简明扼要的方式概括西周史的文化特征，有几个关键方面值得注意：天与天命、天德，分封或封建，制礼作乐。更加精简的提示仅用六个字：天命，封建，礼乐。还可以按照《三字经》的最优记忆法则，压缩为三个字：天，分，礼。要认识西周社会道德化表象的虚构性，最好的办法是从西周流传下来的文本入手，如《诗经》《尚书》的某些部分，还有金文，可作为最适合原初语境的材料。

需要明确的是，“德”原本不是属于人的，而是来自天的。只有深入领会到古人讲的“天”是神话观念，方能够举一反三，意识到“天命”“天子”“天德”等，无一不是神话思维传统的派生观念。在西学的文史哲学科划分体系支配下，无神论的话语占据学院派的统治地位，西周史凝重而切实的宗教和神话维度被大大忽略掉。占据20世纪大多数时段的关于社会性质的讨论（是奴隶社会还是封建社会），也是只着眼于社会制度方面，忽视观念史和思想史分析的结果。

凤凰来自华夏文明7000年的造型大传统，又是代表西周天命观的最重要神话动物，它因此而成为我们审视文化大传统的延续与小传统的再造之关系的极好案例。对西周王权观的认识，需要有宗教学神话学的视野，将现代意义上的世俗政治问题，还原到3000年前的神圣观念语境之中。

《尚书》的周书部分有《君奭》一篇，据说是西周初年辅佐成王的周公答召公之辞。周公的话以天命自殷商向周人的转移为主旨，其中也隐约提及凤鸣之事，是以问句表达的：“耇造德不降，我则鸣鸟不闻。矧曰其能有格？”孙星衍注引马融曰：“鸣鸟，谓凤皇也。”《文选•任昉〈天监三年策秀才文〉》：“鸣鸟蔑闻，《子衿》不作。”吕延济注：“鸣鸟，凤也。”屈万里的解说：“如上所言，己则将至昏聩，以致并鸣鸟亦不能闻，况曰能感动天神使降临乎？”（屈万里《尚书释义》，台北：中国文化大学出版部，1980年，第162页）按理说辅佐天子的大臣必须德才兼备，可是周公的话中透露出另外的关键条件，那就是能否具有通神降神的本领。他举出商代诸王的例子是：“成汤既受命，时则有若伊尹，格于皇天。在太甲，时则有若保衡。在太戊，时则有若伊陟，臣扈，格于上帝，巫咸乂王家。在祖乙，时则有若巫贤。在武丁，时则有若甘盘。”这些为天子服务的大臣并非纯粹世俗意义的官员，而更像是掌握通神本领的神职人员，这从“巫咸”“巫贤”一类名字就可看出。据此可以理解，为什么要将周人的政治观解说为神话政治观（或神权政治）。经过这样的观点转换，鸟鸣、凤鸣何以代表天神的神圣旨意问题，就大致清楚了。“鸣鸟不闻”意味着执政者得不到神的旨意，即不能通神降神，其后果可想而知。按照《尚书•君奭》的叙事逻辑，造成“不闻”的条件，不是自然的听力出了问题，而是由于“德不降”。这个“德”字是倡导以德治国的西周文化至关重要的词语，也是后世儒家思想中的关键词，值得做溯源求本的系统探究。在做此类探究之前，先看看周人凤神话的变体情况。

除了诉诸听觉的凤鸣神话，周人还建构出诉诸视觉的“凤凰衔书”神话。《艺文类聚》卷九九引《春秋元命苞》云：“火离为凤皇，衔书游文王之都，故武王受凤书之纪。”凤凰衔书和凤鸣岐山一样，昭示帝王受命的瑞应。今人或以为这是画蛇添足，但对于

◆陕西韩城芮国墓出土玉凤鸟

◆玉刀，摄于北京房山琉璃河西周燕都遗址博物馆

生活在神话思维中的上古人而言，则是必不可少的神圣前提。焦赣《易林•泰之益》：“凤凰衔书，赐我玄圭，封为晋侯。”此将两种不同的瑞兆——凤书和玉圭对应起来。

因为听到鸣鸟鸣凤所传达的神意或天命，其重要性不亚于河图洛书的再现。所以神话衍生的逻辑，就将鸟鸣母题和神秘图书母题相结合，再造出神鸟衔书的叙事母题。《水浒传》说宋江获得九天玄女神秘传授的天书，当是此类叙事母题进一步置换的变体形式。重要的是，国人讲述此类母题的场合，不仅有文学文本，也同样有历史文本。这对人们看清神话历史的性质，不无启迪作用。

上面是传世文献《尚书》的例子，下面再举更为接近凤凰神话产生时代的金文的例子。刻写在金属器皿上的文字因为更多应用于仪礼场合，而这种场合一般都带有神圣功能，所以能够说明西周人的叙事惯例中是怎样附会人事与天命、天意的，人间所向往的“德”，又是怎样从天神和祖灵的世界那里“降”下来的。周人认为自己得到了天命，而殷商则失去了上天的佑护，所以自己才能够替天行道。看看《尚书》中“天”字出现的数量与场合就能够理解了，那是从虞夏开始直到岐周不同族群进行统治的力量来源。西周中期的青铜器兴钟和史墙盘都有“上帝降懿德大屏”的句子，表明“降德”的主体不是别的什么东西，就是周人信仰中的“上帝”。这两件西周铭文最有效地证明了“德”的本源与宗教神话意义。考虑到金文写作的开篇常见模式是“王若曰”三个字，

◆ 先周文化发祥地之一旬邑的礼馍，2009年春节摄于咸阳

过去无法理解“若”字在此的用意，一般解释为“王如此说”。这样的解释颇为模糊，“如此说”必有所本，是来自于自己说过的，还是重述别人的？后有学者反驳这种流俗之见，认为“若”字背后隐含着王者需要沟通的神明。“王若曰”的格式，相当于“以神的名义，王说”。（王占奎《“王若曰”不当解作“王如此说”》，《周秦文化研究》，陕西人民出版社，1998年，第353页）这就表明西周的王者本人通常被视为具有通神降神本领的圣者。商代亦不例外，正是在这同样的逻辑中，它才能够被周取代——商王们不再通过灵媒从天那里得到指示。就这样，王扮演沟通上天与人民的中介，他需要凭借特殊的手段、本领，才能获得上天的神谕。如此看来，神鸟凤凰的鸣叫首先是带来了“上天”的讯息，而人间的王（巫的首领或祭司长）有能力对其进行翻译、传达。其次才是凤凰的中介作用，那被认为带来了权力与祥瑞。王与神鸟分别作为天人的代表坐到一起，凤鸣岐山的神话也就具有了王权天授的意义。相关的礼乐制度也当然就是沟通或复制上天的必要仪式手段。顺带说一句，华夏早期的“天”并未形象化与人格化，作为神秘自然力量的笼统指代，在这片大地上生存的不同族群就有了共同的信仰基础，从而在精神认同上相互融合更加自然，并为后世大一统奠定了基础。

当弄清楚了周人文字叙事的通神背景以及神灵、天命与德的可降临性之后，就能理解周代文明最关键的一些思想观念，如“革命”“礼乐”“分封”“以德治国”等

◆漆礼器，摄于北京房山琉璃河西周燕都遗址博物馆

举措，那不是抽象地政治智慧建构，本质上是通神获得承认的需要。如礼乐制度，本来就是沟通天人的符号手段，强化这种符号手段，目的不只是一般意义上倡导伦理道德教育，也是更有效地建立稳定和持久的人神沟通机缘，从而保证“德”的从天而降，保证神明和祖灵的持续护佑。分封看起来是权力和财富的分配，但在“分”的表象背后，仍然有信仰的力量发挥着支配思想的作用，受封的族裔实际上是获得了在自己的土地上用礼乐获得沟通上天的能力。这种分享到的能力通过物质上的纳贡与制度上的仪礼，最终指向金字塔的最高层——最高的通神者周天子，从而在精神上达到统一。实质上，春秋战国的礼崩乐坏不只是制度的衰败，也是神圣信仰的消亡。今天的人类学田野调查观察到的民间宗教之“分香”制度，多少体现着西周王权“分封”的宗教本质。由于周王作为“天子”，其本人代表着世间法力最大的通神者，由他所赏赐、册命、分封的那些实物和符号（官爵、名号等），都显然带有“分香”的意蕴。将主神庙宇所获得的通神之强大神力，通过分香火的媒介形式，传播到其他下属的小庙宇中去。

“德”既然是从神圣世界降下人间的，其在神话信仰的时代通常会有中介物，也就是将抽象的信念具体化、物质化，这种中介形式往往就是玉器铜器或神话动物。何以见得呢？具体到西周，周王代表人间得到天命之德，凤凰的鸣叫传达了上天的授命，作为接受仪式中的礼器如玉器等是获得“德”的必备工具。

《礼记•聘义》云：“圭璋特达，德也。”孔颖达疏：“行聘之时，唯执圭璋特得通达，不加余币。言人之有德亦无事不通，不须假他物而成。言圭璋之特达同人之有德，故云德也。”后人以“珪璋特达”比喻人资质优异或才德出众，那已经是引申的用法。在前汉字时代，圭璋等神圣玉器所代表的是天命与天德。这样，通神得到“德”的工具就逐渐成为礼器的本质属性。这一过程使得本来客观存在的玉或动物形象本身具有了美好品格。

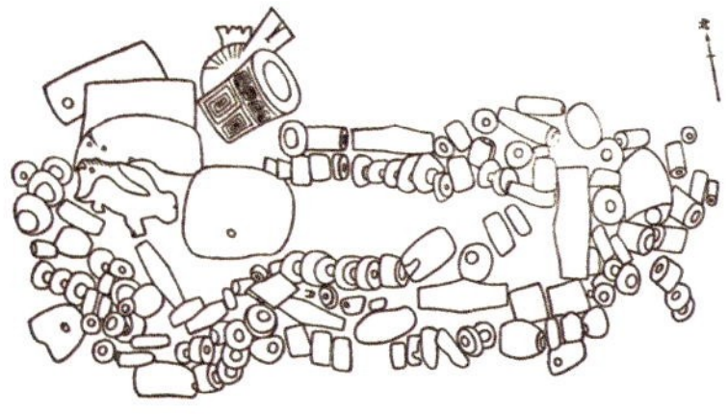

◆北京房山琉璃河西周墓出土玉器示意图，摄于西周燕都遗址博物馆

除了玉制礼器，神话动物也要充当“德”之降临的代表。凤凰甚至获得一个带有“德”之标记的雅名“德

牧”。枚乘《七发》：“螭龙德牧，邕邕群鸣。”《骈雅•释鸟》：“德牧，凤属也。”韩愈《送何坚序》：“吾闻鸟有凤者，恒出于有道之国。”凤凰起飞，意味着拥有圣德的君主或英才的兴起。沈约《鼓吹曲辞•期运集》：“龙跃清汉渚，凤起方城隅。”《文选•刘孝标〈辩命论〉》：“君山鸿渐，铩羽仪于高云；敬通凤起，摧迅翮于风穴。”李善注引《淮南子》：“凤凰之翔，至德也。”凤凰身上的五纹能够代表五种品格，原因就在于此。《山海经•南山经》：“又东五百里，曰丹穴之山……有鸟焉，其状如鸡，五采而文，名曰凤皇，首文曰德。”《山海经•海内经》：“有鸾鸟自歌，凤鸟自舞。凤鸟首文曰德。”《广雅•释鸟》：“凤皇……首文曰德。”这里有个符号命名的因果问题需要解答：究竟是由于凤凰代表美好的德行，其凤头花纹才会被称作“德”，还是由于凤凰头上显示出“德”，它才被崇奉为百鸟之王的呢？古汉语有“德辉”一词，指仁德能够发出光辉。《礼记•乐记》：“故德辉动于内，而民莫不承听。”《汉书•贾谊传》：“凤皇翔于千仞兮，览德辉而下之。”这里透露出先民所信奉的一种祥瑞神话观念，即凤凰在百鸟之中独享一种习性，它平常翱翔于高天，远离人寰，只有当它发现地上闪现出所谓德之光辉时，才会自动地降到人间来。

◆芮国铜壶的凤纹线描图

先秦第一位思想家老子的《道德经》，非常明确地承袭着西周以来的天德观念。在老子之后的儒家那里，被哲理化的“德”概念，又逐渐获得向伦理道德化方向的改造和再建构。因此之故，原本意义上的“德”，只有到甲骨文和金文的大量语用学实例中去寻找。结果不难看出，在通神语境中，“德”就是从神或者天那里“得”。不过，在这种通神占卜语境中的“得”，也必须同后代的一般化语义相区别，并不是人为的获得之意，而是天命和祖灵的赐予。这就同古希腊人从诸神，尤其是著名

◆西周青铜器凤首扁盉（局部），北京保利艺术博物馆藏

的阿波罗神庙中祭祀得到神谕颇为相像了。

笔者和萧兵合著的《老子的文化解读》指出：道家的“德”概念不同于儒家的道德概念，而是指原始的生命力，可以同原始信仰中“灵力”或“mana”相提并论。书中引用《庄子•天地》中一段对于玄同境界的描述：

性修反德，德至同于初。同乃虚，虚乃大。合喙鸣；喙鸣合，与天地为合。其合缗缗，若愚若昏，是谓玄德，同乎大顺。

“玄德”“玄同”“玄通”等不同措辞表达的是一个意思。若是结合庄子的“德充符”“杜德机”等术语做进一步考察，道家的“德”概念为什么与伦理道德没有直接关系，就会更加明确。“德”对于道家语境中的个人，指天赋的或天神赐予的生命力。对于一个社会、一个王朝政权，则意味着天神或祖灵所能够授予的统治的合法性。这种意义上的“德”与天命密切相关，但也不宜完全等同于天命或神意。《左传•宣公三年》有关于德与鼎孰为重要的讨论：“周德虽衰，天命未改，鼎之轻重，未可问也。”这就是一般所说的气数未尽，取而代之的时机不成熟，上天给予周的统治力虽然衰落，但还是没有彻底剥夺它，所以“未可问也”。《尚书•盘庚上》云：“先王有服，恪谨天命。”表明人顺应天命的必要性。《楚辞•天问》说：“天命反侧，何罚何佑？”以为天命之于人，有保佑和惩罚两方面的作用。宋罗大经《鹤林玉露》写到：“且人之生也，贫富贵贱，夭寿贤愚，禀性赋分，各自有定，谓之天命，不可改也。”从原初的意义上说，天命代表着人们对神秘自然力量的畏服和崇拜，孔子老先生不是五十而知天命吗，在那个时代里，天与德已经更多体现了伦理道德的衍生内涵，但个人与自然还是保持着精神上的联系。那不是迷信。

◆ 陕西长安县张家坡17号西周墓出土神人兽面纹玉佩

现代社会带给人以巨大的压力，普通个体在激烈的竞争中承受着远甚于过去的精神痛苦。这种现代化带来的深层次的精神危机，使得文化寻根成为一种疗救病苦的途径。对于中华文化而言，在现代化建设取得巨大成就的同时，与神圣信仰传统的疏离也让人们面对心理危机时无法化解，积累成社会问题，影响了和谐社会的建设与科学发展的步伐。不是有凶手杀害儿童，亲子忤逆人伦、弑亲吗？个中原因，恐怕同面对压力而没有合理的宣泄途径有关。极端现象的增多，单凭心理学等科学医疗手段去解决显然收效甚微。向过去寻找有效的手段，也不失为一种解决之道。唐代被列为《十三经》之一的《孝经》，记载了这样的话：“身体发肤，受之父母，不敢毁伤，孝之始也。立身行道，扬名于后世，以显父母，孝之终也。夫孝，始于事亲，忠于事君，终于立身。《大雅》云：‘无念尔祖，聿修厥德。’”曾经以为是封建伦理纲常糟粕的，其实里面有着祖先协调人际关系的智慧。对于古代的统治阶级而言，德是立身、行孝的核心。这种建构明显地来自于商周交替之际，继而被后世不断发挥。“无念尔祖，聿修厥德”正是假借文王之口对商贵族的警示，告诉他们商之所以灭亡的原因，正是在于失去了德，失去了天命，所以警告他们不要忘记其祖先的德，而且要承认自己的无德，从而不断修习德行。在《诗经》中其实对殷商与周的历史都有所回顾，尽管周从政权上取替了商，但是商族的后裔依然还在华夏大地上生存，也得到了分封以缓和他们丧失政权的怨恨。

◆ 西周凤纹尊，摄于北京保利艺术博物馆

西周文化的关键词“封建”，原来也是出于通天通神的信仰语境。《诗经•商颂•殷武》一篇是最初运用此词的例子：“命于下国，封建厥福。”毛传：“封，大也。”郑玄笺：“则命之于小国，以为天子，大立其福。谓命汤使由七十里王天下也。”可见“封建”的本义，关系到天命的巨大神力在下国社会中的有效传播，引申为封邦建国，即将最高统治者天子所拥有的最大神力，分封给各个地方的下属统治者。古代帝王把爵位、宝物、土地等分赐给自己的亲戚或属下功臣，使之围绕在王权中央区域的周边建立邦国，形成所谓众星捧月之形势。相传人文始祖黄帝也是实施封建之始祖，但是在夏代和商代，封建或分封现象并不明显。到西周时，此种制度终于走向成熟，波及全国的广大领域。《礼记•王制》云：“王者之制禄爵，公、侯、伯、子、男凡五等……天子之田方千里，公、侯田方百里，伯七十里，子、男五十里。”《左传•僖公二十四年》云：“昔周公吊二叔之不咸，故封建亲戚，以蕃屏周。”孔颖达疏：“故封立亲戚为诸侯之君，以为蕃篱，屏蔽周室。”分封的目的本是“以蕃屏周”，谁知到东周之际，地方势力膨胀起来，中央的神权与政权却被迫在“分”的张力下趋向于离心离德，最终导致王权旁落，礼崩乐坏，诸侯相争。春秋和战国的纷争乱世，显现出“分”的负面效应。正是在抵抗这种西周中央王权分崩离析的局面下，出现了以恢复周礼为基本号召的儒家圣人孔子的学说，以及大讲华夷之辨以维护“中国”正统的鲁国史书《春秋》。柳宗元写《封建论》，要给西周的分封制寻找万古通用的法则，其中有如下的话：“彼封建者，更古圣王尧、舜、禹、汤、文、武而莫能去之。”但是在战国末年，一位雄心勃勃的统治者秦始皇，偏偏要废除西周人的封建制，而代之以郡县制度，后者也就是一直沿用到今天中国的行政区划。

◆陕西历史博物馆藏西周牛尊

本章目的不在于给纣王帝辛翻案，也不在于重述凤凰的神话，而是期待通过凤凰在西周得到的大加渲染，反思我们的文明中曾经被遮蔽的神圣性元素。那可能更符合当时的实际。

“礼失而求诸野”，分封而治的历史早在公元前221年被基本终结了，但是分香的宗教实践活动却不绝如缕地延续到后代。2009年春，笔者有机会到中国台湾大甲的妈祖庙，体验岛上一年一度最盛大的分香游行活动。在香烟缭绕、锣鼓喧天的全民性狂热氛围中，总算悟出一些有关神力传播的道理。不管依照人类学家的说法，把这种可以传播、可以转移的超自然力叫作mana（灵力或神力），还是按照西周人的观点叫作“德”，总之笔者对西周青铜器上那些千篇一律的“子子孙孙永宝用”的金文话语，终于有了从“分”的视角去理解的可能。这也是如今撰写本章的一丝灵感吧。

◆陕西韩城芮国墓出土凤纹铜壶

后记

本书和《神话历史丛书》一起，选题筹划于2009年10月，依托中国社会科学院重大项目“中华文明探源的神话学研究”（2009—2012），是该项目的衍生普及读物计划。资深出版界专家李人凡编审，南方日报出版社周洪威社长多次到京商谈，并得到广东省省委宣传部的大力支持，列为广东省的文化强省项目。本书初定题目为《中华文明发生史简编》，希望写成通俗易懂的知识性读物，发挥图像叙事的主导作用。书稿完成交稿于2011年。由于种种原因，几易其稿，后不断增加图片，调整内容，改题为《图说中华文明发生史》。周墨涵、夏陆然同学热心协助对部分章节的文字通俗化和润色，在此鸣谢。“神话学的视角”，是本书不同于一般的历史读物的特别之处，采用图片多为作者拍摄，以体现神话性为主。一般的“图说”类书籍通常是介绍常识的，本书却不以介绍常识为目的，其各章讲述的内容和观点甚至有不少是“反常识”的。换言之，本书强调新知识的探索性，希望能通过神话学解读与考古发现相结合的方式，呈现出一个以往所未知的中国文明史开端情况，以期展开进一步探索和思考。

中国神话学的研究大致经历了三个阶段，即清末民初至20世纪40年代：引进和奠基阶段。20世纪中期—90年代：发展和成熟阶段。20世纪90年代末期—21世纪：反思和突破阶段。从学科定位看，中国神话学已偏安一隅在“民间文学”之边缘地带，

既无法突破惯有的文学本位的研究范式，更与国外领先的神话学研究大大脱节。在中国，由于“神话”被隶属于文学，其所潜含的跨学科整合力量无法突显，研究对象和研究范式上亟需有所突破。“神话历史丛书”就是在此背景下应运而生，希望能够承担一些学术转型的引导任务。参照国际学术界比较神话学与文明起源研究交叉和互动的丰硕成果及跨学科经验，提出建构中华文明探源的神话学范式，一方面给国家最重要的攻坚项目提供特殊视角的学术支持，另一方面也为中国神话学本身的拓展做出系统规划。我们的设想和努力体现在两套齐头并进的丛书上，除此“神话历史丛书”外，还有刚完成一期出版计划的国家出版基金项目“神话学文库”（17部18本书，陕西师范大学出版总社，2013年12月）。

本书采取“图说”方式，为的是让高深的研究内容能够普及，拉近一般读者与学术攻坚课题之间的距离，让一批考古新发现的文物所承载的文化意蕴，特别是其神话信仰的内涵，能为大众阅读所分享。书中对文物和图像的解说，大体上只代表作者观点，而非学界公认的定论，这是需要明确交代的。笔者从研究方法上提示的“四重证据法”，能否有效发挥证明和判断作用，还请读者诸君自己权衡和批判。

华夏文明的史前期至上古期，一直以来笼罩在团团迷雾之中，即便是有汉字记录的早期文明的情形，也未必能让后人轻易理解和掌握。问题多而争议大，是研究者无法回避的现实。作者提倡文化大、小传统重新划分的视角，试图通过系统呈现非语言符号材料，发挥图像叙事和物的叙事作用，重建无文字时代的大传统文化文本脉络，再以此为基础，重新认识文字书写的小传统之所以然。这毕竟是当代求知过程中不多先例的大胆尝试，希望能有争鸣和讨论。

一个文化大国的文化崛起，必然伴随着对本国传统资源的重新认识与评估。在本书交稿后，“中华文明探源的神话学研究”重大项目在2012年以优异成绩完成结项（三部专著和多部译著尚未出版）；中国文学人类学研究会第六届年会以“重估大传统”为学术主题，相关的讨论正方兴未艾；我们的研究团队又追踪考古新发现的四千年前神木县石峁古城遗址，目睹了史前城墙缝隙中穿插玉礼器的现实景观，于2013年6月在榆林当地组织召开“中国玉石之路与玉兵文化研讨会”，提出“玉石之路”大传统的探索方向，希望从青铜时代之前的社会权力建构及其玉石资源依赖角度，找出华夏文明诞生的一种动力。同年的探讨还提出，所谓丝绸之路是鸦片战争背景下外国人先提出的名称，属于根据文献得出的小传统知识的命名；而“玉石之路”则是中国学界新近提出的拥有自主知识产权的新知识体系，这条文化传播大通道起源于前文字时代的大传统。换言之，丝绸之路2000年，而玉石之路4000年。夏代没有留下文字，有关夏代的探讨和争论成为国际性的学术难题。新发现的4000年前玉礼器分布图，给怀疑夏代王朝真实性的学者们反思自己立场的又一机会，4000年前建筑用玉器的奇特现象，向研究者暗示的不仅是一条西玉东输（和田玉、祁连玉进入中原王朝）的路线，更是“玉文化先统一中国”壮观景象。从先于汉字出现的文化符号系统中，我们第一次深切地领会到那一句充分体现华夏文明核心价值的名言——“化干戈为玉帛”的出处和意义。

以上介绍的是本书的来龙去脉，是为后记。

特向为本书出版付出辛勤和智慧的南方日报出版社同仁，尤其是责编和美编，表示由衷谢意。

清华大学李学勤先生和中国社会科学院考古研究所王仁湘先生分别在百忙中为本书赐序，对笔者鼓励有加，在此表示衷心的感谢。

作者

2014年12月15日于上海交通大学